Orizons

Daniel Cohen éditeur
www.editionsorizons.fr

F. F. F.
Femmes / Féminités / Féminismes

Sous la direction de Frédérique Toudoire-Surlapierre,
Nicolas Surlapierre et Daniel Cohen

Dans le sillage d'un mouvement puissamment dynamique actuellement, qui cherche à libérer la parole des femmes (sans jugements ni idées préconçues), nous proposons une nouvelle collection — elle recueillera la parole féminine sous toutes ses formes : témoignages, récits personnels ou fictifs, essais, analyses, ouvrages collectifs, textes écrits par des femmes, encore insuffisamment connus, en un mot tous les ouvrages qui abordent la question du féminin, de la féminité, du féminisme. Ils nous intéressent dès lors qu'ils permettent une réflexion sur les différents aspects de la « condition féminine », en écho à l'expression de Simone Weil « *La condition ouvrière* ». Faut-il rappeler que Weil s'est engagée, verbalement et politiquement, pour la libération des femmes ? Nous souhaitons donc que cette collection progresse dans un esprit de pluralité, d'ouverture et de tolérance.

ISBN : 979-10-309-0265-5

Dépôt légal : mars 2021

Les Migrations féminines

Sous la direction de
Frédérique Toudoire-Surlapierre
et de Silvia Hegele

Les Migrations féminines

Orizons
2021

D'autres ouvrages
de Frédérique Toudoire-Surlapierre,
aux Éditions Orizons

— avec Nicolas Surlapierre (co-auteur), *Edvard Munich — Francis Bacon*, Images du Corps, coll. « Universités », Orizons, Paris 2009 ;
— *Notre besoin de comparaison*, préface de Pierre Brunel, coll. « Comparaisons », Paris, 2013.

Frédérique Toudoire-Surlapierre dirige avec Florence Fix, la collection « Comparaisons » (voir www.orizonsediteur).

Silvia Hegele

Elle a publié des articles sur le journal intime féminin, la littérature comparée et le féminisme. Actuellement, elle rédige une thèse en Littérature comparée (Les féminismes littéraires. Une lecture comparative des journaux intimes de Virginia Woolf, Sylvia Plath et Alejandra Pizarnik) au sein du laboratoire Espaces Humains et Interactions Culturelles de l'Université de Limoges.

Remerciements

Les autrices voudraient remercier chaleureusement le laboratoire ILLE de l'Université de Haute-Alsace qui a apporté son soutien à la publication de cet ouvrage et plus précisément à Régine Battiston, son actuelle directrice, ainsi qu'à Nikol Dziub qui a bien voulu relire attentivement ce volume.

« Ce que les migrations féminines nous disent de l'avenir de l'Europe »

Introduction générale

Frédérique Toudoire-Surlapierre et Silvia Hegele

En 2014, le Ministère des droits des femmes publie « L'égalité pour les femmes migrantes », un document officiel qui expose la position complexe des femmes migrantes d'aujourd'hui. Des formules comme : « travail précaire », « abus sexuels », « sous-qualification », « enfermement dans le foyer », « population allophone » introduisent ce rapport d'un groupe de travail qui a réuni des associations, des chercheurs et des acteurs politiques. L'objectif de cette réflexion était de proposer ou de préconiser des outils ou des actions sociales pour renforcer le pouvoir d'agir des femmes migrantes. D'un côté, le Ministère des droits des femmes insiste sur la reconnaissance de l'existence d'un capital expérientiel qui reste à exploiter et qui

> confère aux migrantes une capacité d'adaptation aux personnes et aux situations hors du commun, une habitude à jongler avec les contraintes ainsi que la familiarisation avec différents univers sociaux et des dispositions cognitives orientées vers la recherche de solutions[1].

D'un autre côté, il énumère des actions pour refonder les politiques d'intégration telles que la mise en place d'un service intégré d'accueil, l'accompagnement et l'inclusion par le renforcement de l'offre de formation et d'emploi. Certes très pertinentes, ces recommandations peinent à être mises en œuvre faute des politiques adaptées, des ressources dédiées et d'actions communes et appropriées. Malgré cette réalité politico-sociale, ce document nous permet d'introduire trois points qui peuvent être entendus comme les axes de notre réflexion autour des femmes migrantes. *L'histoire de l'invisibilité* qui se trace lorsque l'on ajoute à la « femme » l'adjectif « migrante ». La question « *Que signifie et implique le fait de migrer pour les femmes ?* ». Troisièmement, l'évolution de ces recherches et la manière dont ce volume, *Les migrations féminines*, s'inscrit dans cette transformation.

La visibilité des femmes migrantes par leur parole

« Au premier abord, les femmes semblent confinées. La sédentarité est une vertu féminine, un devoir des femmes liées à la terre, à la famille, au foyer. Pénélope, les Vestales figurent leurs antiques modèles, celles qui attendent et gardent[2] ». Pourquoi la figure féminine migrante fut-elle pendant longtemps écartée des études sur la migration qui suivaient « de modèles

1. Olivier Noblecourt, « L'égalité pour les femmes migrantes », Ministère des droits des femmes, 2014.
2. Michelle Perrot, *Mon histoire des femmes*, Paris, Le Seuil, 2008, p. 183.

économiques simplistes et d'hypothèses généralistes[3] » ? Le phénomène migratoire féminin rend-il possible une restructuration des modèles économiques ? Exige-t-il tout au moins une révision des systèmes sociopolitiques dont les problématiques trouvent une représentation dans les productions culturelles ? Au cœur de ces productions culturelles, la figure des femmes migrantes est le reflet des structures de domination masculine où l'on associe l'homme qui migre à l'allégorie « de la course à l'aventure, de la quête spirituelle, de la divagation onirique, du libertinage et de la révolte[4] ». L'exemple le plus connu est celui du voyage de retour chez soi d'Ulysse, et dont l'attente de Pénélope est l'exact contrepoint. Dans l'imaginaire occidental, les hommes sont les acteurs actifs de la migration et du voyage. « Pourtant elles bougent, les femmes. Elles sortent, elles voyagent, elles migrent[5] » insiste Michelle Perrot. La femme en mouvement, celle qui n'attend pas, se rend de cette manière visible. Mais être visible n'est pas forcément un atout. C'est ce qui s'observe dans les romans du XVIIIe siècle, *Les Amours du chevalier de Faublas* de Jean-Baptiste Louvet et *Manon Lescaut* de l'Abbé Prévost. Ces narrations retracent les vécus des femmes qui bougent, lesquelles sont vite associées à la frivolité sentimentale. C'est au cours du XXe siècle, et surtout depuis les années 1970 et 1980, que les conventions littéraires d'immobilisme et de passivité féminins vont être remises en question. Maryse Condé, Malika Mokeddem et Leïla Sebbar problématisent la mobilité en rattachant les femmes, non seulement à la migration ou au mouvement de pays en pays,

3. Zoé Codeluppi, « Mémoire : La migration féminine à l'épreuve du genre : progression ou régression de la condition féminine ? », *Le Globe. Revue genevoise de géographie*, vol. 153 / 1, 2013, p. 116.
4. Karin Schwerdtner, « Errances au féminin, refus du "figé" », in *Migrations, exils, errances et écritures*, Nanterre, Presses universitaires de Paris Nanterre, « Sciences humaines et sociales », 2012, p. 65.
5. Michelle Perrot, *op. cit.*, p. 184.

de ville en ville, mais aussi, et par extension, à une mouvance socioculturelle et identitaire. Chez d'autres auteures comme Anne Hébert, Nicole Brossard, Andrée Chedid, Régine Robin et France Théoret, « l'errance est liée au langage, à la prise de parole, ou au processus scriptural[6] ». La femme qui migre n'est plus celle qui se laisse raconter, mais celle qui migre et se raconte, faisant du langage une voie d'action.

De cette manière, un autre discours surgit, celui de la femme migrante et intellectuelle qui construit une pensée depuis sa condition d'étrangère. C'est le cas de la psychanalyste, philologue et écrivaine bulgare Julia Kristeva qui, en 1988, publie *Étrangers à nous-mêmes*, un essai dans lequel elle explore les limites et les contours de l'étrangeté comme expérience existentielle mais aussi historique. Ce regard nous ramène à la légende primitive des Danaïdes qui semblent hériter du destin de fuite de leur ancêtre Io qui se met à errer pour échapper à la colère d'Héra. Il y a un intérêt à rappeler que les premières étrangères de l'aube de notre civilisation ont été des femmes. En s'interrogeant sur la « libre solitude » qui encercle l'étranger, l'auteure réfléchit autour du phénomène qu'elle nomme « vivre la haine » dans le double sens de l'expression : celui qui la ressent et celui qui la reçoit. Cela lui permet de traiter la relation qu'elle n'estime pas impossible entre « nous » et « l'autre ». Pour le migrant, vivre entre deux langues, dans le lieu de non-légitimité, devient mutisme polyforme. Le silence dans une langue étrangère se transforme en expression coupable dans sa langue maternelle. La nouvelle langue se présente au début comme une résurrection, une nouvelle peau ; vite, elle s'avère un lieu artificiel, superficiel, une prothèse, un élément que l'autre rejette ou surenchérit comme un trait

6. *Ibid.*, p. 67.

« charmant » ou « séducteur[7] ». Selon Julia Kristeva, c'est là que se creuse l'invisibilité par la parole. Cette parole n'est pas donnée mais arrachée et puis effacée ; elle n'aura pas de suite ni d'effet.

« Migrer pour les femmes ? »

Ce n'est sans doute pas un hasard si son essai *Étrangers à nous-mêmes* paraît quatre ans après la première étude sur la migration féminine : la *Revue Internationale sur la migration* éditée par le *Centre d'études sur la Migration de New York* en 1984. La recherche semble privilégier tout au début deux approches. La première, celle de la différenciation, aboutira dans la répétition des stéréotypes qui renforcent la discrimination[8] et la deuxième vise à « éclairer les choix, stratégies et ressources déployés par les femmes migrantes[9] ». À partir de ces deux modèles, nous sommes en mesure de proposer quatre éléments de réflexion à la question préalablement posée :

> 1) Les femmes migrent pour suivre leur père ou leur mari ; phénomène qui correspond au regroupement familial. Ce qui n'est pas sans ambivalences, puisque cela nourrit l'image de la femme migrante dépendante d'un membre masculin de sa famille :
> La figure emblématique de *l'immigré utile* prévalant dans les discours des pays de l'UE demeure *l'homme*, de préférence hautement qualifié et spécialisé dans les technologies de l'information. Dans ce modèle éculé de l'homme pourvoyeur de ressources, la femme est reléguée au statut de dépendante économique, son immigration est "subie", et son impact économique invisible[10].
>
> 2) Les femmes migrent pour s'insérer dans le marché du travail. Cette réponse se divise en deux. Les femmes qui n'ont pas eu de formation dans leur pays d'origine et celles qui sont hautement qualifiées. Outre

7. Julia Kristeva, *Étrangers à nous-mêmes*, Paris, Gallimard, « Folio/essais », 1989.
8. Sylvie Mazzella, *Sociologie des migrations*, 2016, p. 86.
9. *Ibid.*, p. 86.
10. Mirjana Morokvasic et Christine Catarino, « Une (in)visibilité multiforme », *Plein droit*, 2007.

certaines exceptions, ces femmes intègrent le monde de l'emploi pour renforcer les systèmes économiques. En prenant le relais des femmes autochtones dans les tâches ménagères, elles apportent à la croissance économique du pays tout en régressant dans l'échelle sociale.

3) Les femmes migrent pour résister. Cela est expliqué comme la fuite face à un système autoritaire ou à une situation de guerre. Autrement dit, la migration est un mécanisme de survie.

4) Les femmes migrent pour s'émanciper, pour trouver de nouvelles manières de concevoir leur féminité. Selon Fenneke Reysoo, à l'époque contemporaine « la migration affecte les rapports de genre[11] ». Cela ne veut pas dire que ces rapports vont être abolis ou totalement déconstruits. « La plupart des femmes migrantes, en dépit des violences subies au pays, peuvent tisser des liens entre le passé et le présent, arrimer ensemble des normes de genre parfois contradictoires, devenir différemment genrées, tout en préservant leur double appartenance[12] ». Mais, les chercheurs appellent à la prudence car cette migration féminine qui peut se révéler émancipatrice et modifier positivement les rapports de genres pourrait ne pas engendrer de processus d'autonomisation, mais renforcer les inégalités entre sexes. Dans cette perspective, « les femmes seraient donc en quelque sorte «victimes» des migrations[13] ».

Au début du XXIe siècle, une autre forme de recherche appelée « psycho-culturaliste » prend de l'ampleur. L'intégration des migrantes est perçue comme un passage de la tradition à la modernité. En 2016, l'objectif des recherches sur la féminisation de la migration consiste à « sortir les femmes de l'invisibilité et rompre avec l'image stéréotypée d'un éternel féminin voué à la sphère privée et à l'immobilisme[14] ». La femme migrante possède un rôle social, en accord avec « l'évolution de la production des connaissances sur les femmes immigrées en

11. Fenneke Reysoo, « Féminisation de la migration », in Fenneke Reysoo, Christine Verschuur (éds.), *Femmes en mouvement : Genre, migrations et nouvelle division internationale du travail*, Graduate Institute Publications, 2004, p. 17-27.
12. Pascale Jamoulle, *Par-delà les silences : non-dits et ruptures dans les parcours d'immigration*, Paris, La Découverte, 2013, p. 47.
13. Zoé Codeluppi, *op. cit.*, p. 124.
14. Sylvie Mazzella, *op. cit.*, p. 84-85.

France et en Europe[15] ». Dès lors, une autre voie d'approche scientifique s'impose.

En 2019, les recherches sur les femmes migrantes sont nombreuses mais fragmentaires. Ce qui correspond à la division entre les études sur la migration et les études sur la post-migration. En effet, dans les premières, certains chercheurs examinent les flux migratoires et les modèles de mobilité humaine. Ils essaient de comprendre et/ou d'expliquer pourquoi les gens se déplacent, où ils vont, quel est leur itinéraire et quelles politiques sont conçues pour gérer les mouvements internationaux et internes de la population[16]. Tandis que les études sur la post-migration se réfèrent à ce qui se produit lorsque des migrants entrent dans un nouveau pays et s'y installent. L'accent est mis sur la façon dont ils trouvent un lieu et sur la manière dont ils interagissent dans leur nouvelle société. Est-ce qu'ils intègrent, assimilent, forment des sociétés distinctes à côté de la société en général ? Comment sont-ils perçus et traités par les citoyens locaux ? Sont-ils confrontés à la discrimination, au racisme ? Sont-ils acceptés, tolérés, incorporés, exclus ? Ont-ils accès à la citoyenneté et aux droits ? Quelles sont les politiques élaborées pour répondre à leurs besoins ?[17] Cette distinction demeure problématique. Le fait que les spécialistes des mouvements migratoires et les spécialistes des questions liées à l'intégration ne travaillent généralement pas ensemble repose sur des éléments renforçant le précepte que les flux migratoires et l'intégration sont des phé-

15. Mirjana Morokvasic, Catherine Quiminal et Anne Golub, « Évolution de la production de connaissances sur les femmes immigrées en France et en Europe : quelques réflexions sur la recherche et les politiques publiques », *Migrations Société*, vol. 9 / 52, 1997, p. 28.

16. Stephen Castles, Hein de Haas et Mark J. Miller, *The age of migration : international population movements in the modern world*, 5., Basingstoke ed., Palgrave Macmillan, 2014.

17. Ray Taras, *Challenging multiculturalism : European models of diversity*, Edinburgh, Edinburgh Univ. Press, 2013.

nomènes distincts qui peuvent être étudiés séparément. Cette sorte de différenciation et d'éloignement par phases du vécu du sujet migrant favorise l'idée inexacte que la migration et l'intégration ne sont pas étroitement liées.

Quelle dynamique de recherche peut-on aujourd'hui proposer au sujet de la migration féminine ?

Force est de constater que « le chercheur et le praticien maintiennent une position d'extériorité, de supériorité. L'étranger est maintenu à distance : lui objet, nous sujets. Sa parole est filtrée, parfois même bâillonnée : sa voix s'étouffe à hauteur de ses lèvres[18] ». Il ne s'agit pas de légitimer un objet de recherche et de conceptualisation, qui a depuis quelques années attiré l'attention des instituts de recherche en Sciences humaines et sociales, mais de recentrer la réflexion scientifique sur une parole encore inaudible, qui se présente comme un nouveau terrain d'exploration. Pour cela, la méthode de la recherche-action pourrait être un excellent moyen d'approcher les problématiques liées aux femmes migrantes. Ce type de recherche est une approche rattachée au paradigme du pragmatisme qui part du principe que c'est par l'action que l'on peut générer des connaissances scientifiques permettant de comprendre et de changer la réalité sociale des individus et des systèmes sociaux. Cette intention de changement en tant que motif pour entreprendre une recherche dépasse la simple description, compréhension et explication des phénomènes que l'on associe habituellement à la recherche.

Pour cette raison, nous nous proposons de développer les études comparatives sur la migration féminine. Nous avons pensé d'abord à procurer un espace où les chercheurs de dif-

18. Jean-Claude Métraux, *La migration comme métaphore ; précédée de « Le voile et le linceul »*, Paris, La Dispute, 2018, p. 162.

férents domaines et de diverses nationalités exposent et discutent leurs travaux. Parallèlement, de permettre aux femmes migrantes de prendre la parole ; et aux acteurs socioculturels et aux personnes extérieures au milieu académique mais toujours intéressées par des sujets et des problématiques contemporaines, non pas seulement d'assister à ces interventions mais de prendre part de façon active à la discussion. D'une certaine manière, il s'agit de la restructuration de l'espace de la parole qui aura une véritable incidence sur l'espace de la recherche.

La parole est l'indice de départ. Pendant ces deux journées, nous avons analysé le rôle de la parole féminine dans la compréhension de la femme en tant que « protagoniste de la migration, actrice économique, actrice sociale et du développement[19] ». Mais aussi de quelle façon notre parole s'articule pour répondre aux problématiques. Cet événement vise à « sortir de l'ombre les non-dits sociaux, rendre explicite ce qui est implicite, redonner une dignité aux histoires migratoires, relancer les narrativités et les tissages identitaires[20] ». Par conséquent, il est important de nous situer méthodiquement dans ce qui concerne « la parole des femmes migrantes ». Pour inverser le fait que la parole des femmes en contexte migratoire est souvent cachée, tue et muette, il est nécessaire de favoriser les espaces pour la réélaboration de leurs expériences par le biais du langage, où la femme migrante devient co-auteur du récit et en même temps il faut adapter nos outils afin d'écouter, d'analyser, d'étudier et de partager leur parole. Il s'agit de créer un lien, ce fondement du don pour Marcel Mauss et Maurice Godelier. Quand on

19. Laura Oso Casas, « Femmes, actrices des mouvements migratoires », in *Genre, nouvelle division internationale du travail et migrations*, Christine Verschuur et Fenneke Reysoo (éds.), Graduate Institute Publications, 2005, p. 35.
20. Pascale Jamoulle, *op. cit.*, p. 10.

écoute : je suis l'oreille, l'autre la voix, il n'y a pas l'ombre d'une réciprocité équilibrée. Pour cela, nous avons parlé de « donner la parole », « d'écouter la parole », mais aussi « d'analyser cette parole » et puis « de prendre la parole ». Le titre de notre colloque manque de sens si l'on ne l'associe pas à un autre mot qui introduit la notion d'« échange ». Claude Lévi-Strauss, dans *Race et Histoire,* rappelle que pour qu'il y ait une fécondité de rencontres et des échanges, les partenaires doivent être différents : les chercheurs de différents domaines mais aussi les femmes migrantes, les associations qui les accompagnent et leurs familles. Les échanges impliquent aussi la présence d'un tiers : dans notre cas, c'est la société où vivent les interlocuteurs et à partir de laquelle nous pouvons repenser la « réciprocité » des échanges.

Tout cela pourrait nous mener à une évolution de mentalités pour favoriser les « sociétés polyphoniques[21] ». Ce qui exige une réflexion autour du travail actuel avec les populations migrantes : le réparateur assimilationniste, l'ethnoculturel, le communautaire, l'antidiscriminatoire et l'interculturel. Il s'agit alors de valoriser le vivre ensemble par la sensibilisation à des modes de vie différents et l'accent mis sur les ressemblances, les aspirations et les buts communs. Ainsi dans ce modèle, on souligne à la fois le fait que l'on est tous différents et qu'en même temps on a tous une famille, on cohabite dans les mêmes immeubles, on vit dans les mêmes quartiers, les enfants fréquentent les mêmes écoles, etc. La négociation apparaît comme la méthode appropriée pour résoudre les différends et les malentendus. Selon Claudio Bolzman, ceci suppose de reconnaître que les migrants ne sont pas porteurs de valeurs, attitudes et comportements aberrants, mais qu'ils

21. Claudio Bolzman, « Travail social auprès des populations migrantes et interculturalité : Une analyse critique », *Les Cahiers Dynamiques*, vol. 57 / 4, 2012, p. 29.

défendent des points de vue aussi légitimes que les autochtones et qui doivent donc être entendus[22].

Ainsi, les témoignages et interventions présentes dans ce volume proviennent d'un colloque que nous avons organisé à Mulhouse les 11 et 12 avril 2019, dans une zone transfrontalière révélatrice des questions spécifiques que pose la migration féminine en Europe et qui projette les propriétés d'un dispositif transfrontalier dans la recherche sur la migration féminine. Il a été conçu et organisé en tant que manifestation scientifique mais aussi nous avons voulu qu'il soit également nourri de témoignages et de rencontres :

> La rencontre commence souvent par une fête de la bouche : du pain, du sel et du vin. Un repas, communion nutritive. [...] Mais ce coin de table plaisamment dévorant est parcouru des chemins de la mémoire : on se souvient, on se projette, on récite, on chante. [...] Miracle de la chair et de la pensée le banquet de l'hospitalité est l'utopie des étrangers : cosmopolitisme d'un moment, fraternité de convives qui apaisent et oublient leurs différences, le banquet est hors temps[23].

Cela peut paraître paradoxal mais nous avons choisi la forme institutionnelle du colloque pour constituer cet espace de paroles privilégié, nous avons privilégié des discours croisés et nous avons voulu (c'est notre postulat) donner une *visibilité* à ces femmes migrantes, puisqu'on parle souvent de l'absence des femmes migrantes, alors que les statistiques montrent le contraire. Ce qui ne signifie pas seulement qu'on ne les voit pas, mais aussi qu'on ne les *entend* pas. Leur donner la parole ici, c'est les rendre audibles et les rendre visibles.

22. *Ibid.*, p. 31-32.
23. Julia Kristeva, *Étrangers à nous-mêmes*, Paris, Fayard, 1989, p. 22.

Les voix des femmes migrantes

Que voulons-nous dire en parlant des voix de femmes migrantes ? Pourquoi cette expression ? Non pas simplement parce que les femmes ont un vécu et un discours différents de celui des hommes, mais aussi parce qu'elles sont les oubliées systématiques des études sur la migration (on parle à leur place ou on n'en parle pas).

Rappelons quelques chiffres :

> 1) d'abord une moyenne, au cours des 30 dernières années en France (depuis 1992), tous pays d'origine confondus : il est arrivé sur le territoire plus de femmes que d'hommes 53%, alors même que les femmes migrantes représentent en 1931 40% des migrants, qu'en 1946 elles sont 42%, puis 40% entre 1968 et 1975, 43% en 1982 (soit en proportion 5,7% de la population féminine globale en France. En 2008 51% et plus spécifiquement en Alsace où elles sont également 51% en 2008.
> 2) ensuite leur âge : les 2/3 ont entre 15 et 40 ans. Il faut toutefois nuancer ces données qui proviennent pourtant d'un article de l'INSEE[24] qui montre que les situations sont contrastées selon les pays d'origine : les hommes sont plus nombreux que les femmes lorsqu'ils sont nés dans un pays du Sud de l'Europe ou en Afrique ; les femmes sont plus nombreuses concernant les pays du Nord de l'Europe ; il y a plus de célibataires immigrés hommes que femmes (31% contre 20%) ; les femmes veuves ou divorcées sont 4 fois plus nombreuses que les hommes dans la même catégorie[25].

Ce qui semble s'imposer tout d'abord, c'est la prudence : il faut se méfier de nos propres amnésies. Nous avons tendance à redécouvrir constamment une problématique féminine de la migration. Les femmes migrantes restent encore à la marge des données de réflexion selon un schéma type que l'homme agirait seul dans un premier temps avant d'être rejoint par le biais du regroupement familial, alors même que cette mesure de regroupement familial ne concerne que l'arrivée sur le sol français. Or les femmes migrantes sont évoquées comme agies

24. Source INSEE, Chiffres pour l'Alsace 2012, n° 32.
25. Source INSEE, Chiffres pour l'Alsace, 1982, n° 22.

par le masculin qui décide et choisit les trajectoires familiales. En outre, certaines femmes migrantes ont migré seules, méfions-nous donc des stéréotypes et des catégorisations, du danger d'essentialisation d'un groupe.

Dès lors, à la question posée par Sylvie Mazzella dans son ouvrage *Sociologie des migrations* : « l'expérience migratoire des femmes est-elle différente de celle des hommes ?[26], on peut sans grand risque répondre par l'affirmative. Mais d'emblée une autre émerge : qu'est-ce que cela nous apporte (et à qui cela rapporte) d'effectuer cette distinction ? « En quoi une approche des migrations dans une perspective de différence sexuée permet-elle de mieux appréhender les diverses formes de phénomènes migratoires ainsi que les dynamiques de transformation des sociétés contemporaines ?[27] ». Ce qui a le mérite de faire émerger des motifs, des discours, des méthodologies, des problèmes et l'on peut facilement identifier trois d'entre eux : le sexisme, l'économie/la société, le racisme. La question de l'approche théorique se pose également, Sylvie Mazzella considère qu'il y en a deux : une analyse en termes de « discriminations multisituées » et une autre qui cherche à analyser les choix, stratégies, ressources déployées par les femmes migrantes, elle convoque également des concepts comme l'*empowerment* qui est précisément une notion utilisée par les *gender studies* dans les années 80, expression qui renvoie à l'autonomie économique des femmes dans la migration. Mais des chercheuses ont proposé d'autres approches. Ainsi Laurence Roulleau-Berger préconise-t-elle une approche plutôt sociologique/économique, ce qui permet d'analyser la migration féminine en termes de déclassement social, d'inégalités socio-économiques. Elle insiste en effet sur ce qu'elle appelle

26. Sylvie Mazzella, *Sociologie des migrations*, Paris, PUF, 2016, p. 32.
27. *Ibid.*, p. 84.

les « coûts sociaux[28] » supportés par les femmes migrantes : la surcharge de travail, l'exploitation, la stigmatisation, l'éloignement, la violence (morale ou physique), mais aussi (et peut-être faudra-t-il en parler) une certaine émancipation par rapport à une pression sociale et familiale subie dans le pays d'origine, il ne faut pas négliger la tension inhérente à la perte d'autonomie subie en raison des problèmes d'intégration. Les différents témoignages que nous avons entendus et recueillis lors de ce colloque y font plusieurs fois allusion.

Si les migrations féminines constituent une réalité et une situation qui existent depuis longtemps, elles sont étudiées par le prisme des études féministes (comme des études de genre) mais sans suffisamment de visibilité. Notons qu'on focalise actuellement plutôt sur la reconnaissance du rôle économique des femmes migrantes (qu'il s'agisse du travail non déclaré, du travail clandestin, de la non-reconnaissance de leurs études…), la nouveauté de notre approche réside donc du côté de l'intérêt scientifique, social et communautaire que suscitent les femmes migrantes (et non pas de la situation en tant que telle). Sans doute n'avons-nous pas assez mis en évidence ni questionné les conditions de vie des femmes migrantes, les rapports sociaux de sexe, l'apprentissage linguistique (qui est essentiel en ce qu'il leur donne leur autonomie). Selon un article de Camille Gourdeau, la migration féminine est sous-tendue par une double tension entre intégration et injonction, ce qui est une façon d'occulter la diversité des trajectoires, des origines sociales et nationales, mais également des situations matrimoniales des femmes migrantes[29]. Mais ce qui frappe surtout, c'est que les conditions mêmes de la migration diffèrent :

28. Laurence Roulleau-Berger, *Migrer au féminin*, Paris, PUF, « La nature humaine », 2010, p. 25.

29. Camille Gourdeau, « Le contrat d'accueil et d'intégration : un racisme institutionnel teinté de bienveillance ? », in *Migrations société*, 2016/1, N° 163,

> La migration féminine obéit à des règles différentes de celles des hommes, souligne Fabrizio Gatti. Elles doivent s'en remettre au *bouga*, le guide. Et le *bouga* les amène jusqu'à Tripoli par groupe de deux ou trois. Mais pendant le voyage il exploite les filles. Un jour à Dirkou j'en ai vu une de quatorze ans. À chaque étape elles doivent s'arrêter jusqu'à deux ou trois mois parce qu'il faut qu'elles rendent trois ou quatre fois le coût du voyage[30].

Multiples contraintes, écueils… et c'est comme ça « à Zinder, à Agadez, à Dirkou » puis en Libye, à Tripoli. En cela, il nous semble qu'on peut parler d'une minorité dans les minorités — auquel ce volume veut donner une voix écrite.

Le colloque a permis des échanges dont nous espérons qu'ils constituent un matériau de recherches futures : c'est pour cela que la publication de ces interventions et témoignages est essentielle d'un point de vue scientifique : accueillir témoignages et réflexions (en permettant une interaction entre les deux) ; mais également se faire espace d'expression poétique/artistique puisqu'en même temps que ce colloque nous avons voulu accueillir l'exposition « Femmes migrantes » dont Annie Piguet est la responsable, et que nous avons pu monter grâce au partenariat du SUAC et d'Isabelle Lefevre qui est partenaire de ce projet.

Les témoignages des femmes migrantes ont constitué un moment central et décisif de ce colloque : par leur authenticité et leur émotion, mais aussi parce que nous avons l'intuition qu'ils vont participer de ce mouvement d'émancipation et d'autonomisation qui a été l'un des motifs récurrents de ces femmes. Ceci est précisément révélateur d'un autre phénomène : la suspension de la migration du travail conduit à une

numéro coordonné par Camille Gourdeau et Xavier Dunezat, p. 109-120.

30. Fabrizio Gatti, *Bilal sur la route des clandestins*, éditeur Liana Levi, 2008, p. 157. Fabrizio Gatti est un journaliste italien qui s'est fait passer pour un clandestin : il est parti de Dakar, puis il passe par le désert, il va ainsi croiser des passeurs, des membres d'Al-Qaida, on suit son trajet jusqu'à Lampedusa.

focalisation sur une autre forme de migration : ce qu'on a appelé les réfugiés[31]. L'une des premières questions qui s'est posée à nous est de savoir comment nommer cette migration féminine. Nomination essentielle pour déconstruire la construction d'une figure de victimisation qui est une nomination réductrice (le terme « réfugié » prend actuellement tout le champ de vision). Ce n'est pas un hasard si nous avons hésité entre migrantes et immigrées, mais aussi sur des variations telles que réfugiées, étrangères, rescapées, naufragées, apatrides… Hannah Arendt dans « Nous autres réfugiés » fait du paria « un paradigme moderne de la discrimination et de l'oppression[32] ». Elle revendique l'expression « We refugees » qui a été traduite en français par « Nous autres », reconduisant ainsi le même et l'autre dans la même expression, ou plus exactement la communauté d'un nous considéré comme autre, ce que Didi-Huberman appelle « ces êtres d'ailleurs[33] ». Étienne Balibar, dans un article paru dans *Le Monde* en août 2018, proposait de ne plus parler de migrants ni de réfugiés, car il estime que ce sont des termes de « pratiques administratives » mais plutôt d'« errants » pour reprendre l'image des bateaux ballottés au gré des vents contraires. Il faut selon lui parler d'errance migratoire (ce qui permet d'intégrer aussi les violences de leur parcours) et ne pas considérer seulement les migrants à leur arrivée en Europe (notamment). Il n'est pas certain que les femmes migrantes se retrouvent dans ce terme, même s'il ne faut pas refuser *tous les qualificatifs*. Il existe une diversité dans tous ces parcours, c'est pour cela que certains critiques proposent différentes taxinomies, comme : immi-

31. Comme le montre le numéro *Accueillir* N° 247.
32. Cet article était intitulé « We Refugees » et a paru en 1943. Voir Hannah Arendt, *Nous autres réfugiés*, Paris, Allia, 2019, p. 34-35.
33. Georges Didi-Huberman et Niki Giannari, *Passer quoi qu'il en coûte*, Paris, Minuit, 2018, p. 31.

gration clandestine, immigration de regroupement familial, immigration légale, pendulaire (pour qualifier ces allées et venues régulières entre pays d'origine et pays d'accueil, notamment lorsqu'il y a eu signature d'accord de coopération entre l'Union Européenne et certains pays, d'Europe de l'Est comme la Pologne, la Tchéquie, la Slovaquie), immigration prostitutionnelle. Taxinomie que l'on peut articuler avec les termes précisant la nature des migrations : migration politique, migration économique, migration sanitaire, état d'urgence (fuir la guerre), réfugiés et demandeurs d'asile… Enfin on peut prendre en compte d'autres critères qui fonctionnent souvent en dialectique symétrique : proche/lointain ; volontaire/forcée ; temporaire/permanent ; désirée/subie ; visible/invisible ; utile/néfaste… Le cas des migrations féminines nécessite d'ajouter des différences entre « travail domestique interne » (Africaines, Philippines, les Sud-Américaines) et « travail domestique externe[34] » (pays de l'Est) ; une autre donnée de la migration porte sur la clandestinité qui a tendance à reconduire les femmes migrantes à des conditions/traitements ancestraux de la femme. Les femmes migrantes ne sont pas un ensemble homogène, mais qu'elles rassemblent une multitude de profils, dans cette perspective, il faut dire un mot des nationalités et des pays d'origine, des catégories socio-professionnelles, des trajectoires de vie différentes également. Ce qui consiste à redonner à la femme migrante sa diversité ; à prendre en compte les facteurs comme le sexe, l'emploi, la nationalité, la culture, mais aussi des configurations sociales, culturelles, économiques, des trajectoires personnelles où entre en jeu le facteur de l'expérience et de l'apprentissage, et pas seulement une focalisation sur l'expérience

34. Le salaire externe étant plus décent que le salaire interne qui est inférieur (avec des conditions de travail qui ont été dénoncées comme une forme d'esclavage moderne), parfois absence de revenus et violence physique.

des femmes. Une approche comparative des expériences se révèle fructueuse (permettant de voir les lignes de force, les convergences, les différences), sans s'enfermer dans une stricte comparaison (migration masculine/migration féminine), pour ne pas se contenter d'analyser la construction du féminin et du masculin dans l'expérience migratoire, mais de proposer aussi une approche internationale, ou même *interspatiale* des migrations.

Quelques mots également du contexte, de l'actualité de ce colloque. Il s'est déroulé à un moment où les femmes migrantes sont apparues comme des protagonistes des migrations, coïncidant avec la fermeture des frontières à la migration économique en Europe occidentale[35]. Cette prolifération d'expressions et cette hésitation taxinomiques trouvent plusieurs explications contextuelles. Si le sujet des migrants est actuellement une question brûlante et centrale en Europe, en réalité cela remonte plus loin, depuis la construction européenne et la place de la Méditerranée dans le dispositif Schengen puis Dublin (soit 30 ans). Or l'immigration qui avait lieu il y a 30 ans n'est pas la même qu'actuellement. Il convient d'ajouter une autre date importante : 1997 et l'entrée de l'Italie dans l'espace Schengen, ce qui fait de la Méditerranée centrale l'une des principales routes migratoires pour rejoindre l'Union Européenne. Sous la pression de l'Europe, l'Italie s'engage dans une lutte contre l'immigration irrégulière, et la Sicile devient en 2002 le premier point d'entrée par la mer en Italie passant par les Pouilles. Les fluctuations sont importantes jusqu'en 2013 en raison de ces accords précisément, le plus décisif étant le Traité d'amitié, de partenariats et de coopération italo-libyen signé en 2008 entre Berlusconi et Kadhafi (arrêt des migrations). Les migrations reprennent en 2011 au

35. Selon les sources INSEE.

moment des révolutions arabes, entre 2013 et 2017, on assiste à la politisation accrue de la politique migratoire au niveau européen et en même temps on assiste à une médiatisation des naufrages. L'année 2015 est présentée comme l'année de la crise migratoire (1 million de personnes arrivent par voie maritime en Europe dont 772 000 en Grèce et 153 000 en Italie). Depuis le début des années 2000, près d'un million de migrants ont débarqué sur les côtes italiennes ou y ont été transférés après avoir été interceptés en mer (partis des côtes libyennes, tunisiennes, égyptiennes, Afrique de l'Ouest ou de la Corne de l'Afrique, du Maghreb et du Moyen-Orient). En 2017, les migrants arrivent majoritairement du Nigéria, de Guinée, de la Côte d'Ivoire, du Bangladesh, du Mali, de l'Érythrée, du Soudan. Il faut avoir ces éléments en tête car cela peut avoir tendance à fausser la perspective de recherches.

Plus encore que les pays, les dates et les chiffres, c'est peut-être la surexposition médiatique des arrivées par la mer et des camps ainsi que l'instrumentalisation politique qui en a découlé qui semble caractéristique de la situation actuelle des migrants et qu'il convient de prendre en compte, afin de redonner à ces événements leur échelle et d'intégrer un *facteur de correction*. Cette surexposition médiatique se repère dans les discours par l'utilisation d'une rhétorique de l'invasion et qui s'est traduite notamment par le recours à une règlementation de l'exception et à la promulgation de décrets, d'ordonnances et de circulaires (plus que la loi), ainsi que tout un champ sémantique de l'urgence — ce que synthétise le principe même de l'« État d'urgence » lié à l'immigration, un dispositif qui répond à une situation de crise et qui est *géré par l'urgence,* ce qui va de pair avec la théâtralisation du contrôle migratoire.

On peut déplorer ces images, on ne peut faire l'économie de leur impact médiatique, tant ces images d'embarcations à la dérive ont littéralement *frappé* les esprits, tant elles sont apparues comme *tristement médiatisables* : depuis ces bateaux surchargés dérivant en haute mer jusqu'aux corps repêchés et ces débarquements de migrants sur les plages. Tristes images donc, qui réactivent au passage le motif du SOS et de la bouteille à la mer. Mais on pense surtout à la médiatisation morbide/malsaine d'Aylan Kurdi, cet enfant kurde retrouvé sur une plage turque en septembre 2015, « cette photo a révélé au grand public que les réfugiés n'étaient pas que des hommes mais une population semblable à la nôtre[36] ». Cette surexposition médiatique fait de la migration un spectacle de la frontière, ce qui n'est pas sans poser de problèmes (au moins moraux et éthiques). Il n'est pas sûr que cette survisualisation médiatique serve réellement la cause migratoire. Au contraire même, la figure du migrant est, en termes de représentations collectives, potentiellement plus *anxiogène* qu'une population mixte et voisine des résidents plus anciens. Effet renforcé par l'exacerbation des prises de positions de certains pays, les migrants se trouvent pris au cœur des discours politiques, ce qui n'est pas sans danger puisqu'ils sont à la fois *pris en charge* et *récupérés politiquement*. Il nous faut avoir conscience de ces différentes données (qui fonctionnent comme autant d'*effets loupes*) afin de réadapter notre champ de vision.

Nous avons voulu que l'université soit l'espace d'accueil et ce volume est l'espace qui recueille ces paroles. Pour qu'il y ait dialogue, il fallait que soient présents les différents acteurs (monde professionnel, monde associatif, monde universitaire, mais aussi monde politique). Leurs différents témoignages se sont faits entendre, ces témoignages ont constitué des moments forts qui ont servi nos réflexions. Nous avons voulu

36. Delphine Leroy, « Des romans ? — non : leurs vies ! » in *Écritures et auteurisations de femmes migrantes hispanophones*, Saint-Denis, Éditions Connaissances et Savoirs, « Arts Graphiques », 2017, p. 26.

aussi accueillir et écouter des responsables d'associations et d'institutions pour les migrants dans l'espace alsacien, et plus exactement dans l'espace transfrontalier franco-suisse, afin d'approcher la migration féminine *de part et d'autre d'une frontière.* Faut-il insister sur l'importance du témoignage ? La notion même de frontière fonde le documentaire, *Des spectres hantent l'Europe,* que Niki Giannari et Maria Kourkouta ont consacré au camp d'Idomeni. En 2016, elles ont visité ce camp près de Thessalonique, camp accueillant quelques 13000 personnes qui d'Afghanistan tentaient de passer la frontière gréco-macédonienne, fuyant les guerres de Syrie (la frontière était précisément en train de se refermer). Georges Didi-Huberman rappelle le sens du témoignage dans la migration :

> On ne témoigne jamais pour soi. On témoigne *pour autrui.* Le témoignage vient d'une expérience bouleversante, souvent ressentie comme indicible et dont le témoin, depuis la position qu'il occupait (position d'actant, de souffrant ou de regardant), doit faire *foi* aux yeux d'autrui, aux yeux du monde entier. Il donne alors forme à ce qu'il doit — d'une dette éthique — comme à ce qu'il voit. Le témoin fait foi, doit, voit et donne : depuis une expérience qu'il a vécue, quel que soit le mode de cette implication, vers toutes les directions de l'autrui. Il donne sa voix et son regard pour autrui[37].

La parole du témoin est un « geste pour autrui », elle est proférée pour que *passe quelque chose* mais aussi pour *qu'il se passe quelque chose.* Ce n'est pas un hasard si Georges Didi-Huberman associe le témoignage et la migration. Le témoignage suscite une approche méta-réflexive et il nous a fallu réfléchir à quelles *formes de témoignage* la migration féminine donne lieu : de quoi témoignent les femmes migrantes ? Quel est donc ce récit qu'elles nous offrent ? Nous avons postulé que ces récits *ont* et *vont* produire leurs effets, que ces témoignages vont servir une transformation ou un changement. Se

37. Georges Didi-Huberman et Niki Giannari, *Passer quoi qu'il en coûte*, *op. cit.*, p. 26.

raconter compte autant que l'auditoire devant lequel on le fait, peut-être parce que cela permet de ne plus s'appréhender comme victime ou objet, mais bien comme sujet de leur vie et comme personnage principal de leur récit. En tout cas, il nous faut éviter à tout prix de faire du témoin un objet (comme on parle de « femme objet ») pour laisser la place à une femme migrante comme sujet. L'effet est triple selon Axel Honneth : la confiance en soi (ce qui est suscité par l'affection) ; le respect de soi (qui découle de la reconnaissance juridique) et l'estime de soi (expérience de la solidarité)[38] : autrement dit trois relations positives à soi. Ces témoignages et ces récits de vie ont provoqué chez l'auditoire une modification de ses représentations (on entend des sujets qui racontent leur histoire et non pas une catégorie d'individus), une transformation des rapports sociaux. Nous postulons enfin qu'un travail de reconnaissance par le récit est possible et qu'il sera fructueux aussi en termes de méthodologie (et pas seulement comme un cadre ou même un corpus de recherches).

Les motifs et les sujets et les thèmes abordés ont été nombreux et sensibles, mais on peut en retenir quelques-uns :

1) Penser/repenser la frontière migratoire et ses différentes modalités d'expression, dans les témoignages comme dans les textes). Paolo Cuttita propose le concept de « frontiérisation[39] » pour donner à penser le processus de construction et de mise en visibilité de la frontière dans l'espace méditerranéen. Elle fait remonter le processus de frontiérisation aux Printemps arabes et aux guerres civiles en Afrique du Nord

38. Axel Honneth, *La lutte pour la reconnaissance*, Paris, Gallimard, « Folio/essais », 2000, p. 54.
39. Paolo Cuttita, « La "frontiérisation" de Lampedusa. Comment se construit une frontière », in *L'espace politique*, vol 25, avril 2015, p. 66.

(Lybie) et au Moyen-Orient (Syrie). Il est important de saisir ce qui se joue actuellement dans ces prises de paroles-là.

2) La question de la maîtrise de la langue d'accueil. Georges Didi-Huberman parle justement de la « frontière des langues ». À cela s'ajoute une autre frontière, ou d'autres frontières, celles qui existent d'une part entre le pays d'accueil et le pays d'origine, mais également entre tous les pays/espaces intermédiaires (qui deviennent transfrontaliers)

3) Le rapport à soi et à l'autre et la notion d'altérité (humaine, sociale, culturelle, linguistique), faisant écho à cette très belle définition de la culture par Georges Didi-Huberman : la culture, c'est la capacité à « s'imaginer les uns les autres[40] » et il insiste sur le fait que tous les mouvements de migration ont un nom générique : « culture ». Non pas la culture au sens d'émissions culturelles, la culture au sens anthropologique du terme (des êtres humains capables de créer des œuvres d'art, mais aussi de vivre en société). Tout le problème vient du fait qu'il y a « malaise dans la culture » : ce qui tient d'une part à une hostilité envers l'autre. Ce n'est sans doute pas un hasard si on se situe dans « une période de confusion paranoïaque[41] », qui a tendance à transformer et transférer l'hostilité envers la culture : « les images sont *contre-fatales*[42] ». De leurs mémoires surgissent de nouveaux désirs, elles possèdent une nouvelle force : ce qui peut être pris au sens littéral : une force de nouveauté. Georges Didi-Huberman considère qu'à « la survivance des images », c'est-à-dire « la capacité des images à passer au travers du temps », il faut ajouter « la migration des

40. Georges Didi-Huberman et Niki Giannari, *Passer quoi qu'il en coûte*, *op. cit.*, p. 61.
41. *Ibid.*, p. 62.
42. *Ibid.*, p. 61.

images », « la capacité fondamentale des images à passer au travers d'espaces distincts — des espaces qui peuvent parfois être très éloignés les uns des autres. C'est que la migration est une discontinuité par principe : elle peut susciter des dysfonctionnements qu'il a fallu identifier, afin de pouvoir être surmontés. Le rapport entre culture d'accueil et culture d'origine est autant une affaire de ressenti que de représentation. Ce qui a suscité des ruptures tient peut-être à l'élaboration d'une Europe de la libre circulation dont on cherche à sécuriser les frontières, provoquant des processus de passages illégaux, de déshumanisation et d'exploitation par certains de la faiblesse des migrants, de processus de gestion des flux par des mouvements d'accélération et de réduction. On assiste actuellement à une transformation des dynamiques spatiales de la frontière, dans un double mouvement d'élargissement et de concentration, pour mettre en évidence « des moments et des lieux clés, comme autant d'entreprises de déshumanisation et de réhumanisation[43] ». L'Union Européenne a participé à faire de la Méditerranée un lieu de blocage et de filtrage des flux dirigés vers l'Europe, ce qui se repère dans trois types de dispositifs : le glacis (comme espace mouvement), le checkpoint (comme espace flux) et comme le barrage (comme espace nasse).

4) La notion de frontières est essentielle et Olivier Clochard insiste sur sa réticularité (à l'image d'une toile d'araignée). « La frontière est pixellisée et mouvante. Les frontières se recomposent au fil des trajectoires migratoires et se matérialisent dans une tension entre immobilisation et mise en mobilité[44] ». Il faudra prendre en compte également des éléments du dispositif

43. Olivier Clochard, « Ouverture », in *Méditerranée. Des frontières à la dérive*, Nathalie Behardie-Tahir et Camille Schmoll (dir.), Babels, « Bibliothèque des frontières », 2018, p. 7.

44. *Ibid.*, p. 9.

frontalier et de ce qu'il faut appeler aussi le contrôle migratoire comme les camps, les prisons, les îles, les villes, les enclaves, les aéroports. Certains lieux ont pris une valeur symbolique (comme Lesbos, Lampedusa, Évros, Gibraltar). Le cas de Lampedusa est intéressant en termes d'instrumentalisation et de surexposition de cette île, ce qui ne tient pas seulement au statut littéraire et filmique de Lampedusa (*Le Guépard*). En mars 2011, des Tunisiens y furent acheminés puis bloqués à Lampedusa. Et puisque l'île fonctionne comme centre de rétention à ciel ouvert avec un potentiel explosif, Lampedusa est devenue le théâtre d'une construction sociale de la frontière et de la migration, relevant du registre de l'urgence et de l'imprévisibilité, alimentant une géographie de la peur. On peut dire que les camps, les jungles fonctionnent aussi selon le même principe : Lampedusa devient « une synecdoque de la spatialisation de la frontière ». Mais elle relève aussi d'un phénomène plus global, de ce que Michel Agier nomme l'« encampement du monde[45] » qui n'est autre que « l'une des formes de gouvernement du monde, une manière de gérer l'indésirable ». Appréhender le monde par les camps, ou plus exactement encore, utiliser la notion d'encampement comme un *effet de loupe*, permettant de saisir la complexité des circulations migratoires et des dispositifs frontaliers. L'encampement du monde répond à un « projet d'*ethnographie globale*[46] » qui nécessite de prendre en compte aussi bien « la complexité et la diversité des situations concrètes » que « le poids et la profondeur de certaines histoires spécifiques »[47]. Il faut prendre en compte également la notion d'intensification et de condensation, en intégrant le processus physique de condensation (lorsque des molécules

45. Michel Agier, « L'encampement du monde », introduction au volume *Un monde de camps*, Paris, La découverte, 2014, p. 11.
46. *Ibid.*, p. 12.
47. *Ibid.*, p. 12.

d'eau s'agrègent dans un volume restreint) donne une visibilité à ce qui n'en avait pas (à l'instar de la goutte d'eau versus la vapeur d'eau). Nous postulons que les différents témoignages révèlent de façon amplifiée ces logiques de frontiérisation et de la construction sociale de la migration, en précisant les différentes étapes : l'expérience du départ, les mouvements de circulation et d'immobilisation, la relocalisation voire l'intégration, et tous les processus de rétention, blocage, filtrage, expulsion, mise à l'écart.

La frontière relève non seulement d'une logique du lieu mais aussi de la zone, une logique qui supplante les notions de confins et de ligne, à l'instar de la notion de « borderzone », on notera que dans ce cas, c'est la mer qui devient cette borderzone, avec tous les problèmes que cela pose : les eaux territoriales de l'Italie (opération Mare Nostrum) les gardes côtes italiens, les milices libyennes, mais aussi les pays en amont (Libye, Égypte, Tunisie, Turquie) qui jouent un rôle dans la logique du barrage filtrant instaurée par l'Union Européenne et ses États, ainsi que tous les pays de transit. Outre la dimension spatiale de la frontière, il faut considérer les temporalités de la frontière, à l'instar de l'allongement du temps de passage, de sorte que la mer n'est qu'une étape parmi d'autres d'une longue traversée : la frontière est à la fois solide et liquide (des routes, des îles, la mer, des gens de mer, des rivages et des juridictions)[48]. Mais il convient de faire entendre d'autres voix et d'autres références, de prendre aussi en compte les différents acteurs (avec la complexité des appellations) : cour européenne des droits de l'homme CEDH, commissions nationales et locales, bureaucrates et magistrats, groupes d'intérêt, patrouille aux frontières, ONG, agences de l'ONU et de l'UE,

48. *Ibid.*, p. 13.

avec des tensions et dissensions entre ces acteurs (par exemple entre Commission et Conseil Européen).

Au-delà encore, c'est tout un questionnement sur l'identité et l'altérité qui se déploie : comment se *reconstruit* une identité ? Comment évolue et s'enrichit-elle au regard de l'expérience de la migration ? Que devient par exemple le sentiment d'appartenance, la notion de légitimité ? Que faire de notions aussi sensibles et complexes que l'exclusion ou l'intégration ? Le processus de construction identitaire passe par un processus de recomposition et de différenciation. Mais la migration bouleverse les rapports entre identité et altérité : le rapport à l'autre doit trouver d'autres valeurs et d'autres bases, c'est la nécessité de l'adaptation. Il importe de se demander *pourquoi* (du point de vue de leur histoire), mais de se poser aussi la question du *pour quoi* (du point de vue de leur futur). Les manifestations d'hostilité autant que les manifestations solidaires ne doivent pas être masquées. Il faut porter son attention aux différentes rhétoriques qu'elles convoquent, ainsi que les processus affectifs qui leur sont inhérents : empathie, entraide, compassion, hospitalité. Cela donne lieu à des formes de cohabitation et d'hybridation réussies. À cet égard, le rôle des associations est essentiel dans l'intégration du processus migratoire. Il importe également d'envisager les compétences, les connaissances et la capacité de mobilité des femmes migrantes, ainsi que les imaginaires, les témoignages, les photos, tout ce qui n'est pas strictement informatif mais qui relève d'un moyen d'expression. Il importe aussi de mettre au jour et de cerner la part de fantasmes liés au phénomène de migration, de sorte qu'il nous faut nous méfier et introduire une variable d'ajustement.

Mais nous gardons espoir. Hervé Le Bras dans *L'âge des migrations* rappelle que les paléontologues considèrent que la survie de l'« Homo sapiens » a tenu à sa capacité à migrer (cela lui a permis d'échapper aux glaciations, aux canicules des derniers cent mille ans ainsi qu'aux épidémies). Parti d'Afrique, il a peuplé toute la planète. On sait maintenant que l'Homo sapiens s'est hybridé avec les Néandertaliens et Denisoviens. Non seulement, on a retrouvé de l'ADN de ces deux espèces dans le génome humain, mais surtout, on sait aujourd'hui que c'est précisément cette hybridité génétique qui a permis à l'Homo sapiens d'acquérir une résistance à certaines pathologies. Les Néandertaliens et les Dénisoviens plus sédentaires n'ont pas su faire face aux changements climatiques et épidémiques et sur les 185 espèces de primates subsistantes, seul l'homme a un comportement migrateur. L'Homo sapiens a donc survécu parce qu'il est un « homo migrans[49] ». Ce qui fait écho aux mots d'Hannah Arendt : « Les réfugiés allant de pays en pays représentent l'avant-garde de leurs peuples[50] ». Non seulement, la migration est promesse d'avant-garde, mais puisqu'il n'aura échappé à personne qu'Hannah Arendt est une femme, c'est de la migration féminine que viendra le renouveau. Enfin, il nous est revenu à l'esprit, comme une ritournelle, ce beau vers de Rilke, à la fin de la VIIIe des *Élégies de Duino :*

> Qui donc nous a retournés
> De la sorte pour que
> quoi que nous fassions
> nous ayons toujours l'attitude de celui qui s'en va ?
> [...]
> Tels nous vivons en prenant congé sans cesse.

Université de Limoges — EHIC

49. Georges Didi-Huberman et Niki Giannari, *Passer quoi qu'il en coûte*, p. 87-88.
50. Hannah Arendt, *Nous autres réfugiés*, *op. cit.*, p. 45.

Première partie

La parole des femmes migrantes et des responsables d'association

Chapitre 1

Une voix au chapitre ? Traversées, parcours, défis

Najiba Sharif

Je suis née à Kaboul, dans le centre de l'Afghanistan. J'y ai grandi et fait des études jusqu'au Bac +4 en Sciences et Mathématiques. Ensuite j'ai enseigné les mathématiques dans un lycée. À l'âge de 16 ans, j'ai commencé à suivre quelques formations en Journalisme pour travailler comme présentatrice d'un Journal télévisé à partir de 17 ans. Il y a maintenant 15 ans que j'ai arrêté. J'ai perdu cinq ans à cause des talibans. J'étais une femme au foyer. Vous connaissez un peu les talibans, ils sont contre les femmes. Elles n'ont pas le droit de sortir de la maison sans le « mahram ». Le mot « mahram » veut dire « un homme qui est à côté d'une femme ». Je n'avais pas le droit de côtoyer des garçons, à cause des talibans. Mon mari, qui n'était pas toujours libre, sortait parfois avec moi. Et, moi, j'étais pendant 5 ans comme une prisonnière à la maison.

Cette période a été très dure pour toutes les femmes en Afghanistan. J'étais aussi un témoin. Je n'ai pas entendu cette histoire d'une autre personne. J'étais là-bas en Afghanistan, quand les talibans ont pris le pouvoir pendant 5 ans. Ma fille avait 16 ans et elle a dû rester 5 ans à la maison sans faire d'études.

À partir de 2001, les soldats des États-Unis et toute l'Europe sont venus en Afghanistan pour chasser les talibans. L'État a décidé que les femmes pouvaient reprendre leur travail. J'ai repris mon poste de professeure de mathématiques dans un lycée, mais la longue période des talibans a effacé tous les projets d'éducation. La première année, c'est-à-dire en 2002, le nouveau gouvernement a voulu copier le système d'éducation européen pour essayer de reconstruire le nôtre. Pour cette raison, je suis venue à Paris pour la première fois accompagnée par 22 personnes, en 2002. Il s'agissait d'un voyage officiel de l'UNESCO, pendant lequel l'on allait se demander comment nous pouvions reconstruire notre système d'éducation. Un système égalitaire pour les femmes et pour les hommes. Pendant ce séjour, j'ai rencontré deux responsables du magazine « Elle ». L'une m'a proposé de mettre en place un magazine féminin. Même s'il n'y avait pas de facilités pour nous ni de futur en Afghanistan comme chez vous, j'ai accepté. Elles ont pris mon adresse et se sont rendues 6 mois après en Afghanistan. Nous nous sommes retrouvées pour me proposer de diriger le magazine qui s'appelle « wraz, » [روځ] ; c'est-à-dire, « jour ». Ce nom nous l'avons choisi tous ensemble puisque les femmes sont restées 5 ans dans un pays sans lumière, sans clarté, donc « wraz, », « jour », c'est l'illumination, la lumière. J'ai été à ce poste pendant 2 ans. Auparavant l'État m'avait proposé un travail, cette fois-ci comme vice-ministre pour les droits des femmes pour deux ans. Peu de temps après, j'ai été nommée ministre, pendant un an.

À partir de 2005, pendant les deux ans où j'étais vice-ministre, les problèmes entre les personnes au pouvoir se sont multipliés. Je faisais partie d'un mouvement politique contre le fondamentalisme. L'État prévoyait un retour des talibans. Pour cette raison, j'ai commencé à avoir des difficultés pour mener à bien mes missions. Quelques personnes autour de moi m'ont dit que ça faisait des années que je travaillais comme journaliste, que j'avais donc la capacité de me présenter pour un poste de députée au sein du Parlement. Pendant 30 ou 35 ans, il n'y a pas eu de Parlement chez moi, c'était donc la première fois grâce à l'Europe et aux États-Unis, qu'on en avait. J'ai suivi ce conseil et présenté ma candidature. J'ai été élue députée, mais je n'ai pu pas finir mon mandat. J'ai eu tout le temps des problèmes avec les fondamentalistes, avec ces gens qui sont particulièrement contre les femmes.

En 2003, je suis venue en France une deuxième fois et quand je suis rentrée, j'ai proposé un système laïque, comme chez vous, car nous sommes toujours un pays 100 % islamique. J'ai proposé ce système, car il me paraissait très bien. En raison de cette initiative, la réaction a été immédiatement négative. Les gens qui sont contre les femmes ont lancé sur moi une bouteille d'eau. Ils m'ont menacée en disant que les personnes de la sécurité allaient venir pour essayer de me sortir de la salle du Parlement. Je me suis défendue qu'ils n'avaient pas le droit et que je restais là. Ils ont alors éteint le micro. Sans microphone, c'est impossible de se faire entendre dans une salle remplie de plus de 200 personnes. C'est un exemple parmi d'autres, car j'ai rencontré beaucoup de problèmes de ce type. À la fin, il y a eu des menaces verbales et physiques, même d'attentats. Ce n'est pas par choix que j'ai quitté l'Afghanistan. J'ai quitté l'Afghanistan en 2011 *à contrecœur*. Je me suis d'abord rendue en Suède parce que mon fils aîné habitait déjà là-bas, même si je n'étais pas toujours d'accord, car l'Afghanistan reste une partie de mon cœur.

Puis je suis arrivée en France en 2011. Tout de suite on m'a donné une réponse positive pour mon titre de séjour en janvier 2012, puis en 2013. J'ai eu mes papiers très facilement, car j'avais un passeport diplomatique. Heureusement, parce qu'avec mon histoire compliquée, cela aurait été très pénible. Mais je ne peux pas en parler. Je ne suis pas capable de le dire. Je suis venue en France parce que j'avais déjà un visa en raison de mon voyage officiel. Même si je n'avais pas envie, quand je suis venue ici, je suis tombée sur une bonne amie française. Je suis très heureuse d'être avec vous. Par exemple maintenant, Mme Cardeles est avec moi, Mme Marie Odile et une autre amie qui a toujours travaillé à l'ADA (Allocation pour Demandeur d'Asile), Béatrice. Grâce à elles, j'ai trouvé tout de suite et malgré mon handicap, un travail comme animatrice civique dans une association. Après 3 ans, dans un centre culturel, grâce à mes amies que j'aime beaucoup. C'est pour ça qu'aujourd'hui je ne veux plus quitter la France.

Actuellement, je travaille comme assistante d'éducation dans un collège. Je me répète toujours la phrase suivante : « Richesse, ce n'est pas l'argent ». Je pense à mes amies et je pense que même si j'avais un bon poste en Afghanistan, avec un bon salaire, je suis aujourd'hui très contente en France parce que mes enfants se sont bien intégrés. J'ai 4 enfants. Mon aîné qui est dentiste habite encore en Suède. Mon deuxième fils continue ses études dans la faculté de Sciences et il est assistant pédagogique au Lycée Montaigne. Parfois, il donne des cours de mathématiques et d'anglais. Ma fille a eu son CAP « Petite enfance » et elle est en train de chercher un travail. Et le cadet de mes enfants qui a 20 ans, est passé en première année de Médecine à Strasbourg. Cette année, il voudrait changer de faculté, car c'est un peu dur en France. Il continuera la Médecine et on verra l'année prochaine. Je suis très contente d'être aujourd'hui avec vous. Merci.

Melliaze Mahouast

Je suis née en France. Quand j'ai fêté mes 13 ans, ma famille et moi, nous sommes partis en Algérie. Nous avons dû repartir, car mon père a eu de graves problèmes de santé. Pour lui, être dans son pays, c'était être en sécurité. Alors nous avons décidé de nous rendre en Algérie. J'avais un frère, j'avais deux sœurs. C'était en 1984. En arrivant en Algérie, nous nous sommes installés dans une maison avec des gens que nous ne connaissions pas. Nous avons constaté rapidement qu'il n'y avait pas d'électricité. Pas de télévision ni de douche. Beaucoup de choses nous manquaient par rapport à la France. De plus, nous ne parlions pas la langue arabe. J'y suis restée 20 ans sans réussir à m'adapter : je suis arrivée à 13 ans et je suis revenue en France à l'âge de 33 ans. Je n'y arrivais pas à me faire à l'idée de vivre en Algérie. J'ai grandi là-bas, j'ai fait mes études. Mais je n'ai jamais parlé la langue arabe. C'était très dur. Nous avons eu beaucoup des problèmes.

Mon père a été tué en Algérie d'un coup de couteau. Et nous, nous avons été agressés aussi. J'ai presque perdu la vie, j'ai reçu trois coups de couteau qui ont atteint le rein, la rate et le poumon. Mais je suis quand même restée. Je me suis mariée, j'ai eu trois enfants. J'avais aussi une profession. J'étais formatrice, j'enseignais le français à des personnes qui ne le connaissaient pas. Ensuite, j'étais trop malade pour rester là-bas. À cause des séquelles de l'attaque, je tombais régulièrement malade. Je ne supportais plus de vivre là-bas donc je suis rentrée en France en 2004. Je l'ai décidé, je voulais vraiment reprendre la vie que j'avais laissée à mes 13 ans. J'avais beaucoup de souvenirs de la France. Pour moi, j'étais vraiment revenue chez moi. Même si mes origines sont algériennes, pour moi, la France, c'était mon pays, et je suis revenue. La France, c'était mon pays d'origine.

Comme j'arrivais d'Algérie, j'ai été prise pour une personne illettrée. On m'a fait faire une formation en langue française. Et là, quand je suis arrivée dans la salle où les gens ne savaient ni écrire ni lire, je ne savais pas si je m'étais trompée, ou si c'était une erreur des personnes qui m'avaient envoyée ici. La formatrice me demande : « Asseyez-vous et présentez-vous ». Je me présente et elle semble surprise : « Vous savez parler français ! ». Je lui demande pourquoi. Elle me répond : « les personnes qui sont là, elles ne savent pas en parler, elles ne savent pas écrire. Et cette formation est pour ces personnes-là ». Je me trouve un peu bête, mais je reste quand même, je décide de ne pas quitter la formation. J'ai aidé les personnes qui étaient là à faire leurs exercices et à écrire. Le métier que j'avais quitté en Algérie, j'étais professeure de FLE (Français Langue étrangère), je l'ai repris ici. J'ai continué à le faire. Cela m'a permis de retrouver des bases que j'aurais aimées avoir dès le début. J'aurais aimé qu'on m'aide, qu'on m'oriente, qu'on s'occupe de moi... pas qu'on s'occupe de moi, mais qu'il y ait des gens pour me soutenir.

J'ai décidé de rester en France, même si j'ai un travail qui ne correspond pas à mes formations. Je travaille comme médiatrice à La Poste en aidant les personnes à remplir des papiers administratifs. J'ai décidé d'aider parce qu'il y a des personnes qui viennent des pays étrangers, qui arrivent en France et qui sont vraiment perdues. Je pense que je les soutiens. Même pour un simple renseignement dans la rue. Ce matin, j'étais perdue à l'Université. Je suis arrivée et je ne savais même pas dans quel bâtiment je devais y aller. Je ne suis jamais entrée dans cette université, c'est la première fois. Je me suis mise à chercher et une dame m'a accompagnée jusqu'ici. Elle a eu l'amabilité de refaire le chemin, elle était déjà descendue et elle est remontée juste pour moi. Des gens comme ça, il devrait y en avoir plus souvent, ce n'est pas si difficile.

Arbenita Kuca

Je m'appelle Arbenita Kuca et je viens du Kosovo. Quand je suis arrivée en France en 2013 avec mon mari, j'étais enceinte de 8 mois. C'était l'été et en descendant du camion, ils nous ont dit : « Vous pouvez rester dehors, il n'y a pas de souci, il fait beau ». Tous les jours, j'appelais le 115, plusieurs fois dans la journée. Cela a continué pendant trois semaines, il n'y avait toujours pas de place pour nous. Lorsqu'il a commencé à pleuvoir, nous avons été logés dans un centre de réhabilitation. Mais là-bas, ils n'acceptaient pas les familles, ce n'est que pour les couples ou les gens tous seuls. Ils nous ont permis de rester jusqu'à mon accouchement. Ce jour n'a pas tardé, j'ai accouché par césarienne, on s'est dit que peut-être ils allaient nous garder, mais non. Ils ont dit : « Vous n'avez pas le droit de rester ici ». Je me souviens très bien qu'à la sortie de l'hôpital, nous avons encore appelé le 115 au moins 100 fois. Il n'y avait toujours pas de place.

Après ils nous ont conseillé d'aller à la Maison de repos. Là-bas, nous avions droit à des petits lits, mais des fois, il y avait des gens qui étaient ivres, et puis, ça faisait peur. J'étais avec mon bébé et on n'était pas très bien soignés. On y est restés un mois. Le jour, nous sortions ; le soir, nous rentrions. On avait à manger le soir. Dans la journée, on allait dans une association où on pouvait prendre une douche, on a continué comme ça. Nous avons fait une demande d'asile à l'OFPRA mais le dossier a été rejeté, on nous a dit que ça ne servait à rien. Mon mari est Bosniaque, moi je suis Kosovare, cette union n'est pas acceptable chez nous. Du coup, on était déjà rejetés chez nous et ici aussi.

Pour moi, ce sont des préjugés. Nous sommes bien, tout va bien entre nous. Nous avons réussi à dépasser tous ces préjugés. Nous pensions que venir en France allait être une bonne décision, mais nous n'avions rien du tout. Après avoir reçu tous les rejets à nos demandes, on a été de nouveau à la rue, et cela pendant l'hiver. C'était vraiment difficile pour nous. On y a passé quelques jours, il y a eu des garçons qui nous ont logés. Ils nous ont dit : « Vous pouvez rester ici ». On avait notre fille de 18 mois, on avait accès à une petite cuisine pour se faire à manger. Après, il y a eu une possibilité. Nous avons rencontré des personnes qui travaillaient pour une association, et puis, elles nous ont aidés. On a été logés d'abord dans un hôtel, après dans des familles. Maintenant, nous avons un appartement et ça va mieux. Nous allons bien. On n'a toujours pas de papiers, mais on continue. Je suis au Centre Lavoisier où je donne des conversations, et je fais des traductions avec Maître Roussel.

Concernant les papiers, comme notre fille est en école maternelle, notre dossier a été encore rejeté. Il faut qu'elle soit acceptée en école élémentaire, on pourra ainsi faire encore une fois une demande. On espère que ça va marcher. Ils veulent toujours des preuves, mais personne ne peut nous faire de certificat. Aujourd'hui, ça va mieux. Quand on aura les papiers, ça ira encore mieux, je pense. Quand j'étais jeune, j'étais une très bonne élève et mon mari a fait des études. Je ne me suis pas encore habituée à la France. Pour moi, ça a été très difficile de quitter ma famille, mes amis, mon école. Tout cela a été dur. Peut-être qu'avec un travail je pourrais m'adapter, mais là, c'est difficile.

Jesuida Hasa

Je suis arrivée en France en 2012, je viens d'Albanie. Je suis venue avec ma famille. Nous avons fait la demande d'asile en

2012 et en 2013 nous avons obtenu nos papiers. C'est toujours difficile de changer de pays, de s'adapter, de se retrouver dans un pays où l'on ne connaît pas forcément la culture, la mentalité. Personnellement, le plus difficile a été d'avoir accès au système éducatif. En France, dès lors que tu as 17 ans, l'éducation n'est plus obligatoire. Pendant un an, j'ai eu les pires difficultés pour entrer au lycée. C'est là que j'ai connu Silvia, d'ailleurs, elle m'a donné beaucoup de conseils. Ensuite, j'ai été obligée de reprendre le lycée depuis le début : Seconde, Première, Terminale… tout le parcours, comme si je n'étais jamais allée à l'école. Ensuite, j'ai passé mon bac, je l'ai eu, je suis ensuite entrée à l'université, je suis actuellement en troisième année de licence d'anglais, ici, à Mulhouse. Plus tard, j'aimerais travailler dans l'enseignement, je pense continuer en Master, je ne suis pas encore très sûre, Master enseignement MEEF ou Master Cultures, ce sont deux choses totalement différentes mais j'ai un peu de temps pour me décider.

Question : *Pourquoi êtes-vous partis ?*

Nous avons été obligés de quitter l'Albanie car ma famille avait des problèmes. Je suis venue avec ma famille en France. C'était plus facile de s'adapter puisqu'on avait déjà une base, on avait la famille même si quelque chose se passait mal, on était ensemble. On a pu s'intégrer plus facilement. Mais au début, cela a été difficile, on ne connaît personne, on n'a pas d'amis. Puis avec le temps et un peu de chance, on réussit à s'intégrer.

Question : *Avez-vous des liens avec votre pays d'origine ?*

J'ai encore de la famille et des amis en Albanie. On communique de moins en moins avec les années, parce que chacun continue sa vie. De plus, j'ai de la famille un peu partout, en

Italie et ailleurs. J'ai la chance de voyager et d'avoir de bonnes relations avec tout le monde. C'est bon de découvrir d'autres cultures. J'ai ici des amis avec lesquels je partage de bons moments. Je peux voyager, faire de nouvelles connaissances. Le fait de s'intégrer, c'est travailler sur soi, chercher en soi. Pour moi, c'est ce qui fait avancer les choses.

Arusyak

Nous avons quitté l'Arménie car ce n'était plus possible de continuer à y habiter. Tout commence avec un problème lié à ma mère et puis à toute la famille. Ma mère travaillait comme cheffe du bureau de passeports. Une personne qui venait de sortir de prison est venue lui demander un passeport. Ma mère lui a répondu que tout de suite ce n'était pas possible, qu'il fallait suivre une procédure. Cette personne a commencé à crier, ne comprenant pas pourquoi il devait attendre. Ma mère lui a essayé de la calmer. Elle lui a dit que dans six mois son passeport serait prêt. Le lendemain, il attendait ma mère pour l'agresser. Il lui a donné onze coups de couteau. Elle est restée longtemps à l'hôpital pour subir de nombreuses opérations. Elle avait aussi subi des séquelles psychologiques importantes. L'agresseur a été condamné à six ans de prison sans sursis pour avoir agressé ma mère et deux ans de plus pour un autre délit. Quand il est sorti, il nous a cherchés, il voulait faire payer toute la famille. Il s'en est pris aussi à mon mari. C'est pour cela que nous avons décidé de quitter l'Arménie : mon mari Samuel, moi et mon petit garçon Raphaël âgé de trois ans.

Nous avons souhaité venir en Europe, mais la personne qui nous a conduits jusqu'ici en petits camions n'avait pas le droit de nous dire où on descendait. Tout cela est caché. Nous n'étions que trois familles dans le camion, et nous n'avions le droit pendant le trajet de trois jours que de descendre dans les stations-services pour aller aux toilettes. Nous ne savions pas que l'on allait descendre à Mulhouse. Lorsque nous sommes arrivés en France, nous n'avons pas pu accéder au statut de réfugié car notre pays n'est pas en guerre. Nous sommes donc restés dans la rue.

On nous a conseillé de téléphoner au 115 pour demander un logement. On nous a répondu qu'il n'avait pas de place. Ainsi, nous sommes restés à la Gare de Mulhouse. Les personnes de la Croix-Rouge nous ont conduits à douze reprises à un foyer pour passer la nuit. Un jour, la dame du 115 nous a donné une place dans un hôtel « Formule 1 » à Kingersheim. Nous étions très contents. C'est à partir de ce moment que nous avons commencé la procédure chez l'Ofpra et nous sommes également allés à Dom'asile pour constituer un dossier de demande d'asile. À l'Ofpra, personne n'a compris notre dossier car il était écrit en arménien. Vingt-sept jours après le dépôt de notre dossier, la réponse a été négative puis nous avons automatiquement reçu une réponse négative pour le recours. Ils nous demandaient aussi de quitter tout de suite le pays. Pour cette raison, nous avons été obligés de quitter l'hôtel vers la fin du mois d'avril.

Raphaël a été scolarisé après les vacances de Printemps, et nous, Samuel et moi, nous parcourions les supermarchés, les magasins pendant des mois. Je suis tombée enceinte, mais je n'ai pas pu bénéficier d'un suivi de grossesse car je n'avais pas la carte vitale. À l'ADA et à la Cimade, je proposais mes services de violoniste pour les fêtes, pour les écoles. J'ai toujours cherché quelque chose à faire. Dans le peu de bagages que l'on avait apporté, j'avais avec moi mon violon. La directrice de l'ADA m'a appelée pour jouer pendant la fête de la Saint-Nicolas. Après le spectacle musical, j'ai joué en solo tous les chants de Noël, une dame est venue me parler, elle s'appelait Hélène, mais je ne comprenais rien parce que je ne parlais pas la langue française. Une autre personne a commencé à traduire. Elle m'a demandé si je jouais aussi du piano et comme elle en avait un, elle m'a invité à en jouer chez elle. Puis la directrice de l'ADA lui a expliqué que nous dormions dehors. Elle nous a proposé de rester chez elle pour Noël et le Nouvel An. Elle nous a offert de dormir dans la chambre d'amis au rez-de-chaussée. Nous y sommes restés quatre mois. Elle est aussi musicienne et enseignante et elle m'a aidé à décrocher quelques contrats en tant que violoniste dans un orchestre. J'ai commencé à donner plusieurs concerts. Lorsque j'ai accouché, j'ai donné le prénom d'Hélène à ma fille.

Alba Polo

Je viens de Colombie. J'ai étudié dans la petite ville où je suis née, avec une vie très confortable. Après mes études universitaires, j'ai voulu continuer ma formation à l'étranger et j'ai rencontré celui qui est devenu mon mari. J'ai pris la décision de venir en Europe, en Espagne plus précisément. J'ai choisi de poursuivre mes études en psychanalyse plutôt qu'en psychologie. J'avais déjà travaillé en Colombie en tant que psychologue. Quand je suis arrivée en Espagne, plusieurs barrières se sont dressées face à moi. J'ai vécu la plus grande déception de ma vie. J'ai quand même pu établir des relations importantes pour moi. J'ai beaucoup appris en Espagne mais j'ai aussi connu la pauvreté et le désespoir. J'ai aussi connu l'humiliation dans ce pays. Je viens d'une petite région hospitalière de Colombie, une région où il est important de recevoir à bras ouverts, d'accueillir tout le monde, et plus encore ceux qui viennent de l'Espagne car pour nous, c'est la « Madre Patria », la mère patrie. Dans mon cas, elle est plutôt devenue la marâtre. De plus, en Espagne, je suis devenue mère.

J'ai dû arrêter mon doctorat pour gagner ma vie dans ce pays. De nombreuses personnes m'ont demandée ce que je faisais ici et de repartir dans mon pays. Je leur répondais : « J'ai connu la pauvreté dans ton pays. Si je ne peux pas rentrer chez moi pour le moment, c'est parce que je termine un projet très important et parce que mon fils est encore petit ». Avec la famille de mon ex-mari également, ça n'a pas bien marché : avec eux j'ai également connu l'humiliation. Je voulais que ma famille ne sache rien de ce que je vivais. Toutes ces expériences que j'ai vécues ont donné naissance à ma thèse de doctorat : une étude psychanalytique sur le récit migratoire de Colombiens venus en Espagne. Ma thèse est devenue une autobiographie ! Ce que j'ai vécu était difficile, mais j'ai connu des personnes décisives, j'ai réussi à continuer ma formation psychanalytique et ma psychanalyse personnelle. J'ai achevé ma thèse mais je me suis trouvée sans travail en Espagne. J'ai pris la décision de retourner en Colombie pour continuer ma vie, surtout pour gagner ma vie et faire de ma passion mon travail. Quand je suis arrivée en Colombie, ma vie a changé à 180 degrés car en Espagne, j'étais au chômage dans une situation vraiment difficile. À cette époque, mon fils est resté en Espagne, j'ai fait beaucoup d'allers-retours. Puis j'ai pris la décision d'arrêter mon travail en Colombie, c'est vrai que c'était très lourd d'être loin de mon fils, l'amour de ma vie. Je suis revenue en Europe. Nous habitons à Genève depuis 12 ans, j'ai pu y construire ma vie professionnelle.

Marina Berts

Je m'appelle Marina Berts. Quand j'ai accepté cette invitation à venir témoigner ici, au sein d'une Université française, à Mulhouse dans le cadre d'un colloque, mon entourage a manifesté son incompréhension : « Qu'est-ce que tu vas faire là-bas ? Tu es une femme migrante, que vas-tu raconter ? »

Je me considère comme une femme migrante et je suis une fille de migrants. Ma mère qui était Suissesse s'est mariée avec un Finlandais, elle est partie vivre en Finlande. Et je suis née, j'ai grandi et j'ai fait ma scolarité en Finlande. Je me considère donc comme Finlandaise. Ma mère avait gardé sa nationalité suisse. À l'époque, la femme suisse n'était pas du tout l'égale de l'homme suisse, donc une femme mariée avec un homme étranger vivant à l'étranger avec lui n'avait pas le droit de transmettre sa nationalité aux enfants. Ce qui veut dire que je n'ai pas eu, je n'ai pas pu avoir la nationalité suisse. En revanche, j'ai toujours parlé français avec ma mère à la maison et suédois avec mon père qui appartenait à la minorité suédophone de la Finlande et bien sûr, dans le monde extérieur, très souvent le finnois.

J'ai donc commencé ma vie dans un pays qui est l'un des pays les plus égalitaires au monde entre hommes et femmes, de sorte que pour moi c'était totalement une évidence que les femmes aient les mêmes droits que les hommes. Bien entendu, il y avait et il y a encore toujours des différences, notamment salariales, mais, quand même, je vous avoue que la Finlande, c'est un très bon pays pour les femmes. J'étais totalement inconsciente des injustices, de l'inégalité qui pouvaient exister ailleurs. Étant donné que ma mère souhaitait retourner souvent voir mes grands-parents, ses parents, on allait assez souvent en Suisse. Mais elle ne m'a jamais parlé de la Suisse, elle ne m'a jamais enseigné la Suisse parce qu'elle s'est complètement assimilée à la vie en Finlande.

À la mort de mon père, j'avais 23 ans. J'ai commencé à chercher mes racines et je suis donc partie en Suisse pour faire un diplôme de l'enseignement du français en tant que langue étrangère. Je me suis inscrite à l'université de Lausanne en tant que personne de langue maternelle suédoise, même si en réalité le français était ma langue maternelle. J'ai rencontré un fils de migrant, un garçon espagnol qui est aujourd'hui mon mari. On a évolué ensemble depuis. Toute naïve que j'étais, j'ai été confrontée à la discrimination qui existe en Europe et j'étais loin de m'imaginer tout ça.

Avec l'homme qui n'était pas encore mon mari, j'ai vécu des situations de discrimination, par exemple au contrôle des habitants, c'est la place où doivent se présenter les personnes de nationalité étrangère en Suisse. Les étrangers doivent se présenter pour faire renouveler leur permis de séjour. Il y a eu des situations absolument épouvantables. Aujourd'hui, c'est un peu différent, surtout pour les personnes européennes. Avec l'Union européenne avec les accords bilatéraux, beaucoup de choses ont changé, mais il y a tout de même de la discrimination tout à fait flagrante.

Nous avons décidé de nous marier et de partir en Finlande. À ce moment-là, j'ai été confrontée à la discrimination dans mon propre pays. Pour moi, c'était assez impensable qu'on discrimine mon mari parce qu'il était de nationalité espagnole et qu'on commence à me discriminer moi aussi parce que j'étais mariée à un étranger. Donc ce fut très dur et très difficile de voir l'attitude des personnes qui peuvent changer selon la situation. Alors, j'ai pu acquérir la nationalité suisse parce que la femme suisse, soi-disant, est devenue l'égale de l'homme donc les lois ont changé. L'Ambassade m'a contactée pour me demander si je voulais la nationalité suisse et j'ai accepté après deux ans de discrimination et de peur.

Ensuite, nous avons décidé d'aller en Espagne pour vivre une autre expérience. Cela a été une expérience un peu plus positive mais là aussi j'ai été confrontée à des situations « de femme » ; c'est-à-dire que quand je suis arrivée, j'ai dû signer un papier pour avoir le droit à un permis de séjour où je disais que je n'allais pas travailler à l'extérieur du foyer. En réalité, j'ai quand même travaillé donc je me suis trouvée dans une situation très inconfortable.

Évidemment, migrer de cette manière-là n'est pas facile, même si c'est à l'intérieur de l'Europe. J'ai eu des problèmes de langue, puisque je ne parle pas espagnol, donc j'ai dû apprendre la langue. Du point de vue culturel également, étant donné que nous sommes un couple multiculturel, nous avons rencontré des difficultés. Après deux ans en Espagne, nous avons réfléchi et nous nous sommes demandés ce que nous allions faire, parce qu'on était seuls, qu'on n'avait pas de famille en Espagne. Comme la famille de mon mari habitait en Suisse, nous avons décidé de retourner en Suisse.

Entretemps, j'avais terminé mon master en langue et littérature anglaise, française et langues scandinaves à Helsinki. Nous sommes donc repartis pour la Suisse où soudain, on me pose ces questions : « Qu'est-ce que vous avez comme diplôme ? Qu'est-ce que vous avez comme expérience ? » J'ai dit : « J'ai mon master de l'université d'Helsinki ». Comme ce n'était pas un diplôme suisse, ce n'était pas pris en compte. De même, je n'avais aucune expérience professionnelle en Suisse, alors que j'avais travaillé à Helsinki en donnant des cours de langue en français langue étrangère. J'ai donc dû m'inscrire en tant que femme sans diplôme et sans expérience professionnelle. Nous avons eu beaucoup de difficultés, notamment économiques, parce que le diplôme de mon mari n'était pas reconnu non plus, on s'est débrouillés comme on pouvait.

J'étais quand même considérée par certains comme ayant une très bonne formation. Malheureusement pas pour les patrons ou les employeurs. Très souvent je n'étais même pas convoquée pour un entretien d'embauche parce que j'étais écartée immédiatement. Je répondais aux annonces de travail où c'était marqué comme prérequis une licence universitaire ou un titre jugé équivalent. Je postulais et puis je n'ai pas besoin de vous dire que mon diplôme finlandais n'a jamais été considéré comme équivalent. J'ai, pendant des années, travaillé avec des contrats à durée déterminée. Parfois, j'ai eu des entretiens d'embauche où on m'a posé des questions qui pour moi étaient totalement interdites : « madame, êtes-vous mariée ? », « Votre mari travaille-t-il ? », « Alors pourquoi est-ce que vous voulez travailler si votre mari travaille ? ». Concrètement, je n'étais pas préparée à ce genre de questions parce que pour moi, dans mon éducation et dans ma culture, ça allait de soi qu'une femme travaille de la même manière qu'un homme et qu'elle ait les mêmes droits qu'un homme.

On a parlé aujourd'hui justement du *clash* qu'il peut y avoir pour les femmes qui se retrouvent tout d'un coup dans un milieu de ce qu'on appellerait de « femme libérée », et les difficultés que cela peut amener. Je me suis retrouvée dans la situation inverse puisque j'ai élu un domicile dans un pays qui a environ cinquante années de retard sur tout ce qui est social, sur tout ce qui touche à la petite enfance, la garde des enfants, tout ce qui est au niveau de la prise en charge aussi des personnes qui sont au chômage ou qui sont « cinquante plus » comme on dit si bien. Mon mari a trouvé beaucoup plus facilement du travail. On a pu se débrouiller financièrement grâce à son salaire pendant toutes ces années. J'ai fait des petits boulots puis je me suis lancée à mon compte ; mais cette expérience n'a pas très bien marché parce que je suis une femme migrante. Je n'ai pas de réseau, pas de connaissances. J'habite en Suisse romande et lorsqu'on me demande mon nom et que je dis que je m'appelle Marina Berts, on me demande ce que c'est comme nom. Dès lors que je dis que c'est un nom finlandais, je sais qu'à partir de ce moment-là, plus personne ne s'intéresse à moi.

Je n'ai pas pu me constituer de réseau, ni trouver un travail fixe qui me permette d'évoluer dans un milieu professionnel à long terme. C'est vrai qu'aujourd'hui, grâce à l'association « Découvrir », j'ai pu demander une recommandation de reconnaissance de diplôme universitaire finlandais. Il n'est toujours pas reconnu mais j'ai une attestation qui précise qu'il correspond à un master suisse et avec ce papier-là, maintenant, j'ai pris la décision de m'inscrire à l'université de Lausanne pour faire un deuxième master en humanités numériques. Cela mettra deux ans et j'espère pouvoir commencer cet automne. Toutes ces expériences m'ont beaucoup appris : à avoir de la patience, à être très humble par rapport à la vie et par rapport aux gens que j'ai en face de moi. Je ne peux pas les tenir responsable de quoi que ce soit, parce qu'eux vivent leur vie dans leur société comme une pièce de Shakespeare.

Chapitre 2

Place, fonction et enjeux des associations

Semiha Sipahi — Modératrice : Aujourd'hui nous allons parler des femmes migrantes, de leur parcours personnel, professionnel et de leur intégration dans la société française et suisse, leurs pays d'accueil. Nous aurons une expérience d'une grande richesse car nous accueillons des associations implantées en Suisse et en France. Nous allons commencer par Madame Annie Piguet. Vous avez la parole.

Annie Piguet — EspaceS Femmes Appartenances (Suisse) : Je suis responsable des EspaceS Femmes d'Appartenances du canton Vaud, en Suisse. Ce sont des lieux de formation et de rencontre qui suivent des femmes en situation de précarité. Des femmes qui peuvent être accompagnées avec leurs enfants en âge préscolaire. Les objectifs sont de leur permettre de sortir de l'isolement, de gagner un peu leur vie, renforcer leur pouvoir d'agir. Ce sont clairement des objectifs d'émancipation des femmes, d'*empowerment*.

Nous avons construit nos dispositifs au tour de trois axes d'intervention, c'est-à-dire, des activités de formation, des cours de langues et des cours de couture. Au fil des ans, nous nous sommes spécialisés dans les cours de langues pour des femmes qui sont peu ou pas scolarisées. C'est vrai que pendant le colloque nous avons entendu parler de parcours dans le milieu académique, mais nous nous trouvons vraiment dans un autre type de problématique où la question du rapport au savoir se pose, où la question du droit à l'apprentissage se pose. Non seulement apprendre la langue mais aussi se demander si moi en tant que femme ai-je le droit d'apprendre ? Nous avons des activités de socialisation : des moments de rencontre, des activités ponctuelles, des sorties avec toujours l'idée de pouvoir leur donner des outils consensuels à l'environnement dans lesquels ces femmes sont appelées à vivre. Parallèlement à ces deux axes d'intervention destinés aux femmes, nous avons « un accueil enfant » pour des enfants en âge préscolaire. En Suisse la politique de vie est basée sur l'articulation de la vie familiale et la vie professionnelle. La majorité de nos participantes ne travaillent pas, la plupart d'entre elles acceptent des horaires ordinaires. De plus, nous savons aussi que quand on vit en situation d'isolement, la migration prend un repli sur l'aspect familial, donc il y a aussi un lien constitutionnel entre la communauté et l'enfant. Le premier centre a été fondé avec une école, la prise en charge des enfants est un outil au service des projets des femmes, c'est-à-dire nous allons nous charger des enfants pendant que les femmes vont avoir du temps pour elles, apprendre, faire sens de leur propre environnement.

Au fil des années, cela a pris l'ampleur d'une activité à part entière. Nous nous sommes rendu compte que, pour les enfants, c'était un premier lieu de socialisation hors du milieu familial, un premier lieu d'immersion dans la langue française et un lieu de renforcement de compétences maternelles pour les femmes qui sont pour la première fois mamans en situation de migration. Très souvent elles ont même une copine, une voisine, une cuisine qui sont restées dans le pays d'accueil ; elles ont la représentation de ce que c'est d'être une maman dans leurs pays d'origine et les représentations de ce que c'est d'être une maman en Suisse. Du coup elles sont en doute. Nous avons créé un dispositif où on travaille sur la mise en commun de ressources des femmes pour pouvoir échanger avec d'autres femmes. Si elles viennent d'ailleurs, mêmes si elles ont des statuts différents, même si elles ont de parcours différents, elles sont toutes confrontées aux mêmes questions. Cela permet aussi de travailler sur le renforcement de compétences.

Toutes nos activités s'appuient vraiment sur les ressources des femmes. Nous sommes très attachés à l'éducation populaire, le collectif est très important. C'est à partir de leurs propres compétences que les femmes vont pouvoir construire et avancer. Il faut préciser que nous sommes un lieu non-mixte. D'une part, parce que nous savons que certaines femmes ne pourraient pas fréquenter nos EspaceS s'il y avait des hommes. D'autre part, toutes nos actions, toute notre pédagogie est basée sur le quotidien, sur le participatif. C'est plus facile d'être dans un groupe d'apprentissage féminin car l'apprentissage de la langue va passer par leurs propres exemples pour pouvoir vivre dans la société d'accueil. Toutes les expériences des femmes vont faire sens dans leur apprentissage. Les modalités d'apprentissage vont être différentes quand on se trouve dans un groupe mixte. Tous nos dispositifs ont été construits pour répondre aux besoins et spécificités de notre public. Nous avons des horaires qui vont permettre aux femmes de continuer à assurer leur charge familiale.

Pour terminer sur les enjeux auxquels nous sommes confrontés aujourd'hui : nous faisons face à des changements concernant les lois sur les étrangers, la question de l'intégration met actuellement l'attention sur l'insertion professionnelle. Par rapport à notre public c'est très perturbant. Cela veut dire que l'intégration ne passe que par la prise d'emploi. Or pour une femme de 55 ans, Somalienne, qui n'a jamais été formée, il est complètement illusoire de parler d'insertion professionnelle. Qu'est-ce que cela veut dire de la place qu'elle peut occuper dans le tissu social ? Une autre difficulté réside dans le fait que le niveau d'intégration se mesure par le niveau de langue, comme l'attribution du permis de regroupement familial — c'est le cas de presque la moitié de notre public. Après une année de séjour en Suisse, les personnes doivent atteindre un certain niveau de langue A2. Ce qui pose aussi beaucoup de problèmes à celles qui n'ont jamais été scolarisées. Nous vivons une phase de transition : nous nous demandons ce qui va se passer si à la fin d'une année une femme n'a pas atteint ce niveau. Nous sommes face à des systèmes qui recréent de l'exclusion. Au niveau structurel, c'est un des enjeux majeurs auquel nous devons faire face maintenant.

Semiha Sipahi — Modératrice : Monsieur Moulin et Madame Reffay votre association s'appelle « Urgence Welcome ». Comment vous faites le lien entre ces deux mots ?

Yves Moulin — Urgence Welcome : « Urgence Welcome » a été créée il y a six ans pour venir en aide aux migrants qui étaient à la rue. Au début, nous avons commencé par investir un couvent désaffecté où nous avons logé essentiellement de familles. Six mois après, ce couvent a été vendu et il nous a fallu quitter le bâtiment. Nous nous sommes demandés comment permettre à d'autres personnes de nous rejoindre et de loger les gens que nous avons hébergés pendant ces quelques mois : c'est pour cela que nous avons monté cette association. Cela pourrait permettre éventuellement à d'autres d'être également hébergées. Ce sont principalement des gens qui sont à la rue car ils ont été déboutés de leur droit d'asile. Ils n'existent plus pour l'État. Nous avons hébergé à peu près 180 personnes depuis que nous avons lancé le mouvement. Quatre-vingts volent de leurs propres ailes et ont leurs papiers à jour et sont autonomes. Pour nous, c'est un résultat intéressant. Je passe la parole à Marie-Odile qui va compléter la présentation du collectif.

MARIE ODILE REFFAY — URGENCE WELCOME : Concernant le collectif, il est constitué par une douzaine d'associations : comme la ligue des droits de l'homme, l'ADA, la Cimade qui ont des objectifs divers mais qui sont nécessaires à la vie des gens. Dans ce collectif a surgi cette association « 100 pour un hébergement » dans le but d'héberger des familles qui étaient dehors. Je m'occupe spécifiquement de l'accompagnement des familles et, donc, des femmes. Dans ce cadre-là, l'accompagnement va consister à chercher un appartement au moment où une famille se présente à nous parce qu'il y a un budget suffisant. Il faut savoir que comme ce sont des personnes déboutées, nous n'avons pas évidemment aucune aide, aucune subvention. Ce ne sont que des bénévoles, que des donateurs et l'organisation d'événements créés par telle ou telle autre association qui nous soutient par des dons ou par des associations comme EMMAÜS. C'est donc de l'argent totalement privé. L'accompagnement va consister à chercher un appartement avec un contact avec les propriétaires avec lesquels ce n'est pas toujours simple, mais au bout de six ans, on arrive un petit peu à s'en sortir. Puis comme ils n'ont jamais eu de problèmes, ils préfèrent à la rigueur une sécurité : emménager, installer avec l'aide d'EMMAÜS qui nous fournit le matériel puisqu'on n'a pas les moyens d'en d'acheter. Jusqu'à toutes les démarches afférentes : l'eau, l'électricité et tout ça, les relations avec l'école, acheter les affaires de l'école, le contact avec les enseignants, suivre ceux qui ont besoin. Quant à nous, nous sommes émerveillés par l'implication et la réussite des enfants des femmes migrantes. Une bonne cinquantaine d'enfants, du bébé au jeune adulte, et d'une manière générale, ce sont des enfants qui deviennent brillants. C'est vraiment quelque chose qui nous émerveille.

Question du public : Sont-ils inscrits à l'école ?

Marie Odile Reffay — Urgence Welcome : Oui, c'est une obligation. Les deux seuls droits qui restent à ces personnes, c'est l'éducation scolaire et l'aide médicale de base. Hors de là ils n'existent pas. Il n'y a pas de vérification sur leur statut pour l'accès à l'école en France.

Ensuite, le suivi des familles. La première chose c'est l'orientation. On ne prétend pas répondre évidemment à tous les besoins, on est plutôt à l'affût de tout ce qui peut exister dans différents domaines localement où on peut orienter les gens selon la nécessité du moment. Il y a les associations de loisirs gratuits, les cours de français — on ne donne pas de cours de français, bien qu'en ce moment nous ayons un projet concernant les femmes, ce serait un groupe de parole pour leur permettre d'avoir une expression et cultiver aussi le dialogue et la conversation et peut-être aussi un atelier d'écriture. Mais comme on n'est pas assez nombreux, on n'a pas encore réussi à mettre en place ce projet.

Parfois on les accompagne pour un rendez-vous médical on leur prend les rendez-vous lorsqu'il faut parler en français. C'est l'accompagnement d'une famille et tout ce que cela peut supposer : parfois on les emmène aux urgences, un petit peu tout. On a aussi fait avec d'autres associations un planning de cycles de réflexions et d'approches des questions féminines ou des questions de consommation au niveau du coût des charges d'un appartement. Parce que c'est sûr que si au Kosovo on ne paye pas l'eau, à Mulhouse on fait la vaisselle avec l'eau qui coule et ça coûte cher. C'est très pratique et c'est en faisant qu'on se rend compte à quel point ils ont besoin d'être accompagnés.

Mais sur la question spécifique des femmes, nous devons prendre en compte la problématique des droits. Alors, on a déjà entendu quand on avait le groupe avec le planning familial pendant quelques semaines, des hommes qui disaient : « et nous alors ? Qu'est-ce qu'on fait ? ». Aussi l'idée qu'on a une assez grande majorité de personnes originaires des Balkans. On ne veut pas qu'ils aient l'impression qu'on ne compte qu'eux. Il y a quand même cet aspect-là. Que l'évolution vienne des femmes et qu'on accompagne, c'est une chose ; mais il faut aussi qu'on soit prudentes sur ce qu'on donne. Ce sont des questions qui me préoccupent. Évidemment je fonctionne avec un CA. On a un groupe de relectures de pratique parce que des fois il y a des situations extrêmement difficiles où on a besoin de prendre du recul ; on est aussi organisateurs d'événements ; on témoigne dans différents événements comme aujourd'hui, pour expliquer un peu ce qui existe et ce qu'on fait. Tout ça nous occupe beaucoup.

Donc les origines des personnes prises en charge, ça je n'en ai pas beaucoup parlé. Il y a beaucoup les Balkans. Il y a des familles du Bangladesh, d'Arménie, de Roumanie et du Sri Lanka. C'est le monde en miniature. On ajoute à cela les associations auxquelles on fait appel, il y a les centres sociaux, etc.

QUESTION DU PUBLIC : Comment vous faites pour les personnes victimes de discriminations, qui sont déboutées ? Que disent ces personnes déboutées ? Comment luttez-vous par rapport à la loi ?

MARIE ODILE REFFAY — URGENCE WELCOME : Alors cette réflexion et cette action sont publiques parce que tout simplement on s'occupe des personnes déboutées comme on peut. Bien qu'on essaie d'être un peu discrets au niveau des instances. Il y a eu récemment au forum humanité un débat avec un certain nombre d'intervenants qui peuvent venir d'un petit peu partout. Sur ces questions, comment répond-on ? Cette année, le titre du forum était « la méconnaissance ou l'ignorance nuit gravement à la connaissance de l'autre ». En fait, c'est par l'information. Car il faut savoir que contrairement à ce qu'on croit dans le public général, ces gens n'ont droit à rien et ils ne prennent le travail de personne. Ils n'ont aucune allocation. On n'entend que des phrases : « ils nous prennent nos allocations » ; mais ce n'est pas vrai. Les seules personnes qui peuvent bénéficier du RSA tout de suite sont celles qui obtiennent le statut de réfugié. Nous, sur les 180 personnes, on a deux familles qui ont bénéficié d'une protection subsidiaire. Tous les autres ont été déboutées un temps et doivent attendre cinq ans sur le territoire pour avoir droit de déposer leur demande de titre de séjour. En cinq ans, c'est une précarité absolue durant laquelle ils ne vivent que par un accompagnement associatif, nourris par les restaurants du cœur et Saint Vincent de Paul. Les enfants vont à l'école, c'est vraiment le seul droit et l'aide médicale minimale qui a le mérite d'exister. Pour le RSA, dans ce cadre-là, c'est au bout de cinq années avec un titre de séjour donc c'est faux, c'est absolument faux qu'ils ont des avantages.

Yves Moulin — Urgence Welcome : La loi française oblige les structures d'accueil à mettre les gens dehors quand ils sont déboutés, que la femme soit enceinte, qu'il y ait un bébé, en hiver, tout cela ne compte pas. Le témoignage consiste à ne pas rester indifférent. Ce n'est pas normal que la loi française oblige des personnes à dormir en hiver dehors dans la rue.

C'est grâce à l'information, à des débats et des aides autonomes que l'on pourra trouver des solutions.

SEMIHA SIPAHI — MODÉRATRICE : Françoise Poujoulet va présenter la Cimade. Quel type de public accueillez-vous ?

FRANÇOISE POUJOULET — LA CIMADE : Pour présenter Cimade, je voudrais commencer par une citation d'un théologien qui s'appelle Dietrich Bonhoeffer, résistant durant la Seconde Guerre mondiale et qui l'a payé de sa vie et qui a largement influencé les fondateurs de la Cimade. Il disait ceci : « Cela reste une expérience d'une incomparable valeur que nous ayons appris à voir les événements de l'histoire du monde à partir d'en bas, de la perspective des esprits, des suppliciés, des maltraités, des sans-pouvoirs, des opprimés et des bafoués ». Cela reste vrai aujourd'hui. Il y a tout le vocabulaire métaphorique qui est employé sur les flux migratoires, la crise des migrants, les vagues, les flux migratoires.

En fait, derrière tout cela, il y a des parcours d'hommes et de femmes, souvent douloureux et souvent sensibles. Ce sont ces personnes que nous accompagnons au quotidien, avec lesquelles nous nous cognons tous les jours aux lois qui sont de plus en plus restrictives et aux pratiques illégales des administrations. Les situations que nous accompagnons, ce sont les conséquences des politiques nationales et européennes et cela va nous obliger à décrypter les discours, à analyser les données, à interpeller les politiciens et nos concitoyens. Aujourd'hui, même si les personnalités politiques en Europe et en France tentent de décrédibiliser les actions des ONG, voire de les criminaliser, nous n'aurons de cesse de faire face et nous ne nous laisserons pas envahir par un discours et un vocabulaire qui infusent en douceur nos esprits. Quand je dis « nos esprits », c'est aussi bien ceux des concitoyens mais les nôtres aussi qui travaillons dans ces associations. Pour ces personnalités, les étrangers seraient trop nombreux et potentiellement une menace pour l'équilibre social. Alors ces questions en guise d'introduction résument alors toutes les actions de la Cimade puisqu'on accueille et on accompagne les personnes migrantes au quotidien dans nos permanences mais aussi dans quelques centres de rétention et en prison. Nous menons des actions de plaidoyers auprès de nos institutions et des actions de sensibilisation pour un large public. Nous travaillons en réseau avec un partenaire européen mais aussi dans les pays du sud.

Nous nous sommes penchées plus particulièrement sur la situation des femmes migrantes. Même si à une époque cela a existé et disparu par la suite, là c'est revenu et la question du genre a été remise au goût du jour en 2013 seulement. Pourquoi s'intéresser au genre ? Puisque ce concept va nous permettre de mieux comprendre et différencier les parcours migratoires d'hommes et de femmes, de détecter les facteurs risques — tout ce qui est violence, discrimination — et de proposer un accompagnement plus adapté. Ça va aussi nous permettre d'interroger nos pratiques. Quelques fois, effectivement, nos pratiques renforcent les clichés de genre. J'y reviendrai peut-être un peu plus tard. Je travaille à la Cimade depuis déjà quelques années et je me suis intéressée à la façon dont la loi traite la situation des femmes étrangères victimes de violences conjugales.

Je voudrais vous parler d'une situation qui m'a été particulièrement insupportable quand j'ai commencé mon travail à la Cimade. J'ai suivi une caméronienne qui a été victime des violences conjugales très graves : elle a été partialement scalpée par son conjoint. Nous ne pouvions rien faire parce que la loi ne permettait pas la protection de ces femmes victimes de violences conjugales. Elle est repartie au Cameroun et a été placée en centre de rétention et expulsée. La loi a un petit peu évolué. En 2003, la première loi qui concerne la protection des personnes migrantes victimes de violences conjugales, donc c'est relativement récent. La loi existe, mais l'application est toujours compliquée. Même si ces dispositions vont plutôt dans le bon sens. Un migrant qui arrive en France par le biais du mariage hétéro-normé, classique, soit avec un conjoint français, soit dans le cadre du regroupement familial, va bénéficier d'un titre de séjour qui sera renouvelé si la situation de mariage perdure. S'il n'y a plus de vie commune, il n'y a plus la possibilité de bénéficier d'un titre de séjour. Ce que l'on appelle à la Cimade : une violence administrative.

Il est parfois difficile de prouver les violences que l'on a subies dès lors que l'on n'a pas la possibilité de sortir de chez soi, quand on n'a pas accès à un médecin ou quand on n'a accès à un médecin qu'avec son conjoint, quand on ne connaît pas la langue, quand on ne connaît pas le niveau de ressources. Les femmes viennent nous voir après avoir quitté le domicile conjugal et elles n'ont pas de preuves suffisantes. La possibilité de fonder le titre de séjour sous les violences conjugales ne fonctionne plus. Il nous faut trouver d'autres possibilités pour régulariser ces personnes, ce qui est très difficile parce que notre travail en tant qu'association consiste à reconnaître la personne dans son parcours, dans sa souffrance en tant que victime, mais en même temps c'est ce statut de victime qui va lui permettre de demander un titre de séjour. C'est une difficulté.

Semiha Sipahi — Modératrice : Geneviève Lieby et Élodie Schmitt, comment le CIDFF 68 accueille-t-il des femmes victimes des violences conjugales ?

Geneviève Lieby — CIDFF 68 : Je vais commencer par rappeler ce qu'est le CIDFF 68. En France, dans chaque département il existe un CIDFF. Ce sont des associations de droit local qui sont de centres d'information et de documentation pour les femmes et les familles. Notre but est d'informer les femmes de leurs droits dans une approche qui est définie par la loi. Un autre de nos objectifs consiste à favoriser l'accueil, l'écoute et une information gratuite. Les femmes peuvent venir autant de fois qu'elles le souhaitent — je dis les femmes parce que ce sont en particulier les femmes qui ont besoin de connaître leurs droits. L'information est notre premier travail.

Nous avons évidemment des actions concernant la violence conjugale. Nous avons le travail important de relayer auprès du public une mesure législative qui met en œuvre de l'égalité entre les femmes et les hommes. Concernant les compétences des femmes et du fait que l'on reçoit des femmes, nous avons depuis un temps un groupe de parole des femmes victimes de violences conjugales où nous ne prenons que des femmes. On nous demande si l'on n'accepte pas des hommes. Nous refusons parce que si l'on accepte des hommes, les femmes ne parleront plus.

Elodie Schmitt — CIDFF 68 : Effectivement, la base du travail du CIDFF est l'information pour les femmes et les familles. À l'origine c'était exclusivement pour les femmes et puis cela s'est développé pour les familles dans les années 2000. Aujourd'hui nous avons des permanences juridiques d'accès aux droits à destination de toute personne qui s'interroge sur ses droits. Nous rencontrons des femmes étrangères liées notamment à l'histoire de Mulhouse, à la diversité de nationalités que nous rencontrons dans cette ville. Il faut remarquer que tous les CIDFF n'ont pas cette spécificité. Nous avons dû nous former à la question de l'accueil des personnes étrangères en France et nous avons dû avoir les informations pour pouvoir aider les personnes qui nous sollicitaient. Dans ce public qui nous sollicite dans nos permanences juridiques d'accès aux droits, nous rencontrons de femmes de tous âges, de toutes origines, de toutes situations sociales. Cela va de la personne qui n'a pas été scolarisée dans son pays d'origine, qui ne sait ni lire ni écrire, à des personnes qui ont Bac +8, Bac +10 dans leurs pays d'origine reconnu ou pas encore reconnu en France. Ils ont reçu une éducation, ils ont un certain savoir-faire qu'ils peuvent amener dans notre ville.

En parallèle, nous avons un accueil de jour départemental pour les femmes victimes de violences. C'est une action spécifique pour de femmes victimes de violences. Nous retrouvons là des femmes de toutes origines, de tous milieux sociaux car les violences n'ont pas d'âge, pas d'origine, pas de métier. Nous rencontrons absolument toutes les situations. Bien entendu, ce n'est pas la nationalité étrangère qui nous pose particulièrement problème, cela relève parfois du défi de stabiliser un peu leur situation parce que quand on s'intéresse à la question de la violence, on doit prendre en compte la question de l'emprise du conjoint ayant un discours très déstabilisant. Les femmes de nationalité étrangère dépendent d'un titre de séjour, et celui-ci est souvent est lié au conjoint violent, soit parce qu'il est Français, soit parce qu'il est de nationalité étrangère dans le cadre d'un regroupement familial, c'est extrêmement compliqué de mettre fin aux violences. Très souvent le choix est le suivant : soit de rester avec le conjoint violent, soit de le quitter et de perdre son titre de séjour. Elles sont donc dans une précarité qui est inconcevable en France ou alors elles envisagent ce fameux retour au pays d'origine avec toutes les menaces que cela suppose. Parfois nous sommes face à des situations complètement ubuesques puisque nous avons la question de ces femmes qui ont justement des enfants et qui n'ont plus le droit de séjour. Si l'enfant reste en France il ne voit plus sa mère, si l'enfant suit sa mère dans son pays d'origine, il ne voit plus son père. C'est contraire à la convention des droits de l'Homme qui prévoit le droit à une vie familiale, et donc le droit d'avoir accès à ses deux parents. Parfois, certaines personnes n'ont plus de titre de séjour en France et en même temps on ne les expulse pas parce que ce serait contraire aux droits internationaux et aux conventions européennes. L'accompagnement de ces personnes est difficile. Ils sont dans la précarité la plus totale. On essaie de les aider à se projeter en se demandant « qu'est-ce que l'on peut envisager dans ma situation ? ». Une de nos grandes valeurs c'est l'autonomie des personnes, nous venons leur apporter l'information pour qu'elles puissent prendre une décision, même si parfois la situation est tellement si difficile que la décision est impossible à prendre. En tous les cas, elle se fait à la lumière des informations justes que l'on cherche à leur apporter.

Frédérique Toudoire-Surlapierre : Justement, que choisissent-elles entre le pire et le pire ? Décident-elles de rester avec leur conjoint violent ou de partir ?

Elodie Schmitt — CIDFF 68 : Quand elles viennent nous voir en amont, la majorité cherche à rester avec le conjoint violent. Parfois, le partenaire violent les met à la porte ou il se présente à la Préfecture en disant : « je ne voudrais pas un titre de séjour parce c'est un mariage blanc ».

Semiha Sipahi — Modératrice : Je passe la parole à Antonella Thomas, de l'association suisse « Découvrir ». Qu'entendez-vous par le mot « découvrir » ?

Antonella Thomas — Association Découvrir — Suisse : Je vais commencer par expliquer ce qui anime notre association. Celle-ci existe aujourd'hui dans trois cantons en Suisse. Elle a été fondée à Genève en 2007. Notre directrice qui est arrivée en Suisse en tant que réfugiée avec un diplôme. Son assistant social lui a dit : « vous savez très bien madame, vous pouvez commencer maintenant comme femme de ménage ». Elle s'est retrouvée à faire de choses qu'elle n'avait jamais faites auparavant. Mais elle a également eu la possibilité de s'inscrire à l'université. En regardant autour d'elle, elle s'est aperçue qu'il y avait 80 femmes dans la même situation. Il y avait beaucoup de femmes médecins qui faisaient le ménage dans les maisons suisses, des psychologues et des psychothérapeutes avec des contrats un peu « bricolés » comme filles au pair alors qu'elles ont déjà dépassé l'âge habituel.

Nous voulons vraiment lutter contre la victimisation à la fois de la migration et à la fois de l'imaginaire de la femme dans la collectivité : toutes ces femmes ont aussi des ressources, elles n'ont aucune envie d'être un poids pour la société. Mais dans les faits c'est difficile. La Suisse a commencé à évoluer dans le domaine de reconnaissances de diplômes. Mais perdure le critère de la langue. Pour l'enseignement, même si l'on enseigne les mathématiques, la physique on vous demande d'avoir un niveau C1 /C2 en attestation. Ce qui est quand même difficile. Les femmes qui viennent chez nous ont des niveaux variés, c'est ouvert à tout le monde, la permanence est ouverte même aux hommes. L'année dernière en Suisse romande, on a reçu environ 800 personnes et un peu moins d'un dixième d'hommes. Beaucoup de femmes sont arrivées en Suisse parce qu'elles ont suivi leur mari ; celui-ci a souvent un meilleur contrat et un meilleur salaire. Les femmes mettent leur carrière entre parenthèses en se disant qu'elles retrouveront quelque chose après. Elles organisent le déménagement, la vie des enfants, l'école pour que leur mari puisse travailler. C'est seulement après qu'elles se disent qu'il y a là une réalité qui les rattrape.

Une jeune femme venant du Mexique a été mise dans l'avion le jour même où elle devait soutenir son examen de criminologue parce qu'un homme était prêt à la kidnapper. Une femme qui tenait des « salons de massage » et qui était avocate brésilienne, s'est retrouvée à la rue. Ces femmes ont des parcours très variés. Pour nous, la philosophie est que chaque femme a le droit de trouver un emploi. On ne demande pas la fiche de revenus. On demande une cotisation annuelle pour que la permanence puisse rester ouverte et pouvoir aider toute l'année. La priorité, ce n'est pas d'exister en faisant payer, il faut vraiment que cela reste accessible à tous.

Quand une personne arrive, on voit si elle peut prétendre à une reconnaissance des diplômes pour exercer sa profession et s'il y a des obstacles économiques — parce que cela a un coût. Si cela n'est pas possible, on cherche d'autres pistes. À partir de là, on élabore le dossier de candidature en regardant le CV, en réfléchissant aux capacités, on prépare un éventuel entretien d'embauche et puis il y a des programmes spécifiques des cours en groupe et qui redonnent une dynamique.

SEMIHA SIPAHI — MODÉRATRICE : Je vais passer la parole à Khadija qui va compléter ce panorama concernant les centres socioculturels de Mulhouse. Quel public accueillez-vous et quelles réponses leur apportez-vous au Centre socioculturel Papini ? Pour ma part, j'ai travaillé durant 26 ans dans ce centre. Les femmes immigrées ont trouvé leur chemin grâce à ce centre : « Participation des habitants, pour les habitants et par les habitants », c'est le slogan.

KHADIJA OUROUH — CENTRE SOCIOCULTUREL PAPIN (MULHOUSE) : Je voudrais évoquer des choses qui ont déjà été dites par Françoise et Élodie par rapport aux femmes qui se retrouvent dans la rue. Je vais parler principalement du centre Papin. Donc le centre Papin se trouve dans un quartier où il y a une quarantaine de nationalités étrangères. C'est la première porte par laquelle les femmes étrangères passent, soit les primo-arrivantes, soit celles qui sont là depuis des années. On leur propose une écoute, un accueil et après seulement une alimentation. On les oriente vers la Cimade quand on n'a pas les compétences concernant la régularisation de leurs statuts. On a parlé de 2003 mais on est en 2019 et cette semaine encore, j'ai reçu une petite jeune qui arrive du Maroc parce qu'elle a été rejetée par son mari. Elle est dans la rue. Qu'est-ce qu'on fait pour ces femmes ? Malgré la loi, il n'y a pas de réponse à ces femmes-là.

J'ai aussi envie de parler de ces femmes laissées en marge : les femmes âgées. On a un groupe de femmes âgées qui sont en France depuis parfois 20 ou 30 ans. Ce sont des mamans qui se sont sacrifiées. À l'époque, il n'y avait pas ces accompagnements et les femmes se taisaient lorsqu'elles subissaient des violences conjugales pour protéger leur famille et les enfants. Elles sont à la source de la réussite de leurs enfants : des ingénieurs, des médecins, des dentistes. Mais aujourd'hui, elles se retrouvent délaissées parce qu'elles ont peur de leur conjoint. Elles craignent que celui-ci, à présent à la retraite, retourne dans son pays d'origine pour épouser une femme plus jeune. Donc on aide ces femmes-là dont la démarche est d'apprendre le français. Elles sont motivées, elles veulent apprendre ne serait-ce que des phrases pour aller chez le médecin, pour écrire un petit mot ou une phrase. Certaines ont du savoir-faire.

Il y a eu la création d'un groupe des femmes voilées. Ce groupe a été créé il y a plus de 20 ans. Il évolue mais le groupe existe encore et accueille de nouvelles personnes. Il y a un lien entre elles, elles font de la cuisine ensemble. Elles sont là aussi pour accompagner les nouvelles qui arrivent et pour participer aux projets. Les femmes voilées font les repas et au bout d'un ou deux ans, elles participent à des projets avec l'argent récolté. Il y a trois ans on était à Paris pour visiter des musées. Dans ce groupe, elles retrouvent des personnes ayant vécu la même chose. Elles s'entraident et se retrouvent. Maintenant, on essaie de créer des tables de concertation — des bénévoles, des habitants — pour créer d'autres projets ensemble. Je faisais partie des bénévoles à l'époque. Aujourd'hui, on est 7 bénévoles à avoir retrouvé du travail grâce au centre Papin.

Aujourd'hui, Pôle Emploi exige des bases de langue française, pour l'insertion professionnelle. On les accompagne dans leurs recherches d'emploi, même si ce n'est pas notre rôle : faire un CV, une lettre de motivation, préparer leurs entretiens d'embauche. L'année prochaine nous allons élargir vers le numérique, même s'il existe déjà un atelier multimédia qui permet à chaque personne d'avoir des connaissances de base en informatique.

Semiha Sipahi — Modératrice : Ce que je retiens de vos interventions, c'est la proximité. Si l'on arrive à répondre aux besoins des personnes, si l'on arrive à détecter les compétences et tout de suite les orienter, les femmes migrantes trouveront plus facilement leur chemin. Le rôle des associations est d'abord de rompre leur isolement, de leur permettre un contact avec l'extérieur, d'enrichir leur savoir-faire.

Khadija Ourouh — Centre socioculturel Papin (Mulhouse) : Les personnes que l'on a accompagnées il y a quelques années participent aussi aux actions conjointes avec la ville de Mulhouse par le biais des associations locales créées par elles-mêmes. Pour nous, c'est une réussite.

Semiha Sipahi — Modératrice : Nous allons écouter Farah Akbar de « Jeunes Sans Frontière ». Pouvez-vous nous parler du projet d'échanges avec de jeunes femmes réfugiées à Mulhouse ?

Farah Akbar — Jeunes Sans Frontière : Le mot « réfugié » ne correspond pas à leur statut juridique, puisque ce sont des personnes qui se sont beaucoup déplacées et qui n'ont pas encore un statut défini par un juge. Donc, on utilise à tort ce terme de « réfugié ». Ce projet est né en 2017. Dans un premier temps, nous avons commencé à travailler avec des jeunes de moins de 15 ans. Il s'agissait plutôt d'animation, d'organiser des sorties au cinéma, d'apprendre à faire du bricolage, de jouer à des jeux de société, de programmer des visites à Strasbourg. Ce fut une réussite et nous avons voulu continuer avec un public plus âgé. L'enjeu de ce projet était d'avoir un point d'échange de culture citoyenne. Même si ces jeunes vont à l'école, ils n'ont pas forcement accès à des activités extrascolaires. Plusieurs membres du groupe font partie du Conseil des jeunes. Au début, ce sont des débats en groupes mixtes. Nous avons remarqué que les garçons s'exprimaient beaucoup et que malheureusement il y a une prise de la parole sélective. Pour cette raison nous avons organisé des débats sur l'égalité entre les femmes et les hommes. Nous avons eu l'idée que les jeunes proposent leurs idées en groupe de deux ou quatre personnes. De cette manière, chacun était obligé d'échanger et de travailler ensemble, tout le monde pouvait s'exprimer et présenter son projet. Un membre de notre équipe est présent dans chaque groupe et guide les participants pour que chacun exprime ses idées et pour respecter l'équité de prise de parole mais aussi pour la modération du vocabulaire utilisé. Nous avons organisé parallèlement des moments de partage. Puis nous avons remarqué chez certaines participantes une évolution au moment de présenter leurs projets, ce changement était dû à ce qu'elles avaient pu observer chez les plus grands : la structuration d'un projet pour le rendre compréhensible, la manière de le présenter en public, les sujets traités…

Frédérique Toudoire-Surlapierre — Université de Haute-Alsace : Madame Poujoulet, pouvez-vous nous reparler rapidement des « pratiques illégales » de l'administration ?

Françoise Poujoulet — La Cimade : Tout est dans l'interprétation des textes. La Préfecture exige lors du dépôt des demandes du titre de séjour des pièces qu'elle ne devrait pas demander, comme le passeport. Autour de cela, nous avons beaucoup de problématiques. Les gens ne peuvent pas produire un passeport pour plein de raisons et du coup ils ne peuvent pas avoir de titre de séjour, même s'ils remplissent la totalité des conditions. L'exigence du passeport est une condition demandée par la Préfecture et qui est illégale. En fait, il faut faire preuve de sa nationalité et de son identité.

Frédérique Toudoire-Surlapierre — Université de Haute-Alsace : Cela voudrait dire qu'ils existent des directives venant d'en haut ?

Françoise Poujoulet — La Cimade : Il peut y avoir des consignes venant du Ministère, mais cela peut aussi être la façon dont réagit l'administration par rapport à une situation donnée. Les questions du passeport se sont posées parce qu'il y a, en tous les cas, à Strasbourg mais dans d'autres villes aussi. Beaucoup de migrants changent leur pays d'origine pour prétendre plus facilement à l'asile. Ce sont de gens qui ont payé un passeur qui leur parle des pays permettant d'avoir le droit d'asile. Sauf qu'évidemment cela ne tient pas devant l'OFPRA (Office français de protection des réfugiés et apatrides). Certains migrants ne peuvent pas fournir des passeports car ils avaient déclaré une identité différente. C'est plutôt pour faire face à ce phénomène qu'a été mise en place la condition du passeport par les Préfectures.

Elodie Schmitt — CIDFF 68 : La loi prévoit par exemple que la victime de violence soit protégée et qu'elle possède obligatoirement derrière un titre de séjour. Cela est appliqué, sauf que si l'on n'a pas d'ordonnance de protection, on ne peut pas demander le titre de séjour.

Marie Odile Reffay — Urgence Welcome : C'est quand même assez fluctuant selon les Préfectures. Si la loi devrait être la même partout, elle n'est pas appliquée partout de la même manière.

Question du public : Concrètement qu'est-ce que vous faites lorsque vous arrivez à prouver qu'une administration est malhonnête, qu'elle n'applique pas la loi ?

Françoise Poujoulet — La Cimade : On leur rappelle un certain nombre de textes. On leur écrit, on essaie de les rencontrer, de discuter avec eux. Cela ne marche pas généralement. C'est quand même compliqué pour l'accompagnement.

Question du public : Donc, les moyens que vous avez, c'est la société civile.

Françoise Poujoulet — La Cimade : C'est la société civile. Après, on travaille en réseau avec d'autres associations. La Cimade est une association nationale donc il y a des rapports d'observation, il y a aussi des interventions dans les médias.

Question du public : Utilisez-vous le Tribunal administratif ?

Françoise Poujoulet — La Cimade : Sur ces questions-là, nous n'avons pas fait de saisine du Tribunal administratif. Aujourd'hui le problème qui se pose est la dématérialisation de l'accueil. C'est très difficile d'avoir un rendez-vous à la Préfecture et les gens qui sont régularisés ont du mal à avoir un rendez-vous à la Préfecture. On va leur demander le titre de séjour, un récépissé pour le renouvellement de leur contrat. Pour ce document la Préfecture n'a pas le temps et là effectivement on peut faire une saisine du Tribunal pour un référé. Certaines Préfectures donnent le récépissé. Ce qui est très compliqué pour les gens car ils perdent leur titre de séjour et c'est l'employeur qui décide.

YVES MOULIN — URGENCE WELCOME : à titre d'exemple, on a fait intervenir un avocat pour une saisine du Tribunal administratif et on a réussi à faire condamner le Service d'étrangers de la Préfecture de Colmar.

MARIE ODILE REFFAY — URGENCE WELCOME : Par exemple, les personnes qui ont leur titre de séjour ont accès aux allocations de la CAF, elles ont accès à un travail, à tout ce qu'il leur faut pour être totalement autonomes. Mais si le titre de séjour est accordé trop tardivement, tout s'arrête.

SILVIA HEGELE — UNIVERSITÉ DE HAUTE-ALSACE : Les associations suisses sont-elles aussi confrontées à ce type de problèmes concernant les permis de séjour et l'accompagnement juridique ?

ANNIE PIGUET — ESPACES FEMMES APPARTENANCES (SUISSE) : La Suisse est organisée différemment. Nous avons des applications cantonales donc c'est organisé un peu différemment sur la question de l'asile et des étrangers. Des cantons sont beaucoup plus restrictifs que nous. Le canton de Vaud est plutôt « moins pire » qu'ailleurs. Si ce n'est qu'il y a des associations comme ici, des associations d'aide juridique. Quand on a peu de moyens, on a difficilement accès à un soutien donc il y a des associations qui sont organisées pour pouvoir soutenir les sans-papiers et les personnes qui sont démunies. En Suisse, les personnes dont les demandes d'asile sont acceptées reçoivent un statut. Elles ont le droit à une aide d'urgence, un tout petit pécule, et sont hébergées collectivement. C'est vraiment un minimum. On assiste à un changement du système de la notion d'asile avec la mise en place de services fédéraux. On ne sait pas encore ce que cela va donner avec la volonté d'accélérer les procédures. Jusqu'à présent, cela peut prendre des mois, voire des années. L'idée est de réduire ce temps-là pour que les gens ne restent pas dans l'incertitude. C'est ce qui est en train de se mettre en place au fur et à mesure.

Semiha Sipahi — Modératrice : J'ai une question par rapport aux demandeurs d'asile. Est-ce qu'il y a de moins en moins de demandes d'asile qui sont acceptées en Alsace par rapport au public que vous accueillez ? À un moment donné, il y en avait beaucoup. Or la population a changé, maintenant on reçoit des personnes venues des pays de l'Est et d'autres pays.

Françoise Poujoulet — La Cimade : Sur la demande d'asile, il y a beaucoup de personnes qui viennent d'autres pays, que ce soit à Strasbourg ou sur la région Grand Est. Je le vois à Metz. Depuis deux ou trois ans, on constate que c'est relativement stable. La loi sur l'immigration ferme plein de portes et les possibilités d'organisation. Les migrants arrivent en France en demandant l'asile car ils n'ont pas d'autres possibilités. Aujourd'hui encore, le dossier des femmes est rattaché à celui des hommes. C'est en fonction du récit de l'homme que le dossier est fait. Les questions de persécution liées au genre commencent à émerger dans les demandes mais c'est long.

Antonella Thomas — Association Découvrir — Suisse : Je voudrais ajouter un complément par rapport à la question posée par Silvia. Parmi les personnes qui viennent chez nous, beaucoup de femmes vivent des situations très difficiles, elles sont victimes de violences conjugales, elles veulent se séparer de leur mari. Mais il y a un délai à respecter et si elles quittent leur mari mais qu'elles restent au domicile conjugal, celui-ci peut agir contre elles. Il y a aussi le problème d'une femme qui a refusé de rester dans le milieu des salons de massage. Avec ses qualifications de son pays d'origine, elle n'arrive pas à obtenir un statut et à faire valoir ses droits pour obtenir un permis. Aller à la police est impossible, elle n'a pas vu ses droits respectés et elle a subi d'autres violences, celles de la police. C'est toujours complexe de dénoncer les méfaits de la police au commissariat. En Suisse, en général, pour témoigner d'un acte d'infraction d'un policier, il faut deux témoins. Elle s'est retrouvée à lutter contre cela et se dit qu'elle va perdre son permis puisqu'elle n'a pas de travail. Elle frappe à toutes les portes pour les aides sociales, à tous les organismes administratifs et se dit que si elle ne trouve pas cela d'ici quelques mois, elle n'aura plus rien. Elle ne peut pas être renvoyée : où pourraient-ils la renvoyer ? Elle n'a plus rien. Cela fait des années que la Suisse l'a accueillie en tant que travailleuse. Une autre personne dit que le travail est un minimum pour survivre, elle et ses deux enfants. Si dans deux mois elle n'arrive pas à trouver un emploi alimentaire, elle perd son permis et doit sortir. Il y a dans la vie de toutes ces femmes cette problématique.

Question du public : Par rapport aux migrants partagés entre pays d'accueil et pays d'origine, est-ce que ces organisations ou associations citées peuvent s'adresser aux consulats d'origine pour régler certains problèmes, notamment pour les divorces et les violences conjugales ? S'ils ont un contrat de mariage là-bas, quel est le pays qui prime ? Les organismes font-ils appel aux services consulaires ?

Semiha Sipahi — Modératrice : Pour les démarches administratives ou des médiations ?

Question du public : Les deux. Il y a beaucoup de services consulaires qui essaient de faire de la médiation.

Semiha Sipahi — Modératrice : Ce que je peux dire c'est qu'il est obligatoire de fournir tous les documents. Il faut respecter les papiers par rapport au pays.

Question du public : Il y a une peur aussi avec les femmes étrangères qui ont peur d'aller au consulat à cause des représailles. En Île-de-France, il y a beaucoup de problèmes comme cela et les femmes restent isolées.

Khadija Ourouh — Centre socioculturel Papin (Mulhouse) : En général, tout se passe entre la France et le pays du mariage. S'ils se sont mariés au Maroc par exemple : la question posée est le temps de vie dans le pays ou alors si la personne s'est mariée et elle est partie tout de suite en France. Les réponses aux questions se trouvent dans le Code Civil. La règle doit s'appliquer selon la domiciliation du couple. La justice française demande la domiciliation d'après le nombre d'années passées en France. En tant qu'experte judiciaire, c'est toujours la première chose que demande le juge des affaires familiales. Après, les avocats interviennent pour les documents. Au moment du divorce, par exemple, la Turquie respecte la norme française car il y a des conventions signées. Ils facilitent les démarches. Certaines lois dépassent les frontières et sont applicables en France.

Elodie Schmitt — CIDFF 68 : La question que vous posez s'examine au cas par cas en fonction de la demande de la personne. Lors de violences qui se passent en France ou une personne étrangère qui est en souffrance, la France possède la compétence de juger ces souffrances, peu importe si la personne est étrangère ou sans-papier. Sur la demande de la famille, on va regarder le domicile du couple par rapport au divorce, le lieu de résidence des enfants pour la garde. Dans la majorité des cas, la France peut être compétente. À l'exception d'une femme qui a appelé pour sa sœur victime de violences conjugales mais qui vit avec son mari au Maroc — tous les deux sont Marocains. La France n'a rien à voir là-dedans. Dans des cas où il y a un lien avec la France, il est possible de chercher la compétence de la France. Les consulats sont consultés plutôt sur des affaires d'extractions et des demandes de documents. Cela fonctionne globalement bien. Saisir le consulat pour le Maroc n'est pas du tout pareil que celui de Téhéran. Cela devient vite compliqué de trouver le Consulat et le bon service.

Semiha Sipahi — Modératrice : Le rôle des associations est donc primordial. Il y a aussi la question du partage des biens.

Elodie Schmitt — CIDFF 68 : Cela se traite au cas par cas. On ne peut pas appliquer la situation donnée à une dame algérienne aujourd'hui, à une autre dame marocaine demain et à une Kosovare en trois mois. Cela n'est pas possible. Il faut vraiment regarder les situations séparément.

Question du public : J'ai une question pour l'association « Urgence Welcome ». J'ai eu le plaisir d'accueillir dans ma classe d'élèves, à Nice, avec SOS Méditerranée. On parle beaucoup de la lourdeur de tout ce qui est mis en place, évidemment pour toutes les femmes migrantes et les migrants en général. En attendant, on a entendu hier la nécessité d'être logé, cela est long et laborieux et de façon très pratique ma question est : comment se passe l'accueil des femmes migrantes et comment s'effectue le choix des familles puisque je vois qu'il y a un certain nombre de familles à niveau national qui se proposent pour accueillir ces migrants ? Comment se passe l'accueil des femmes migrantes isolées ? Comment les familles sont-elles préparées ?

Yves Moulin — Urgence Welcome : On assure un peu différemment l'hébergement des migrants. Ce ne sont pas des individus que l'on met dans des familles, ce sont des appartements que l'on met à disposition des familles migrantes. Nous avons aujourd'hui une trentaine d'appartements qui sont tous occupés. Nous pouvons le faire grâce à des donateurs.

Marie Odile Reffay — Urgence Welcome : Des appartements occupés par des familles qui restent jusqu'à leur autonomie. Cela peut prendre quatre ou cinq ans, selon le cas de figure. Le nombre de donateurs est fluctuant, on n'est pas à l'abri que cela diminue ou s'arrête.

Frédérique Toudoire-Surlapierre — Université de Haute-Alsace : Les responsables des associations qui assistent quand même à beaucoup d'injustices, qu'est-ce que l'on fait de toute cette émotion, comment on la gère ? Est-ce que le fait d'agir suffit ? Cela aide-t-il à transfigurer cette émotion ? Ou n'est-ce pas du tout une problématique pour vous ?

Marie Odile Reffay — Urgence Welcome : Vous avez surement raison, c'est un besoin que l'on a ressenti. Il y a un volet dont on n'a pas du tout parlé. Les samedis matin d'hiver le collectif « Urgence Welcome » assure aussi un accueil des gens à la rue, qu'ils soient étrangers ou non. C'est à ce moment-là que les personnes sont vraiment confrontées à de situations aiguës et dramatiques. Être confrontés à ces difficultés, en plus des difficultés que l'on rencontre dans les familles que l'on accompagne, nous a fait ressentir le besoin de nous faire accompagner nous-mêmes. Une fois par mois, on a une relecture de nos pratiques avec un psychologue. C'est absolument vital parce que nous nous sommes rendus compte que nous en avions besoin. Je me souviens très bien qu'au début j'intervenais les samedis matin et soir. Voir des gens à genoux sur le trottoir qui nous supplient en pleurant de leur trouver un appartement. Puis aller se coucher le soir en pensant : ce soir, ils sont sous la pluie. Je vous assure que cela me broie. Il fallait donc trouver un moyen de partager ces expériences.

Geneviève Lieby — CIDFF 68 : je suis psychologue et j'ai travaillé moi-même au CIDFF où pour accueillir les gens il faut être des professionnels (juristes, psychologues, accompagnateurs Pôle Emploi...). On se pose actuellement la question de la supervision et de la formation des salariés. Il y a des instances que l'on a créées à l'intérieur du CIDFF pour prendre soin des personnes ; on organise des réunions où l'on peut aborder ces problèmes. Maintenant je me pose la question de la formation d'autant plus qu'il est de plus en plus difficile d'obtenir de la formation de la supervision. En France, la formation a été complètement réorganisée, les agréments sont plus difficiles à obtenir. De plus, il nous faut des financements pour organiser toute action.

Semiha Sipahi — Modératrice : Comment fait-on le rapprochement de la société d'accueil avec les codes culturels de la personne en situation de victime ?

Geneviève Lieby — CIDFF 68 : J'ai animé beaucoup de groupes de paroles. L'accueil inconditionnel est une condition indispensable. Les migrantes peuvent venir autant de fois qu'elles le veulent. Petit à petit, elles vont intégrer toutes les informations provenant de tous les interlocuteurs. Ce qui est important c'est de pouvoir assurer un accueil gratuit et sur le long terme. Heureusement que nous sommes soutenus par l'État. Nous avons tout intérêt à repérer les codes culturels de chacune et à tenir compte des différences culturelles.

Elodie Schmitt — CIDFF 68 : On accueille la personne telle qu'elle est.

Khadija Ourouh — Centre socioculturel Papin (Mulhouse) : Nous n'avons pas la solution à tous les problèmes. Parfois quand je rentre chez-moi je pense encore à la personne qui était devant moi en me disant qu'elle n'avait nulle part où y aller.

Yves Moulin — Urgence Welcome : L'émotion vient du fait que l'on est obligé de dire « non ». Si l'on avait les moyens on dirait « oui » à tout le monde. Dire « non » c'est difficile. Il faut apprendre à dire « non » : dire « non » au téléphone, à la « pause solidaire ».

Annie Piguet — EspaceS Femmes Appartenances (Suisse) : Je réponds aux deux questions. C'est vrai que dans le cas de mon association, nous sommes des privilégiés puisque nous sommes des salariés. On a aussi mis en place des procédures d'accompagnement. On a une réunion d'équipe hebdomadaire qui permet de travailler sur ces problématiques liées à l'accompagnement. On travaille aussi pour apprendre comment dire « non ». C'est un apprentissage qui n'est jamais fini. Sur la question de la rencontre, je pense qu'il est important de ne pas culturaliser la personne ; on peut aller à la rencontre de l'autre non pas seulement dans sa singularité mais aussi dans ce que l'on a de commun. Il faut toujours revenir à l'humanité de ce que l'on partage. Cela demande du travail et cela demande de la pensée. Ce travail est indispensable et vital.

Deuxième partie

Commentaires et Analyses

Chapitre 1
Histoire des migrations féminines

« Tissage anthropologique de paroles et voix de femmes venues d'ailleurs (fragments) »

MARIA MAÏLAT

Écouter, transcrire, analyser, entrer en résonance avec la parole des femmes suivant leur parcours d'immigration et de leur vie en France pose la question centrale de la langue. Dans quelle langue aborder leurs récits ? Comment « rendre explicite ce qui est implicite, redonner une dignité aux histoires migratoires, relancer les narrativités et les tissages identitaires[1] » ? Depuis une trentaine d'années, la vie et l'histoire des femmes immigrées est au cœur de mon travail d'anthropo-

1. Préambule du Colloque *Les voix des femmes immigrées,* organisé par l'Institut de recherche en langues et littératures européennes, ILLE, de l'Université de Haute-Alsace, avril 2019.

logue et d'écrivain. Dans le cadre du colloque de Mulhouse, j'ai écouté et cherché à mettre en débat mes réflexions et celles des participants. Ce texte ne pourra pas rendre compte de la partie orale spontanée de nos échanges. Mais il restitue en partie des voix entendues au cours de mes recherches dans le cadre du Centre ARTEFA[2]. Un des points centraux de ce tissage anthropologique réside dans la question de la liberté dans le choix de la langue et des mots, mais aussi dans la possibilité donnée par les institutions de recherche pour que les femmes puissent prendre la parole. Parler, c'est avant tout détenir le pouvoir de parler. [...] seuls les maîtres peuvent parler. [...] Quant aux sujets, ils sont assujettis, commis au silence du respect, de la vénération ou de la terreur[3] ».

Il est d'autant plus important de poursuivre les recherches, même modestes, de recueil et de publication des récits de vie des femmes issues de cultures différentes mais qui vivent en France et assument souvent le fait d'être citoyennes françaises. En premier, j'évoque ici les paroles recueillies au cours d'une recherche concernant la notion de « réussite et transmission ». J'ai réalisé plusieurs entretiens longs avec onze femmes vivant en France, arrivées en tant que réfugiées de Russie, de l'ex-Yougoslavie, de Hongrie et de Roumanie. Chacune a quitté le pays dans les années 1980-1990 et a été confrontée à une situation d'exil et de risque ou de danger. Le départ s'est imposé dans un régime de dictature, sans être un choix libre. Aujourd'hui, elles vivent à Paris et en région parisienne. L'ensemble de ces récits aide à comprendre le fait que l'intégration devient effective lorsqu'une femme peut expérimenter l'amitié de la part des Français qui l'invitent et l'accueillent dans leur espace privé, à leur domicile et dans

2. Centre de recherche ARTEFA : alternatives de réflexion, travail, écriture, formation, action, dont le siège est à Paris.
3. Pierre Clastres, *La société contre l'État*, Paris, Minuit, 1974, p. 133.

leur famille. L'accueil ne se limite donc pas à une formalité sociale ou institutionnelle mais à la découverte de la vie intime des autochtones. Le deuxième vecteur de l'intégration dont font état les femmes rencontrées concerne leur accès au travail. C'est le chemin le plus difficile et le plus gratifiant à la fois. Il passe par l'appropriation d'une langue écrite (et pas seulement orale) et par l'accès à la formation, ce que le droit nomme principe d'égalité des chances. Les femmes rencontrées expriment leur fierté et leur joie, autant que leur souffrance, éprouvées au cours de leur formation puis de leur accès à un travail. « Pouvoir me lever le matin et aller travailler, cela a été pour moi une des plus grandes satisfactions ici, en France », nous dit une des femmes. L'accès à cette forme concrète de dignité humaine et d'indépendance (sociale, financière) a eu un impact dans leur vie conjugale, dans leur couple et famille. Plusieurs affirment qu'elles ont pu modifier les rapports avec leurs conjoints mais pour plus de la moitié cette mutation s'est soldée par le divorce, voire des scènes de violences conjugales. La mutation profonde qu'elles ont accomplie a mis en difficulté l'homme qui avait d'elles une image de « femme au foyer ». Ce changement consistait aussi dans le fait que désormais, elles exerçaient le pouvoir de prendre des décisions et souhaitent décider au même titre que leur conjoint, chose que certains hommes ne pouvaient pas accepter. Le fait que plusieurs femmes gagnaient plus que leur conjoint a été aussi invoqué comme un motif de conflit et de divorce. « Faire entendre sa voix » en tant que sujet a été une des « conquêtes » dont elles me parlent. « Sans rien regretter », me dit l'une d'elles. Et une autre : « Si c'était à refaire, je recommencerais. »

Une seconde recherche crée les conditions pour la parole des femmes arrivées avec leur famille de Syrie et qui sont accueillies en Alsace. Dans cette configuration, les entretiens ont été réalisés en groupe à la demande des femmes. Elles se connaissaient entre elles et ont tissé des liens de solidarité dans leur pays et tout au long de leur parcours dangereux d'immigration (en passant par la Turquie, la Grèce, la Bulgarie, la Roumanie, puis la France). Ces femmes sont accompagnées par la même ONG qui a organisé mes rencontres avec elles. La plupart s'exprime avec difficulté en français. Venant de différentes ethnies, elles utilisent l'arabe pour communiquer. Le groupe s'organise dans la prise de parole : celles qui parlent mieux le français s'improvisent traductrices mais font très attention de ne pas « interpréter » ce qui est dit. En d'autres termes, il y a de nombreuses circulations entre la femme qui raconte ou répond à mes questions et celle qui traduit ses propos en français. Au-delà du contenu, elles discutent sémantiques, étymologies, elles sont aussi dans le métalangage. J'assiste *in vivo* à la création d'une langue d'exil dont parlent de nombreux auteurs[4]. Une construction en forme d'arc entre l'expérience minuscule de leur vie et de leur départ fuyant la mort et le devoir de témoigner pour ceux qui sont morts ou disparus.

Les mères tenaient à partager leurs préoccupations chargées d'angoisses : est-ce qu'elles transmettront au fil des années de leur expérience et histoire à leurs enfants ? Elles m'ont fait part de leur volonté de faire en sorte que leurs enfants apprennent le français, qu'ils deviennent des « petits Français » mais sans renier leur « double culture ». Plusieurs fois, leurs échanges reviennent vers les épreuves et les expériences de guerre vécues dans leur pays. Que dire et que taire ? À quel âge et jusqu'à quel degré raconter les misères et les atrocités de la guerre ? Leurs propos résonnent avec ceux du philosophe et historien allemand Reinhart Koselleck : « Il y a des expériences qui se répandent et se figent dans votre chair comme

4. Sylvie Courtine-Denamy, *L'exil dans l'exil, les langues de l'ailleurs, l'ailleurs des langues*, Paris, Hermann, 2014.

de la lave incandescente. Elles demeurent dès lors là, à chaque instant, indélogeables et inchangées[5] ». Mais est-ce que les enfants devraient être marqués par la brûlure inguérissable subie par leurs parents ? C'est la question que ces femmes se posent et qui a été portée par Koselleck dans les textes où il réfute la définition de Heidegger pour qui l'homme est un « être pour la mort ». Le règne du « pouvoir donner la mort » propre aux dictatures du XXe siècle et de ce début de siècle exige la déconstruction de la philosophie fondée sur la mort et l'anéantissement des peuples. À leur niveau, ces femmes s'insurgent contre une transmission centrée sur le traumatisme et la parole qui se rattache aux atrocités infligées aux gens par les dictatures et les terroristes. Plusieurs femmes de ce groupe sont enceintes, leurs enfants naîtront en France. Leur temps présent est tourné vers la vie et leur parole cherche une transmission qui porte l'avenir pour des enfants qu'elles veulent préserver du fanatisme et de la haine fratricide qu'elles ont connu en Syrie. Une femme me fait part, pendant une pause, de son étonnement devant un discours porté par un expert qui lui conseillait de « tout raconter » à ses fils, d'être « directe et transparente ». Elle ne comprenait pas cette attitude. Elle ajoute : « D'abord, je protégerai mes enfants et ensuite, s'il le faut, quand ils seront plus grands, je leur raconterai la Syrie, mais j'attendrai. » Attendre, raconter, protéger les enfants sont les thèmes que les femmes arrivées récemment de Syrie abordent en groupe. L'anthropologue qui a grandi dans une dictature les écoute, reste sur une place modeste sachant que personne ne détient la vérité sur la façon de transmettre une histoire de destruction.

Les enfants ne sont pas loin du groupe de femmes et les plus grands viennent de temps en temps écouter nos échanges.

5. Alexandre Escudier, « "Temporalisation" et modernité politique : penser avec Koselleck », *Annales. Histoire, Sciences Sociales*, 2009/6, p. 1272.

Une des jeunes filles (12/13 ans) chuchote à l'oreille de sa mère. Celle-ci nous dit « ma fille traduit ce que vous dites. Elle est ma petite interprète à la maison, j'apprends avec elle ses leçons, elle m'aide à lire, surtout les papiers que je reçois de l'administration. Elle est très bonne élève. » Une autre femme qui vit en France depuis plusieurs années intervient : « Surtout, il ne faut pas le dire à l'assistante sociale, elle n'aime pas quand les enfants s'occupent des papiers, du budget, de notre vie ici ! » Un débat s'installe autour de la place des parents par rapport aux enfants. De toute évidence, l'insertion des enfants, leur capacité d'apprendre le français sont des qualités valorisées par les femmes de ce groupe et même une source de fierté. « Je ne veux pas que ma fille soit comme moi, déclare l'une des femmes présentes, sans rien connaître à la vie avant le mariage. Je veux qu'elle soit libre. Et si elle apprend avec moi comment remplir les papiers, payer le loyer et tout ça, je ne vois aucun mal. »

Une autre recherche-action a été menée avec des femmes issues des pays d'Afrique du Nord vivant à Saint-Étienne et les environs. Ces femmes sont arrivées entre les années 1980 et 2013 dans le cadre d'un regroupement familial ou d'un mariage. Mes rencontres avec ces groupes de femmes se sont déroulées une année à partir du thème : « Raconte-moi l'histoire de l'autre ». J'ai proposé aux femmes de se décentrer et de nous conter des histoires de vie vécues par leurs proches (leur famille, amis, voisins). J'ai associé les femmes pour qu'elles puissent être des « chercheuses de paroles et de récits ». Cette méthode n'exclut pas la possibilité de partager des aspects de leur propre histoire. Le principe que je voulais suivre était celui de la légèreté, partant d'un titre de Kundera, *L'insoutenable légèreté de l'être*. J'animais les échanges par petits groupes. Chaque femme revenait avec une anecdote, un récit, au cours de ses rencontres en exerçant son écoute et sa curiosité bienveillante, en allant vers les autres. Certaines de ces femmes ne sortaient jamais de chez elles, sauf pour faire quelques courses ou pour aller chez le médecin. D'autres n'avaient jamais parlé avec leurs voisins français, alors qu'elles habitaient au même endroit depuis vingt, trente ans. Notre expérience partagée les a incitées à faire connaissance avec leurs voisines, à entrer en contact avec les parents d'élèves qui attendaient devant l'école. Elles ont trouvé et construit plusieurs occasions pour parler avec des personnes de leur quartier ou immeuble, mais aussi avec des membres de leur famille. Certaines sont revenues dans le groupe accompagnées par leur sœur ou leur fille. Chaque femme a reçu un récit comme un don et, à son tour, elle l'a transmis aux autres. Puis, elles ont pu évoquer les conditions de leur accueil à leur arrivée en France à l'époque où les mines et l'industrie de La Loire employaient leurs maris. « Les hommes partaient à l'aube et rentraient à la tombée de la nuit », a résumé une des femmes. La plupart de ces femmes étaient reconnues pour la première fois en tant qu'auteures capables de porter une action collective qui devait aboutir à la publication d'un livre contenant leurs récits. Au cours de cette transmission, nous avons organisé aussi des actions, notamment la visite d'une abbaye, de la mosquée de Saint-Étienne et une journée passée dans une réserve d'oiseaux. Ces « actions » ont abouti à la création des petites histoires issues de ce que nous avons vécu ensemble. Plusieurs femmes ont expliqué l'importance de s'exprimer en français, de savoir qu'un livre gardera les traces de leurs paroles : « parler, lire, écrire dans la langue du pays où nos enfants sont nés, c'est une chose précieuse pour nous », a expliqué une d'elles. Une autre nous a raconté qu'elle a repris ses études et passé son baccalauréat à 45 ans : « Un de mes fils m'a dit, maman, maintenant que tu nous as élevés, c'est à nous de t'aider et puisque nous avons tous fait des études, c'est ton tour, tu es plus intelligente que nous, alors tu passeras ton Bac. » Cette femme continuait ses études dans le travail social.

Mon intérêt pour les paroles et les voix des femmes immigrées possède un lien étroit avec mon exil. Réfugiée politique en France, j'ai poursuivi mes études universitaires et choisi un métier qui me permettait d'étudier un peuple et une culture qui n'était pas « ontologiquement » parlant la mienne. C'est ainsi que je suis devenue anthropologue de la société française et écrivain francophone, auteure d'une dizaine de livres écrits en français et publiés aux éditions Julliard, Belfond, Fayard. J'ai fait l'expérience de la liberté de parole après avoir subi la censure de la Securitate sous la dictature roumaine. Hannah Arendt donne une définition de la liberté qui résonne avec les voix des femmes : c'est « le fait que chacun est capable de débuter de lui-même une série[6]. » Pour Hannah Arendt, « la liberté signifie la même chose que poser-un-commencement-et-débuter-quelque-chose[7] ». L'isolement, l'exclusion empêchent l'accès à la voix et au récit de vie. Personne ne peut parler si en face personne ne l'écoute :

> L'action ne peut jamais se produire dans l'isolement, dans la mesure où celui qui commence quelque chose ne peut en venir à bout que s'il en rallie d'autres qui vont lui venir en aide. En ce sens, toute action est une action de concert comme avait coutume de le souligner Burke. (…) Sans les autres, il est impossible d'agir au sens grec, *prattein*, c'est-à-dire au sens de l'aboutissement, de l'accomplissement[8].

Le cheminement anthropologique mettant en valeur les voix des femmes intègre le principe d'intersubjectivité théorisé par le sociologue Alfred Schütz[9]. Les femmes rencontrées

6. Hannah Arendt, *Qu'est-ce que la politique ?*, Paris, Le Seuil, p. 88.
7. *Ibid.*, p. 88.
8. *Ibid.*, p. 89.
9. Alfred Schütz, *Le chercheur et le quotidien. Phénoménologie des sciences sociales*, Paris, Klincksieck, 1988.

m'ont fait comprendre davantage mon propre parcours. La parole dont il est question dans ces échanges vivants « de bouche à oreille » est fondamentalement différente des propos échangés sur les réseaux sociaux et dans les bombardements d'informations qui ne contiennent pas une expérience vivante de la rencontre. L'appauvrissement de l'expérience dont parlait Walter Benjamin est d'autant plus flagrant que croît « le flot des livres de guerre » et des informations[10].

La nécessité de déconstruire la frontière entre étranger et autochtone pour se faire entendre s'impose : « L'étranger est maintenu à distance : lui objet, nous sujets. Sa parole est filtrée, parfois même bâillonnée : sa voix s'étouffe à hauteur de ses lèvres. [...] Parole et pouvoir entretiennent des rapports tels que le désir de l'un se réalise dans la conquête de l'autre[11] ». Je continue à me poser beaucoup de questions en sachant qu'il n'y a pas une réponse mais de multiples chemins de vie et d'écriture à explorer. Le retour sur les aspects vécus au cours de l'immigration est construit non pas pour s'enliser dans la nostalgie et l'impuissance (car personne ne peut modifier son passé), mais pour suivre les propos d'Adorno : « Le passé est le moyen de forcer le présent à déployer son propre avenir[12] ».

Anthropologue, écrivain
Directrice du centre de recherche
et formation ARTEFA — France
Maître de conférences associé à l'Université de La Réunion

10. Walter Benjamin, « Expérience et pauvreté », dans *Technique et expérience*, Paris, Eterotopia Rhizome, 2016, p. 95.
11. Pierre Clastres, *La Société contre l'État*, Paris, Minuit, p. 130.
12. Theodor W. Adorno, *Prismes*, Paris, Payot, 2010, p. 175.

« Quitter “les lares de la maison ancestrale”. Isabelle Rimbault ou l’exode au prisme du genre (août-septembre 1914) »

Ronan Richard

En 1917, réagissant à la sortie du livre d’Isabelle Rimbaud, *Dans le remous de la bataille*[1], un chroniqueur suisse confessait ne pas comprendre comment l’on pouvait s’intéresser « à Nelly, à Émilie, à Hélène [...] alors que nous ignorons ces personnages, que nous savons d’eux seulement leurs hésitations à agir[2] ». Si l’historiographie de la Première Guerre mondiale s’est montrée depuis moins dédaigneuse et plus ouverte sur la question du genre[3], il reste encore de nombreux

1. Isabelle Rimbaud, *Dans les remous de la bataille. Charleroi et la Marne. Reims*, Paris, Chapelot, 1917.
2. « Bulletin bibliographique », *Revue militaire suisse*, décembre 1917, n° 12, p. 570-571.
3. Entre autres recherches sur le genre et la guerre, Ute Daniel, *The War from Within. German Working Class Women in the First World War*, Oxford, New-York, Berg, 1997 ; Margareth H. Darrow, *French Women and the First World War. Wat Stories of the Front Home*, Oxford, Berg, 2000 ; Susan R. Grayzel, *Women’s identities at War. Gender, Motherhood and politics in*

angles morts à explorer. Il en va justement de l'étude des migrations des réfugiés de guerre. Si les « voix de femmes dans la mêlée[4] » sont globalement marginales dans leur expression, celles qui ont conté leur expérience du déracinement et de l'exode sont tout bonnement rarissimes. Parmi les rares à témoigner figure justement Isabelle Rimbaud. Lorsque la guerre éclate, elle villégiature dans sa propriété familiale de Roche dans les Ardennes. Prise dans la tourmente des combats et de l'exode des premières semaines, elle rédige, du 1er août au 23 septembre 1914, un journal épuré et poignant publié en 1916 en 5 épisodes par *Le Mercure de France*[5]. La particularité de cette œuvre est qu'Isabelle Rimbaud est tour à tour observatrice et actrice de ce grand remuement[6]. Les évacués et les réfugiés apparaissent ainsi d'abord, à compter du 24 août 1914, comme les sujets d'une description qui se veut objectivée d'un exode pathétique qui l'emporte à son tour une semaine plus tard. Il nous a donc semblé pertinent de questionner cette source à plusieurs égards. D'une part pour sa rareté. Car si les civils en général se sont tus ou ont été réduits au silence, la voix de ces premiers migrants de masse et particulièrement celle des femmes est restée quasiment inaudible. En cela, le journal d'Isabelle Rimbaud constitue pour l'historien une source presque unique où l'on peut tenter de déceler un regard po-

Britain and France During the First World War, Chapel Hill, Londres, The University of North California Press, 1999 ; *Guerre mondiales et conflits européens,* « Les femmes et la guerre », n° 198, 2000 ; Françoise Thébaud, *La femme au temps de la guerre de 14*, Paris, Stock, 1986 ; Evelyne Morin-Rotureau, Luc Capdevila, François Rouquet, Fabrice Virgili, Danièle Voldman. *Hommes et femmes dans la France en guerre (1914-1945)*, Paris, Payot, 2003.

4. L'expression est de Marcelle Capy, *Une voix de femmes dans la mêlée*, Paris, Ollendorff, 1916. La première édition de cet ouvrage, en grande partie censuré, fut préfacée par Romain Rolland.
5. *Le Mercure de France*, n° 435, 1er août 1916, p. 459-490 ; n° 436, 16 août 1916, p. 674-695 ; n° 437, 1er septembre 1916, p. 90-111 ; n° 438, 16 septembre 1916, p. 298-320.
6. Isabelle Rimbaud, *Dans les remous de la bataille*, *op. cit.*, p. 227.

tentiellement genré sur ce « lamentable déménagement » de masse. Et les interrogations sont nombreuses. Les femmes ont-elles porté sur l'invasion un regard spécifique ? Quel poids pesait leur parole dans la décision de partir ou de rester ? La ponction opérée sur les hommes par la mobilisation leur permit-elle, enfin, de braver le régime de genre et d'affirmer leur point de vue ? Enfin, nous tenterons de pondérer l'apport de ce regard féminin sur l'exode des femmes en général, en pointant, à côté de l'identité de genre, les autres prismes orientant le regard d'Isabelle Rimbaud.

Isabelle Rimbaud : une voix sortie des « sans voix »

En 2000, dans un ouvrage qui a contribué à aiguiser des polémiques historiographiques déjà vives, Stéphane Audoin-Rouzeau et Annette Becker ont pointé une forme de « dictature du témoignage » longtemps imposée par le discours combattant sur les témoins, les historiens et les éditeurs[7]. Au-delà de l'outrance du mot et d'un argumentaire parfois contestable, ils dénoncent là une réalité indéniable. Pendant et jusque tard après la guerre, la voix du combattant emplit tellement l'espace historique et mémoriel qu'il est difficile à qui n'a pas pris part aux combats de s'y faire entendre. Il en va naturellement des civils. Sur un corpus de plus de 3500 témoignages de guerre recensés par Bernard Devez, bibliophile et initiateur du projet de Conservatoire du patrimoine éditorial de la Grande Guerre, ils ne représentent que 12 %. Privés de cette part de gloire et d'héroïsme pleinement acquis à la « génération du feu », ils sont comparativement saisis par une forme de complexe d'auto-culpabilisation. S'ils écrivent

7. Stéphane Audoin-Rouzeau, Annette Becker, *14-18, retrouver la guerre*, Paris, Gallimard, 2000, spécialement « Violence combattante et non-dits historiographiques », p. 50-59.

parfois, eux-mêmes puis leurs descendants se sentent moins qualifiés à narrer cette expérience et à faire valoir cette vision de l'arrière en guerre. Comme le note justement Jean-Noël Jeanneney, la fierté patriotique ne peut guère jouer un rôle de ressort dans ces témoignages de civils, et « la gêne éprouvée de n'avoir pas été au front peut, chez certains, inciter davantage encore à un silence rétrospectif[8] ».

Le constat vaut encore davantage pour les femmes, dans un régime de genre qui les place aux marges de la guerre dans sa dimension opérationnelle et leur accorde la portion congrue en termes d'affichage et de mémoire. Ainsi leurs témoignages ne composent-ils que 4 % du total de notre corpus de référence. Du reste, si elles parlent peu d'elles-mêmes, les hommes parlent à leur place. Exclues du champ de bataille, elles sont pourtant impliquées dans la guerre en tant qu'auxiliaires et constituent surtout le gros bataillon de ses victimes civiles, comme le souligne bien Marguerite Yerta, s'adressant au début de son témoignage au « sexe adverse » : « En 1914, nous fîmes la guerre. C'est-à-dire que vous la fîtes, vous, les hommes, et nous, les femmes, nous dûmes la subir[9] ». Bien que deux fois plus nombreuses que les hommes au sein des 2 millions de réfugiés jetés sur les routes par les combats, ces victimes collatérales du conflit intériorisent souvent leur expérience sous la pression des normes sociales et culturelles au point que leur regard, presque totalement privé de sources testimoniales, constitue aujourd'hui un non-dit historiographique tenace.

8. Jean-Noël Jeannenet, « Préface » in Odile Gaultier-Voituriez, *Chronique cachée de la Grande Guerre. Lettres d'Etienne de Nalèche à Pierre Lebaudy (1914-1919)*, Paris, CNRS éditions, p. 9.

9. Marguerite Yerta, *Les six femmes et l'invasion : août 1914-février 1916*, Paris, Plon, 1917, p. 1. Ce témoignage fut d'abord publié dans *La Revue hebdomadaire* du 16 décembre 1916 au 3 mars 1917).

Leur parcours est surtout narré par des hommes. Combattants, élus, personnalités de l'arrière ou simples observateurs, le sexe fort monopolise la parole et la plume pour décrire l'exode. Le maître ouvrage sur la question de leur intégration demeure ainsi celui d'Émile Gabory, cheville ouvrière du remarquable comité de secours aux réfugiés de Nantes[10]. Dans son propos, nulle place spécifique n'est réservée à ces femmes dont la part est pourtant écrasante dans les théories de migrants accueillis dans sa ville dès août 1914. Pour lui, le genre n'existe pas et sous sa plume fusionnent comme un seul tous les groupes sociaux contraints à l'exode : hommes, femmes et enfants, vieillards et infirmes, riches et pauvres, paysans et ouvriers.

Le témoignage d'Isabelle Rimbaud n'en est donc que plus précieux. Il ne constitue certes pas tout à fait un cas unique. Ainsi la future auteure et critique littéraire Marguerite Yerta publie-t-elle également le témoignage sur son propre exode, *Les Six femmes et l'invasion*, d'abord en douze épisodes dans *La Revue hebdomadaire* puis *in extenso* chez Plon en 1917[11]. Mais le statut particulier d'Isabelle Rimbaud, par ailleurs amie de Marguerite Yerta qui la visitera quelques jours avant sa mort[12], contribuera plus que tout autre à attirer — modestement — l'attention sur l'exode, perçu au travers de ce regard féminin alors presque totalement absent dans son expression publique. On est du reste en droit de se demander si ce témoignage, davantage qu'à ses qualités intrinsèques et sa vision genrée, n'a pas plutôt recueilli les faveurs de l'éditeur du fait de la filiation de son auteure avec son frère Arthur Rimbaud, lui conférant un côté presque folklorique. En l'état

10. Émile Gabory, *Les réfugiés chez nous*, Nancy-Paris-Strasbourg, Berger-Levrault, 1921.

11. Marguerite Yerta, *op. cit.*.

12. *Le Mercure de France*, 16 mai 1918.

de nos connaissances, les témoignages de femmes réfugiées se comptent sur les doigts d'une seule main[13]. Mais si l'esseulement d'Isabelle Rimbaud en dit long sur la faible prise en compte du discours féminin d'alors, son contenu nous permet pourtant de déceler quelques spécificités de genre dans la démarche d'émigration.

Le genre et l'exode

Majoritaire parmi les migrants, la première question reste d'évaluer le poids que pèse la voix des femmes dans la résolution de la question centrale, la seule qui rassemble et anime les populations des régions proches du front en août 1914 : faut-il partir ? Le récit d'Isabelle Rimbaud nous renvoie aux rapports de genre régissant les différents espaces des relations humaines que Jean Baechler divise en trois : espace public, espace privé et espace de l'intime[14].

Dans l'espace privé, celui des liens sociaux où se rencontrent intérêt particuliers et collectifs et où chaque communauté villageoise se saisit collectivement de cette question, la voix de l'homme est prépondérante pour ne pas dire hégémonique dans les débats interpersonnels. À Roche, durant ces jours où les conciliabules sont permanents, on écoute tour à tour le docteur, le notaire, l'officier, le facteur, l'ancien combattant de 1870[15]. Ce régime de genre où domine l'opinion

13. Outre les ouvrages d'Isabelle Rimbaud et de Marguerite Yerta, nous n'en connaissons à l'heure actuelle que deux : Claudie Lefrère-Chantre, *Emilienne 1917. Itinéraire d'une jeune Française réfugiée de la Première Guerre mondiale*, Paris, Fauves éditions, 2017 et *Les carnets de guerre de Lucienne Courouble 14-18* [en ligne], *I, 1914-1916,* http ://www.chtimiste.com/carnets/Courouble/Lucienne%20Courouble%201914%201916.htm, *II. 1917-1918*, http ://www.chtimiste.com/carnets/Courouble/Lucienne%20Courouble%201917%201918.htm.

14. Jean Baechler, « Présentation : les femmes et la guerre », *La guerre et les femmes*, Paris, Hermann, 2018, p. 14-15.

15. Isabelle Rimbaud, *op. cit.*, p. 36-40.

masculine se retrouve à Coeuvres, dans l'Aisne. Quand son maire, Albert Berthier de Sauvigny, inventorie les personnes dont l'avis a compté, il cite 8 hommes : adjoint, secrétaire de mairie, garde-champêtre, curé, conseillers municipaux. Seule une seule femme est citée, la boulangère. Encore n'est-ce pas sa voix qui a compté mais son choix de rester et d'assurer la fabrication du pain, paramètre moral décisif[16].

Naturellement, l'homme ne plaide pas pour le départ. Isabelle Rimbaud décrit ainsi ces « purs paysans », sourds au bruit du canon et « sceptiques à l'endroit de tout ce qui n'est pas la nature », se révoltant et se cabrant devant l'occurrence. Ils s'accrochent à la glèbe avec un entêtement inexplicable, faisant montre d'une forme de crânerie virile qui les pousse à calomnier les migrants, fainéants, froussards, sans-le-sou, assistés[17]. Ils regardent leur défilé d'un mauvais œil ; « pour un peu, ils le hueraient[18] ! ». On retrouve peut-être aussi cette rétivité très rurale, cette honte de l'immigration évoquée par Aït Kandouch dans le cas du Maroc. Mais la mobilisation a rebattu les cartes et si leur opinion prédomine par tradition, les hommes sont moins nombreux. Confrontés au danger de plus en plus audible et angoissant des combats, ils se montrent plus hésitants et divisés et perdent collectivement la maîtrise des choix. Les autorités n'étant plus là pour arbitrer, la femme peut espérer enfin intervenir et c'est dans le champ de l'intime qu'elle s'y emploie, au prix d'un bousculement des rapports de genre.

Ce poids nouveau de la parole féminine s'explique diversement. Privée de son mari, l'épouse du mobilisé décide parfois seule ou trouve dans ce contexte angoissant la force

16. Albert Berthier de Sauvigny, *Pages d'histoire locale 1914-1919. Notes journalières et souvenirs*, Association Soissonnais 14-18, 1994 [1e éd. 1934], p. 37.
17. Isabelle Rimbaud, *op. cit.*, p. 36-37.
18. *Ibid.*, p. 50.

de s'affronter à un cercle familial restreint et âgé. C'est le cas de Nelly, la nièce d'Isabelle Rimbaud. D'abord rabrouée par son irascible beau-père, elle finit par piétiner tout à la fois les rapports de genre et de génération en imposant son choix de partir. « Dans la cour, raconte Isabelle Rimbaud, je trouve la timide, la flottante Nelly en train de débarrasser la voiture de son enveloppe, de décrocher les harnais [...]. Pour la première fois de sa vie, elle a pris d'elle-même une résolution ; la peur la fait agir avec une fermeté inattendue. Je vois que maintenant rien ne la retiendra à Roche[19] ». L'auteure elle-même transgresse cette répartition des rôles socialement et culturellement établie et devient le moteur du départ, imposant son tempo à un mari affaibli et fataliste. Un temps freinée par l'attrait pour le spectacle de la guerre et par l'attachement viscéral aux « lares de la maison ancestrale[20] », elle finit par surmonter ses atermoiements pour emporter la décision de partir. Durant tout l'exode, à mesure que le danger se rapproche, elle s'arc-boute à ce rôle nouveau. Ainsi, réfugiée à Reims, elle « harcèle[21] » son époux, le « tourmente[22] », pour le convaincre de gagner Paris : « Comme une enfant obstinée, je répète à mon mari : "Il faut partir de Reims, partir tout de suite"[23] ». Cette expression en dit long sur l'intériorisation profonde de son statut d'« éternelle mineure » soumise à l'autorité de l'époux. On retrouve cette mutation conjoncturelle des rôles et cet attachement irrépressible à la famille et aux enfants dans le carnet d'exode de Lucienne Courouble. Le 28 août 1914, elle consigne ainsi : « Pour sauver les enfants (on les disait si barbares), je veux partir », avant de noter quelques lignes plus

19. *Ibid.*, p. 79.
20. *Ibid.*, p. 80-81.
21. *Ibid.*, p. 76.
22. *Ibid.*, p. 221.
23. *Ibid.*, p. 223.

loin : « on décide de partir[24] ». Clairement, sa voix de femme a pesé ; le « je » s'est imposé au « on ».

C'est d'abord parce qu'elles sont empreintes d'un profond instinct de survie que les femmes, spécialement les jeunes mères, militent pour l'exil. Tenaillées par la volonté de préserver l'unité de la cellule familiale, elles sont également tourmentées par le souci de préserver les enfants de potentielles exactions. Le sort particulier des jeunes filles constitue ainsi un puissant motif de départ, du fait des rumeurs alarmantes bruissant parmi les colonnes de réfugiés en provenance de Belgique[25]. À Roche, une jeune paysanne affronte ainsi les anciens et sa propre mère avec un aplomb surprenant :

> Je veux m'en aller. Si tu ne viens pas avec moi, j'emmènerai tes deux petites-filles et nous irons n'importe où. Je ne veux pas tomber aux mains des Prussiens... Ta ferme ! Tes bêtes ! Qu'est-ce cela aux prix de l'honneur et de la vie menacée ?... Et si tu ne nous donnes cheval et voiture, nous partirons à pied. Le bon Dieu et nos anges nous aideront[26].

Sur la route de l'exil, à Machault, Isabelle Rimbaud croise aussi le chemin de cette famille partie « dans le seul souci de mettre à l'abri des violences possibles les deux filles de la maison, dont l'une a vingt-deux ans et l'autre dix-neuf[27] ». À l'heure du départ, une autre particularité semble distinguer les femmes. Soucieuse de raccorder le présent au futur, Isabelle Rimbaud refuse de quitter la résidence familiale sans emporter avec elle ces objets intimes et familiers qui, là où elle échouera, la raccrocheront au souvenir de cette « maison ancestrale » où mourut sa mère en 1907. « Partir, écrit-elle, c'est abandonner

24. *Les carnets de guerre de Lucienne Courouble*, *op. cit.*, p. 66.
25. Sur la question des atrocités : John Horne, Alan Kramer, *1914. Les atrocités allemandes. La vérité sur les crimes de guerre en France et en Belgique,* Paris, Tallandier, 2011.
26. Isabelle Rimbaud, *op. cit.*, p. 76-77.
27. *Ibid.*, p. 93.

les aîtres si chers, les souvenirs et tout ce qui attache les personnes d'âge à la vie[28] ». Et Isabelle Rimbaud de conter alors cette « chasse aux souvenirs » frénétique du 28 août, une fois prise sa décision :

> Et voici que tout à coup une foule d'objets auxquels je n'attachais aucune importance prennent à mes yeux une inestimable valeur ; pourtant il ne faut songer à emporter quoi que ce soit d'encombrant ni de pesant. La plupart de ces objets sont pour moi des reliques[29].

Incapable de tout emporter, elle songe un temps à l'autodafé afin de prévenir toute « profanation », tout viol de ces reliquats d'intimité qu'elle s'apprête, à contrecœur, à abandonner à l'envahisseur. Et lorsque son époux y contribue modestement, c'est pour confier à sa femme la photographie de son frère Arthur au jour de sa première communion, qu'elle glisse dans son corsage pour l'emporter sur son cœur[30]. Ce geste touchant confirme l'importance attachée par les femmes à cette fibre familiale et à ces traits d'union intimes entre passé et présent, reliques vitales pour garder dans l'exil une trace de soi et un espoir de retour. Cette quête fébrile, parce que forcément hâtive et sélective, explique les descriptions pathétiques faites par les combattants de ces carrioles où s'empilaient un amas d'objets hétéroclites, à l'instar de Claude-Maurice Chenu : « Dans celui-là, un berceau est juché sur une grande pendule. Dans cet autre, le “cadre” d'un mariage ; un fiancé aux cheveux lissés, une fleur d'oranger sous cloche de verre...[31] ». Un autre réflexe de femme et de mère consiste à préserver la dignité vestimentaire de la famille :

> Beaucoup ont revêtu leurs plus beaux habits, raconte Isabelle Rimbaud, pensant probablement que ce serait autant de gagné sur l'ennemi, et c'est un spectacle lamentable et ridicule que de voir des

28. *Ibid.,* p. 36.
29. *Ibid.*, p. 58.
30. *Ibid.*, p. 82.
31. Charles-Maurice Chenu, *op. cit.*, p. 81-82.

> femmes à l'allure provinciale et campagnarde clopinant sur les talons Louis XV éculés par la marche, suffocant dans les corsets droits et les collantes jupes fripées et salies, arborant sur leurs fronts humiliés des chapeaux garnis de prétentieux panaches et exhibant, par l'échancrure, des chemisettes décolletées et des gorges recuites par le soleil[32].

René Benjamin fera écho aux efforts de ces femmes réfugiées en décrivant ainsi un convoi de réfugiés débarquant dans sa gare de l'arrière :

> Il y a [...] surtout des femmes, une nuée d'enfants, et tout ce monde qu'on redoutait de voir en loque et l'œil hagard, arrive calme, net, endimanché. On les regarde avec stupeur. On cherchait sur ces gens la misère de la guerre, et l'on voit des vieux avec des gilets neufs, des vieilles en bonnets blancs, des petites filles bien peignées, ayant des rubans en bouffettes dans leurs nattes blondes. Il faut quelques temps pour comprendre ; mais une vieille explique :
> — Ça serait quand même malheureux de laisser du neuf à ces sales boches !
> Sentiment humain. Ils ont eu l'esprit de fuir dans leurs habits de fête : leur bon sens est presque de la crânerie[33].

Le genre : un prisme parmi d'autres chez Isabelle Rimbaud

Précieux parce que rare, le témoignage d'Isabelle Rimbaud présente justement des limites par sa rareté. Si peu de femmes réfugiées ont en effet témoigné, celles issues des classes populaires sont quasiment restées sans voix. Pourtant, elles étaient majoritaires dans les colonnes de migrants, les familles bourgeoises ayant le plus souvent anticipé leur départ et rallié un refuge lointain avant les jours les plus sombres de cette fuite hors du « vestibule de l'enfer[34] ». Prises dans l'urgence maté-

32. Isabelle Rimbaud, *op. cit.*, p. 61-62.
33. René Benjamin, *La guerre. Sous le ciel de France*, Paris, Arthème Fayard, 1916, p. 250.
34. Isabelle Rimbaud, *op. cit.*, p. 87.

rielle, peu accoutumées surtout à conter et à se raconter, elles ont laissé la plume à d'autres, plus familières de cet exercice. Isabelle Rimbaud, Marguerite Yerta ou, à sa façon, Louise Weiss, ont ainsi comblé ce vide testimonial en portant sur leur parcours un regard particulier ou le genre ne constitue qu'un prisme parmi d'autres. Car Isabelle Rimbaud ne peut pas être regardée seulement comme une femme et n'est pas représentative de toutes les femmes. Dans ce grand trek de migrants, elle porte comme chacune une identité sociale et culturelle spécifique, différant des autres par son origine, son éducation, son âge, sa situation familiale etc. Son existence, certes soumise à un régime de genre commun, a été cependant modelée par un environnement spécifique qui a patiemment façonné ses croyances, ses opinions et son appréhension forcément particulière de cette tragique conjoncture partagée[35]. Si des traits communs unissent donc les femmes exilées, ceux-ci n'abolissent ni leurs diversités individuelles ni le libre arbitre de chacune, découvert à la faveur de la guerre. L'identité de genre ne constitue donc qu'un ressort parmi d'autres.

L'âge joue un rôle non négligeable. Les femmes les plus âgées ne migrent souvent que sous la contrainte. « Si je dois mourir, j'aime mieux que ce soit chez moi que par les chemins[36] ! » s'entend répondre le maire de Coeuvres lors d'une discussion au village. Ce paramètre joue aux deux extrémités générationnelles. L'adolescente aussi se rebiffe parfois avec une certaine bravade, comme en témoigne la jeune Colette, la cadette des belles-sœurs de Marguerite Yerta.

Le profil socio-culturel joue aussi un rôle capital dans la lecture des événements. Isabelle Rimbaud ne partage ainsi pas le ressenti de ces paysannes accrochées à leur terre, pas plus

35. Louise A. Tilly, Brigitte Yvon-Deyme, Michel Deyme, « Genre, histoire des femmes et histoire sociale », *Genèses*, 2, 1990, p. 149.

36. Isabelle Rimbaud, *op. cit.*, p. 36.

que celui de son humble hôtesse rémoise, clouée à sa ville dans un entêtement que ne parvient pas à éroder le tapis de bombe déversé sur elle par l'artillerie allemande. Mariée à Pierre-Eugène Dufour, tout à la fois poète, peintre et sculpteur, ami d'Arthur Rimbaud, de Verlaine et de Paul Claudel, Isabelle est une intellectuelle bourgeoise. Si elle exprime d'abord son dédain pour ces riches migrants aux allures de maîtres, à la fois « hautains et humiliés », transitant par Roche tels « les précurseurs d'une débâcle inouïe et fatale[37] », elle se démarquera sensiblement du commun des déracinés une fois absorbée par ce « troupeau affolé ». En effet, loin de partir à pied vers un horizon inconnu, elle voyage en calèche, véritable vecteur de l'inégalité sociale entre migrants, la transportant vers ce refuge cossu et rassurant que constitue son appartement parisien.

Outre ce profil notabiliaire, elle se distingue également par sa piété profonde qui lui fait parfois oublier les contingences matérielles. À l'instar de ces paysans dont elle critique par ailleurs l'entêtement à faire fi des échos des combats, elle s'affaire à préparer une « grand'messe » alors que la bataille fait rage à proximité et que les routes charrient déjà des flots de réfugiés :

> Le *Credo* est entonné par de mâles voix. Puis, c'est l'Élévation. Le silence, qui pèse étrangement, se ponctue du petit cri des hirondelles. Et, soudain, de l'éloignement arrive le grondement du canon. Ma voisine se penche vers moi. « Entendez-vous ? » murmure-t-elle. Si j'entends !... Mais voici la Communion[38].

Et Isabelle Rimbaud de se refondre dans le protocole liturgique, comme devenue subitement sourde et insensible aux échos de la guerre. Parvenue à Reims, elle brave à nouveau le danger des bombardements pour s'adonner régulièrement à son admiration mystique sans borne pour la cathédrale. Ainsi, autant que son identité de genre, son bagage culturel et ses

37. *Ibid.*, p. 34.
38. *Ibid.*, p. 21.

convictions personnelles orientent son comportement mais aussi son regard sur l'exode et sur l'attitude de ses contemporains, qu'elle juge avec une pointe de condescendance en pointant notamment 3 dérives répandues parmi le peuple des exilées. Elle s'insurge d'une part contre les rumeurs populaires qui aggravent l'angoisse légitime des femmes évacuées et suscitent une forme de grande peur irrationnelle semant partout panique et confusion. À l'évocation des actes de torture et de barbarie, des nourrissons exécutés dans les bras de leurs mères, des jeunes enfants aux oreilles et aux poignets coupés, de la Meuse charriant des cadavres sur lesquels on traversait à gué, elle se lamente de la crédulité des réfugiés des classes populaires prêtant foi à ces récits fantasmatiques[39]. Elle s'émeut par ailleurs de l'absence de solidarité des autochtones envers les migrants, notamment les Belges que les Ardennais n'aiment guère et qui passent rapidement sans que nul ne les secoure ni ne les questionne[40]. On retrouve dans ses lignes le sentiment cultivé par son amie Marguerite Yerta selon laquelle l'immense majorité des migrants eut, durant la guerre, à souffrir de la suspicion qui s'attache aux errants[41]. Elle déplore enfin le caractère clanique d'un exode où domine l'instinct égoïste de conservation. Aucune communauté ne lui paraît exister entre ces groupes d'individus :

> Ce sont, pour ainsi dire, des tribus venues chacune d'un endroit différent et qui, toutes, traînent avec elles leur fardeau particulier de détresse. On ne se parle pas, de l'une à l'autre tribu ; chacune a assez à faire de songer aux siens. Les souffrances de la route, les drames vécus ou redoutés ont retiré à ces malheureux tout goût de voisinage. [...] Les riches, possesseurs de voitures, n'offrent pas assistance aux pauvres qui iront à pied[42].

39. *Ibid.*, p. 33-34.
40. *Ibid.*, p. 32.
41. Marguerite Yerta, *op. cit.*, p. 20.
42. Isabelle Rimbaud, *op. cit.*, p. 107.

Isabelle Rimbaud parle d'expérience, elle dont le mari refusa « sympathiquement » la veille de secourir un instituteur et ses sept enfants, au prétexte du manque de place dans son véhicule. Rien ne viendra ralentir la progression de la tribu Rimbaud-Dufour vers Reims puis vers leur confortable résidence parisienne. Tout, dans son propos, dénote donc la disjonction sociale, éducative, intellectuelle, culturelle en somme, entre Isabelle Rimbaud et la masse des migrantes dont elle est mais dans laquelle elle ne se fond pas ni ne partage vraiment le sort précaire.

Ainsi le témoignage d'Isabelle Rimbaud nous offre-t-il ce regard ambivalent, rare et précieux tant les voix de femmes migrantes sont alors étouffées mais également décalé par son profil et son parcours de l'archétype de la femme réfugiée. Elle n'est d'ailleurs pas réfugiée *stricto sensu*. Car le réfugié n'existe pas juridiquement en août 1914. C'est la guerre et l'invasion imprévue qui imposent aux pouvoirs publics la création de 3 statuts juridiques : réfugiés, évacués et rapatriés. Ces gens deviennent ainsi juridiquement des ayants droit. Et Isabelle Rimbaud n'en est pas. Elle est, selon la sémantique improvisée par les observateurs, une migrante, une exilée, une déracinée, une errante.

Par ailleurs, si l'on ne peut lui dénier son expérience au seul prétexte qu'elle est une « notable », son exode à elle ne durera que vingt-cinq jours. Elle n'y aura jamais goûté les nuits sans toit, ni l'incertitude angoissante qui taraudent celles qui ignorent leur destination. Car le commun des centaines de milliers de migrantes est plutôt issu des classes populaires, et plus massivement du monde ouvrier. Il est parti sans rien, ou presque, vers nulle part, et devra s'accoutumer brutalement d'un déracinement tout à la fois géographique, sociologique et culturel. Bien accueillis dans l'optique d'un séjour que chacun s'imagine et souhaite le plus court possible, les émigrantes ne font, en ce 23 septembre 1914 qui voit Isabelle Rimbaud achever son expérience de l'exode en poussant la porte de son appartement parisien, qu'entrevoir leur chemin de croix. Naturellement, parce qu'elle n'a pas vécu cet « après-exode », elle ne nous dit rien du front du refus ni de l'exclusion que ces exilés subiront précocement, certains élus de l'arrière les qualifiant dès le mois d'octobre 1914 de « race d'évacués fainéants et exigeants ». Isabelle Rimbaud a migré mais n'a jamais eu à se poser cette question que tout réfugié affronte : « comment devenir autre tout en restant soi-même ? » On perçoit certes, sous sa plume, ces antipathies culturelles naissantes entre autochtones et migrants, qui seront l'un des ressorts de leur marginalisation. De fait, migrer n'est pas, en ce début de guerre, la résultante d'un choix mûri. L'exil est un impératif vital, précipité dans un climat d'urgence absolue mais d'emblée perçu comme transitoire. Il est vu comme une parenthèse que chacun souhaite abréger au plus vite, ce qui explique que nul ne cherche vraiment, les réfugiés pas plus que leurs hôtes, à faire un pas vers l'autre. Si quelques rares bonnes volontés, comme Louise Weiss, tenteront de nouer des relations interculturelles, la tendance ira vite davantage au repli sur soi qu'au vain défi du syncrétisme, comme le souligne bien Yves Lequin :

> Une vie difficile oblige à la défense. Tout étranger au groupe qui constitue le cadre social habituel [...] appartient à un monde inconnu, mystérieux. Il suscite crainte, mépris, souvent haine. Il est source de péril [...]. Il s'agit moins alors de le mettre à l'écart par des mesures brutales que de se retirer dans un monde clos dont on colmatera soigneusement les accès[43].

Cette confrontation et ce défi de l'intégration durable de ces cohortes très féminisées, nulle voix ne les a contés parmi les femmes réfugiées. Car celles qui écrivent sont, comme

43. Yves Lequin (dir.), *La mosaïque France. Histoire des étrangers et de l'immigration*, Larousse, 1988, p. 16.

chez les combattants[44], presque toujours issues des élites épargnées par les rigueurs de l'exode. Ces migrantes, pathétiques « épaves du grand naufrage[45] », restent invisibles, maintenant l'historien à distance. Les enquêtes orales ayant boudé la parole des civils, il faut alors creuser pour trouver le seul espace de parole qu'elles exploitent, celui des carnets, rarissimes, et surtout des courriers. Les seules bribes de cette parole féminine étouffée se trouvent toujours dissimulées, au tréfonds des archives, dans ces courriers dont la graphie et l'orthographe révèlent un des puissants ressorts du mutisme de ces migrantes, lesquelles bousculent pourtant leur complexe pour confier leur peine, leurs difficultés, leur précarité à des autorités qui font peu de cas de leurs doléances. Ce défi historiographique reste à relever.

En attendant, le témoignage d'Isabelle Rimbaud nous offre malgré tout un regard genré utile pour creuser la dynamique du départ et le rôle souvent moteur de la femme dans celle-ci. Il questionne l'émancipation féminine par l'exil mais ne nous dit rien de la temporalité de cet affranchissement des femmes du diktat de l'homme : la voix féminine ne pèse que la durée d'une parenthèse, d'un moment, d'une conjonction de facteurs qui ne résistera pas au retour des démobilisés. Mais au-delà de leur contribution, le témoignage d'Isabelle Rimbaud nous rappelle surtout que nous ne savons presque rien de ce que pouvaient intimement éprouver « celles d'en bas », dont le sort obscur ne nous est finalement connu que par un trou de serrure très subjectif qui aggrave encore davantage leur invisibilité.

44. Nicolas Mariot, *Tous unis dans les tranchées ? 1914-1918, les intellectuels rencontrent le peuple*, Paris, Éditions du Seuil, 2013.

45. Isabelle Rimbaud, *op. cit.*, p. 87.

« Composer avec le “silence profond des archives” : le cas des migrantes dans le Sud-Ouest pendant l’entre-deux-guerres »

Mathilde Bélaval

À partir de la fin de la Grande Guerre, de nombreux Européens émigrent vers la France jusqu’à la fin des années 1920. Ce phénomène s’explique par de nombreux facteurs. D’une part, le gouvernement français, face au déficit démographique et à l’impérieuse nécessité de reconstruire le pays, met rapidement en place des procédures pour favoriser l’immigration des Européens. Il est important de noter que les émigrants venant des territoires colonisés restent recrutés dans le cadre des procédures qui avaient été mises en place pendant la Grande Guerre et qu’ils ne sont pas considérés comme des étrangers mais comme des « sujets français ». La faible présence des femmes dans ce groupe s’explique par les discours et la politique « assimilationniste » qui ont exclu ces derniers d'une possible « intégration[1] » comme l'a démontré Abdellali Hajjat dans *Les frontières de l'identité nationale*. Ainsi, aucune procédure favorisant le regroupement de leurs familles n'a été encouragée, ce qui n'est pas le cas pour la plupart des Européens.

En 1917, le gouvernement instaure donc un système de cartes d'identité pour les étrangers venant travailler de manière à gérer les migrations. D'autre part, dans les pays d'origine des émigrants, des problèmes économiques ou de changement de régime poussent une partie de la population à émigrer. Bien que de nombreuses femmes aient émigré pendant cette période, elles n'apparaissent que depuis très peu de temps comme un objet d'étude. Les chercheuses Mirjana Morokvasic[2] ou encore Nancy Green[3] ont souligné que cette lacune tient à un problème d'ordre épistémologique. Toutes deux expliquent que l'étude des migrations, jusqu'au moment où elles ont écrit dans les années 2000, a été particulièrement axée sur la place des immigrés dans le monde du travail et que le concept de genre pourrait alors renouveler l'approche. Ainsi, en 2013, Linda Guerry publie sa thèse *Le genre de l'immigration et de la naturalisation* où elle s'intéresse à la politique d'immigration de l'entre-deux-guerres. Les migrantes ont été associées à la reproduction [sphère domestique] dans la construction des discours sur les émigrants :

> Le genre de l'immigration et de l'assimilation est bien marqué dans les discours, dessinant ainsi les contours des places respectives des hommes (le travail) et des femmes (la reproduction) au sein de la

1. « Socio-histoire du concept d'assimilation », Abdellali Hajjat, *Les frontières de l' « identité nationale » : l'injonction à l'assimilation en France métropolitaine et coloniale*, Paris, La Découverte, 2012, p. 27-57.
2. Mirjana Morokvasic, « Femmes et genre dans l'étude des migrations : un regard rétrospectif », *Les cahiers du CEDREF*, N° 16, 2008, p. 3356.
3. Nancy L. Green, *Repenser les migrations*, Paris, PUF, « Le nœud gordien », 2002.

nation et les enjeux nationaux de la mobilité selon le sexe des individus[4].

Il ne s'agit pas seulement de comprendre comment le genre peut déterminer des politiques d'immigration, mais également de replacer les femmes migrantes dans l'histoire globale des migrations et de retracer des parcours personnels. Et la tâche devient de plus en plus complexe du fait de ce que nomme Michelle Perrot le « silence profond des archives[5] ». En effet, la difficulté est que les femmes sont parfois invisibles dans les archives ou alors elles apparaissent sous le prisme d'une représentation. Ainsi, les dossiers de surveillance des étrangers doivent être lus avec vigilance car bien qu'ils retracent des histoires singulières parfois précises, le lecteur est aussi tributaire du regard de l'agent qui n'est pas exempt des représentations propres à son époque.

Quelques chiffres

	Espagnoles	Italiennes	Polonaises	Autres nationalités	Toutes
1926	45 %	44 %	37 %	36 %	41 %
1936	46 %	44 %	43 %	26 %	41 %

Tableau 1 : Part des femmes dans la population étrangère des anciennes régions Midi-Pyrénées et Aquitaine

Bien que les chiffres soient un facteur de classification, ils permettent néanmoins d'avoir un premier aperçu de l'ampleur du phénomène. Pour établir des statistiques, les documents de la Statistique Générale de la France[6] permettent d'avoir une

4. Linda Guerry, *Le genre de l'immigration et de la naturalisation : l'exemple de Marseille, 1918-1940*, Lyon, ENS éd, 2013, p. 79.
5. Perrot Michelle citée par Guerry Linda, *ibid.*
6. *Statistique Générale de la France, Résultats statistique du Recensement Général de la population* : effectué le 7 mars 1926, Tome III, Paris imprimerie nationale, 1931 ; *Statistique Générale de la France, Résultats statistique du*

idée du nombre de migrantes mais aussi du secteur d'activité dans lequel elles travaillent. Le tableau montre que les femmes représentent 41 % de la population émigrante du Sud-Ouest en 1926. Suivant les nationalités, le rapport homme-femme est plus ou moins important. Les Espagnoles sont les plus nombreuses. Par exemple, dans les Basses-Pyrénées, elles représentent 49 % de la population de même nationalité en 1936. Quant aux Polonaises, leur présence est en augmentation entre 1926 et 1936. Cela peut s'expliquer par le recrutement des domestiques de ferme qui se développe tout au long de la période mais aussi par les migrations internes de familles polonaises installées dans les mines du Nord de la France et qui ont déménagé dans le Sud-Ouest. Enfin, il s'agit aussi de démontrer que l'étude du travail productif des migrantes est tout aussi importante car elle renverse l'idée selon laquelle le recrutement de la main-d'œuvre étrangère pendant cette période était seulement réservé aux hommes.

Catégorisation des « mères de famille » ou des « indésirables »

Comme l'a remarqué Linda Guerry, la politique d'immigration de l'entre-deux-guerres se construit peu à peu sur une opposition entre les « mères au foyer » et celles qui ne le sont pas. Le contexte d'après-guerre où le déficit démographique entraîne une politique populationniste contribue à redéfinir le rôle social des femmes françaises ce qui affecte également les migrantes. Dans certains cas, il existe alors des mesures qui favorisent l'accueil des familles d'étrangers.

Dans le bassin minier tarnais, la Cité de Bruyères a été construite en 1920 sur les bases d'un ancien camp de prison-

Recensement Général de la population : effectué le 8 mars 1936, Tome III, Paris imprimerie nationale, 1941 [En ligne sur Gallica].

niers de guerre pour accueillir les familles des nouvelles recrues étrangères de la Société des mines de Carmaux (SMC). Elles étaient d'abord accueillies dans un petit camp (celui de l'Abeillé) et étaient ensuite envoyées dans les Bruyères car les logements étaient plus grands, puis Fontgrande qui était la cité la mieux aménagée. La demande de construction des cités ouvrières vient de différents acteurs, ayant tous des intérêts différents. Le Comité Central des Houillères de France (CCHF) encourage la construction des cités ouvrières et rappelle à la SMC son intérêt économique.

En effet, l'implantation des familles est un facteur de stabilité de la main-d'œuvre, car elle empêcherait le débauchage et ferait des ouvriers beaucoup plus épanouis et donc plus productifs. Il y a dans cet encouragement une sorte de vision utilitariste qui va s'appuyer sur le maintien de la sphère reproductive pour maintenir la production dans l'usine. Ainsi, tout au long des années 1920, des mesures sociales à la charge de l'entreprise sont mises en place dans cette cité ouvrière pour maintenir la reproduction. Cette politique paternaliste, bien qu'elle améliore grandement les conditions de vie des émigrantes et qu'elle soit aussi encouragée par le consulat de Pologne et par les émigrants polonais, a aussi l'effet de catégoriser les émigrantes et de les rendre plus dépendantes à la situation de leur époux.

Pour favoriser le bien-être des familles des émigrants et encourager la reproduction, une attention importante a été portée à la prise en charge médicale des grossesses. Il existait en effet des consultations prénatales mais aussi des consultations pour les nourrissons à la mairie de Saint-Benoît de Carmaux et à Fontgrande. Elles avaient accès à des conseils mais étaient aussi obligées d'être assidues car elles avaient droit à une prime de natalité pour chaque enfant à cette condition. Cependant, aux dires de la surintendante Mme Grisel, le service fonctionnait de manière aléatoire et paraissait parfois insuffisant[7]. Pour limiter l'exode rural, l'attention a également été portée sur les filles des émigrants. Les ateliers des « petits métiers » des Bruyères et de Fontgrande (où, dans ce dernier, 53 % des travailleuses sont nées à l'étranger[8]) visaient à proposer des travaux de tricotage. Voici ce qu'explique une brochure récapitulative des services sociaux proposés dans les cités ouvrières du bassin carmausin :

> ATELIERS des PETITS METIERS, occupant les jeunes filles à des travaux de bonneterie, de couture, etc... Elles peuvent ainsi, dans une région où a main-d'œuvre féminine trouve difficilement à s'employer, apporter leur modeste contribution au budget familial[9].

À l'opposé de ces mesures sociales visant à encourager le maintien de la structure familiale, il existe des procédures à l'encontre des « indésirables ». Aurélie Audeval a montré que la catégorisation des « indésirables » s'opère par des critères genrés[10]. Cette catégorisation, bien qu'aux marges du législatif, a des conséquences bien réelles comme le refoulement ou l'expulsion et à partir de 1938[11], l'internement ou l'assignation à résidence. Suite à la crise, elle concerne les étrangers qui ne sont plus « désirables » sur le plan économique. Ensuite, le terme est utilisé pour les nombreux réfugiés politiques pendant les années 1930. Concernant les femmes sujettes à un avis d'expulsion ou de refoulement, le fait de ne pas entrer dans la fonction sociale attendue de mère ou d'épouse ou d'avoir

7. Archives départementales du Tarn, Centre culturel de Carmaux désormais [AMC] SMC.0/220-225, dossier consultations de nourrissons (1932-1942), A. Grisel au directeur général, lettre datant du 13 décembre 1933.
8. [AMC] SMC.O/220-225 État du personnel, Atelier de Fontgrande.
9. [AMC] SMC.0/220-225 Service médico-social, p. 11.
10. Aurélie Audeval, « L'indésirable des années 1930 : une figure genrée », in *Figures de l'Étranger : quelles représentations pour quelles politiques ? Les Cahiers du Gisti*, Paris, 2013.
11. Maëlle Maugendre, *Les réfugiées espagnoles en France (1939-1942) : des femmes entre assujettissements et résistances*, Université Toulouse Le Mirail, 2013.

des « mœurs légères » est un facteur aggravant qui contribue également à définir la notion d'« indésirable ». « Dès lors, c'est par rapport à leur capacité à répondre à ce rôle social [de mère] que leur (in)désirabilité va être mesurée »[12]. Aurélie Audeval montre que les catégorisations sont complexes car chaque cas a sa propre logique et que les hommes aussi sont jugés « indésirables » sur des critères genrés.

À Hendaye, Josephina U., fille d'émigrants espagnols, est expulsée en 1926 car elle a été condamnée à 4 mois de prison pour complicité d'avortement. En effet, la loi du 30 juillet 1920 accroît la répression de l'avortement et interdit toutes formes d'écrits pouvant encourager à contrôler la natalité. Les dossiers de surveillance nous apprennent qu'elle est partie vivre chez sa tante lorsqu'elle avait 14 ans et qu'elle se serait « livrée à la prostitution ». Sa sexualité fait effectivement partie de l'enquête. Après avoir été expulsée, elle part travailler pendant sept ans au nord de Madrid pour ne revenir en France qu'en 1937 car le déclenchement de la Guerre civile encourage finalement la « clémence » des autorités françaises à son égard[13].

Des sources inégalement conservées pour l'histoire des ouvrières du textile

Originaires de petits villages aragonais et navarrais, les *Golondrinas* de l'industrie sandalière de Mauléon-Licharre étaient des émigrantes temporaires. Dès les années 1870, elles traversent chaque année la montagne pour aller travailler dans les usines de fabrication de sandales à Mauléon-Licharre. Cette pratique de l'émigration temporaire se poursuit jusqu'à

12. Aurélie Audeval, *ibid.*
13. Mathilde Bélaval, « Parcours de migrantes dans le Sud-Ouest pendant l'entre-deux-guerres » dans Laurent Dornel, *Passages et frontières en Aquitaine. Expériences migratoires & lieux de transit*, Pau, Presses universitaires de Pau et des pays de l'Adour, coll. « Cultures, arts et sociétés », 2018, p. 307-327.

la Deuxième Guerre mondiale après avoir été freinée par la crise de 1930. Selon Marie Baulny-Cadilhac, ces jeunes travailleuses qui venaient de petits villages où il y avait très peu d'opportunités préféraient partir travailler à l'usine plutôt que de se placer dans une maison bourgeoise dans une grande ville[14]. Les femmes venaient en groupe de leurs petits villages en traversant à pied la frontière pyrénéenne, guidées par l'une d'entre elles[15]. Arrivées à Mauléon, elles occupaient souvent des « réduits, soupentes, combles et mansardes » et « [partageaient] la même soupe, le même matelas. [...] sous les toits, il y [avait] la chambre des Espagnoles retenue chaque année pour telle date[16] ». À leur retour, voici comment José Antonio Pérales les décrit : « Filles de bergers, de forestiers et de conducteurs de bois de flottage, ces jeunes filles d'origine humble, revenaient de France habillées à la dernière mode urbaine d'alors[17] ». La mémoire de ces dernières ayant été relativement bien conservée, il existe aujourd'hui des témoignages consultables aux archives de Bayonne et de Pau en langue basque et espagnole[18].

Dans les industries textiles du Tarn ou de l'Ariège, il y avait également des émigrantes mais il y a très peu d'archives qui ont été conservées à leur sujet et retracer leur histoire devient donc plus difficile. Heureusement, un travail de recueil de témoignages a été fait par les archives départementales du

14. Marie Baulny-Cadilhac, « Le chemin des hirondelles : Quand les jeunes navarraises et Aragonaises émigrent en Soule (1880-1930) », *op. cit.*

15. « Les modalités de l'immigration avant la guerre de 1914 », dans Viers George, *Mauléon-Licharre, la population et l'industrie*, Bordeaux, éditions Bière, 1961 p. 57-62.

16. Marie Baulny-Cadilhac, « Le chemin des hirondelles : Quand les jeunes navarraises et Aragonaises émigrent en Soule (1880-1930) », *art. cit.*, p. 364.

17. Jose Antonio Perales, « Le voyage des Hirondelles navarraises et aragonaises en Soule », dans Laurent Dornel, *Passages et frontières en Aquitaine. Expériences migratoires & lieux de transit*, *op. cit.*, 2018, p. 339-256.

18. 17 AV, Archives départementales de Bayonne.

Tarn de manière à retracer l'histoire de l'industrie textile à Labastide-Rouairoux. Parmi ces témoignages, il y a celui de Rose Sampedro et de ses enfants. Elle est née en 1900 en Espagne à Saragosse et est arrivée en France, avec sa mère, en 1922 pour y travailler. Elle était la plus jeune d'une famille composée de 13 enfants. Elle a commencé à travailler à 14 ans à Barcelone en tant que servante puis est revenue à Saragosse à l'âge de 20 ans pour ensuite émigrer en France à cause de sa condition très précaire. À Labastide-Rouairoux, elle était bobineuse, elle a aussi travaillé dans la draperie, puis a été retordeuse. Ses enfants racontent qu'elle a « trimé » car elle travaillait énormément à l'usine mais devait également s'occuper d'eux à la suite de la mort de sa mère. Par ailleurs, son fils aîné, qui avait quatorze ans au moment de la mort de sa grand-mère, dit que « c'est là qu'elle a commencé d'un côté à trimer »[19]. Rose Sampedro semblait donc être en constante activité, que ce soit à l'usine ou chez elle : « Elle prenait un croûton de bon pain, et elle n'avait pas le temps de... »[20].

Les femmes dans l'agriculture

En Aveyron, la plupart des agriculteurs étrangers étaient des ouvriers agricoles. Selon une enquête demandée par le consulat de Pologne au préfet en 1934, des ouvrières agricoles polonaises y seraient au nombre de 412 à cette date et représenteraient 37 % des ouvriers agricoles polonais dans le département[21]. Elles y étaient donc bonnes de ferme, comme dans les départements de l'Indre-Et-Loire ou de Meurthe-et-Mo-

19. Archives départementales du Tarn désormais [AD 81] 2367 W 17.
20. [AD 81] 2367 W 17.
21. Archives départementales de l'Aveyron désormais [AD 12] 4 M 357, Lettre du préfet du 30 mai 1934.

selle sur lesquels des travaux ont déjà été faits[22]. Avec moins d'ampleur, mais tout de même présentes, des bonnes de ferme serbes, croates et slovènes (Yougoslavie) ou encore tchèques et slovaques (Tchécoslovaquie) ont été recrutées mais plus tardivement. Ces ouvrières arrivaient souvent par des parcours organisés par les offices de placement de leur pays d'origine et par les autorités françaises. Comme de nombreux travailleurs slaves, elles arrivaient dans un bureau placé à la frontière (il s'agissait souvent de Toul) où on leur faisait des papiers et étaient ensuite envoyées sur le lieu où elles étaient embauchées.

Arrivées sur le lieu de travail, comme ont pu le remarquer les auteurs précédemment cités pour les cas de la Touraine, certaines ont pu être victimes de violences diverses. Elles étaient exploitées car on leur demandait plus de travail que ce qui était légal, d'autres ont aussi été victimes d'abus sexuels comme la Yougoslave Tonka L. L'affaire commence par un signalement de son nouvel employeur qui relate que Tonka L. serait enceinte de son ancien patron. Ayant aussi appris son mariage, elle serait tombée « dans un état de dépression mentale »[23]. La lecture des procès-verbaux montre qu'elle n'était pas enceinte et laisse penser qu'elle s'en serait convaincue de manière à pouvoir prouver l'abus dont elle avait été victime[24]. En effet, les accusations d'abus divers semblent difficiles à

22. Sylvie Aprile, Maryla Laurent et Janine Ponty, *Polonaises aux champs : lettres de femmes immigrées dans les campagnes françaises (1930-1935)*, Paris, Numilog, 2015 ; Monika Salmon-Siama, « Des gardiennes de l'identité aux "migrantes autonomes", les trajectoires diverses des Polonaises en France dans l'entre-deux-guerres », *Migrance* n° 42/2014 : « Les Femmes de l'immigration XIX-XXe siècles », p. 107-120 ; Philippe Christol, « L'immigration polonaise entre 1920 et 1939 : des femmes dans l'agriculture — le cas de la Touraine », *ibid.*, 2013.

23. [AD 12] 10 M 72 Main-d'œuvre étrangère, contentieux, réclamations, Lettre du Ministre du travail au Préfet de l'Aveyron datant du 17 mai 1938.

24. *Idem*, Procès-verbal du 2 juin 1938, Brigade de Cassagnes.

faire valoir. Les trois cas d'accusation de violences physiques ou sexuelles retrouvées dans les dossiers de réclamations sont classés sans suite au prétexte d'un supposé « déséquilibre mental[25] » de la victime.

D'autres ouvrières arrivaient aussi à vivre décemment. La Polonaise Ana, par exemple, arrivait à se créer des espaces de liberté. Voici comment la décrit son employeur dans une lettre de réclamation :

> Le dimanche on lui dit de venir avec nous à la messe de 8 heures ½ Elle refuse, encore. J'yrai [*sic*] à la messe de 11 heures sa [*sic*] me fait plaisir. Pourquoi !... Sans doute pour être plus libre, ou pour nous faire souffrir car elle fait tout le contraire de ce qu'on lui commande. Elle refuse de faire cuire le fourneau le dimanche matin pour les soins des cochons soit disant [*sic*] que patronne peut le faire[26].

Les règles à suivre par les domestiques de ferme varient suivant les régions. Ici, le directeur des services agricoles a effectivement convié le patron à lui accorder un jour de repos par semaine. Cette Ana, qui semblait agacer son patron pour son manque de docilité avait aussi la chance d'être avec son frère et un groupe de Polonais. Ainsi, ces expériences migratoires pouvaient également être une réussite pour ces étrangères qui arrivaient à trouver peu à peu leur indépendance.

Toujours dans l'agriculture, mais cette fois-ci du côté des exploitantes, elles sont également nombreuses à avoir quitté leur pays d'origine pour s'installer en France. En Italie, ce sont des problèmes économiques qui poussent une partie de la population à émigrer et l'avènement du gouvernement de Mussolini s'est ajouté plus tard aux raisons des départs des émigrants. Laure Teulières, qui a publié sa thèse *Immigrés*

25. *Idem*, Lettre du maire de Comps-Lagranville au Préfet, datant du 8 juin 1938.
26. [AD 12] 10 M 72, Lettre de Honoré L. datant du 2 février 1939 au Directeur (de l'ODP ?).

d'Italie et paysans de France[27], explique que les deux motivations de départs sont effectivement imbriquées et qu'il est souvent difficile de discerner exil politique et émigration économique. Dans le cas des Italiens, l'émigration est aussi une pratique déjà courante avant la fin de la Grande Guerre. L'Italienne Maria Boselli Rivoltella, dans son recueil de mémoires *Pour vous mes enfants*, explique qu'elle est née au Brésil où ses parents avaient émigré avant de revenir vivre en Italie. Ce type de recueil, écrit à la première personne, constitue l'un des rares témoignages directs des actrices de la migration. Elle est arrivée en 1924 dans le Lot-et-Garonne après que son mari a déjà fait un aller-retour en France pour acheter une propriété, et avec l'aide de son frère déjà installé. Elle s'était mariée en Italie et vivait dans sa belle-famille mais qu'il y avait très peu de travail et que les relations étaient très mauvaises avec cette famille. Ils sont donc partis en France et elle raconte la longue installation dans une ferme en friche et l'évolution de sa famille. Ils ont petit à petit tout refait et voici comment elle explique leur expérience :

> Nous nous sommes donné la main, l'un l'autre, et avec beaucoup de volonté et de force, à cultiver cette terre étrangère à force de travail et d'efforts[28].

Elle loue souvent le travail de son mari et parle beaucoup de ses enfants pour lesquels elle voulait un avenir meilleur que le sien. Elle se souvient par exemple du don de vieux vêtements de l'une de leurs voisines, Adrienne, qui lui avait permis d'offrir de beaux habits à ses filles :

> Je me suis tout de suite mise à coudre patiemment de belles petites robes, tout à la main. J'étais fière et contente du travail fait. Et vous

27. Laure Teulières, *Immigrés d□Italie et paysans de France : 1920-1944*, Toulouse, Presses universitaires du Mirail, « Tempus », 2003.
28. Maria Boselli Rivoltella, *Pour vous mes enfants*, Toulouse, Editalie, 2009, p. 31.

> ne pouvez pas imaginer ma consolation en voyant les filles bien habillées[29].

Ce que montre aussi ce passage est que les femmes participaient grandement à l'économie de l'exploitation familiale par de nombreux travaux comme ceux-ci[30]. Les mères de Julia Sadowska née Kiatkowska et Julie Massol née Politowicz — descendantes de Polonais et qui ont accepté de témoigner en juin 2018 — faisaient également ce travail de rafistolage et bien plus encore. Elles s'occupaient également des volières, ce qui pouvait constituer une lourde charge de travail pour ces dernières :

> Elle posait les œufs, de dinde, de poulet, de canard. Ça dépendait… Il y a en avait trente, quarante poules qui couvaient. Et après il fallait lever. Et elle avait du travail ![31].

L'histoire de leurs familles respectives montre enfin que les parcours des émigrantes n'étaient pas linéaires. La mère de Julia Sadowska, Janine, est arrivée jeune en France et avec ses parents qui ont déménagé du Nord de la France pour le Sud-Ouest. À son adolescence, elle est partie travailler à Toulouse comme cuisinière dans une famille bourgeoise et a rencontré son futur mari, Polonais aussi, qui travaillait dans une fabrique de matelas. Ils ont ensuite décidé de s'installer comme métayer puis fermier dans la campagne audoise puis tarnaise. Quant à la mère de Julie Massol, Michalina, elle est partie de Pologne avec son mari et ses premiers enfants (elle en aura 11 au total) pour travailler dans les mines du Nord de la France. En connaissant peu à peu les risques auxquels était

29. *Ibid.*, p. 32.
30. Magali Ceroni, « Émigrantes dans les campagnes du Sud-Ouest », Laure Teulières, *Italiens, 150 ans d'émigration en France et ailleurs, 1861-2011*, Toulouse, Editalie, 2017, p. 361-367.
31. Mathilde Bélaval, *« Elle a trimé ma mère ! » : les femmes migrantes dans le Sud-Ouest pendant l'entre-deux-guerres et le genre dans les politiques d'immigration*, mémoire de master, UT2J, 2018, p. 291.

exposé son mari, elle a insisté pour qu'ils viennent s'installer dans une métairie dans le Sud de la France.

Finalement, malgré l'étude d'un sujet éloigné dans le temps, il reste possible d'écrire l'histoire des migrantes de l'entre-deux-guerres à condition de multiplier les sources d'information. Les anciennes exploitantes agricoles sont certainement celles dont un plus grand nombre de témoignages directs ont été conservés, que ce soit par la publication d'un livre ou par des entretiens réalisés par des étudiants ou des chercheurs[32]. Suivant les profils des migrantes, les sources conservées sont alors différentes. Les Polonaises ayant émigré vers les cités ouvrières du bassin carmausin apparaissent sous le prisme des politiques de regroupement des familles et il semble que très peu de témoignages directs, si ce n'est dans les familles de ces dernières, aient été conservés. Ce travail demande donc de multiplier les approches en imbriquant à la fois un travail sur les politiques d'immigration et un travail de recherche sur des parcours singuliers qui se trouvent dans les témoignages mais aussi dans les archives.

Université Toulouse Jean Jaurès

32. Voir aussi les témoignages dans Rouch Monique, Brisou Catherine et Maltone Carmela, *« Comprar un prà » : des paysans italiens disent l'émigration*, Talence, Maison des sciences de l'Homme d'Aquitaine, 1989.

« Culture française, exil et émancipation de femmes juives d'Afrique du Nord à travers l'œuvre de Marlène Amar et Paule Darmon »

Élisabeth Schulz

Entre l'époque postcoloniale et aujourd'hui, au moins un tiers de la production littéraire judéo-maghrébine, écrite en langue française, est rédigé par des femmes[1]. Contrairement à leurs homologues masculins dont l'écriture est plutôt marquée par la nostalgie du passé, l'écriture de ces femmes a nettement tendance à être critique, voire acerbe quand il s'agit de décrire leur passé dans les communautés juives d'Afrique du nord. Sous leur plume, l'accent est mis sur le rapport de domination entre hommes/femmes ou entre parents/enfants. D'ailleurs, Ewa Tartakowsky constate que « la critique de la famille juive maghrébine comme patriarcale n'est présente que dans les récits et romans de femmes, alors qu'elle est quasi-absente des écrits des hommes écrivains d'origine judéo-maghré-

1. Ewa Tartakowsky, *Les Juifs et le Maghreb. Fonctions sociales d'une littérature d'exil*, Tours, Presses universitaires François Rabelais, 2016, p. 200.

bine, portés davantage par des remémorations nostalgiques des réalités familiales[2] ». En effet, au XIXe et jusqu'à la moitié du XXe siècle, dans les communautés judéo-maghrébines, les femmes sont subordonnées à l'autorité des hommes. C'est dans ce contexte que la colonisation puis l'exil apparaissent, dans le regard rétrospectif des écrivaines, comme des facteurs ayant participé à leur émancipation. Il s'agira pour nous de comprendre quel type d'émancipation a pu être amorcé et d'en cerner les limites éventuelles.

Nous présenterons l'histoire de l'émancipation des femmes juives en Afrique du Nord au sein d'une société patriarcale. Nous aurons ainsi les éléments nécessaires pour appréhender les autofictions de Marlène Amar, *La femme sans tête* (1993) et *Des gens Infréquentables* (1996) et de Paule Darmon, *Baisse les yeux Sarah* (1980). Nous mettrons en évidence une tension interne chez les narratrices où leurs représentations du monde, c'est-à-dire « leurs croyances » s'opposent à leur désir d'émancipation. Nous montrerons de quelles manières, en exil, elles reproduisent inconsciemment un microcosme de leur statut passé. Enfin, nous verrons que leur travail d'écriture constitue un outil thérapeutique. Au-delà du travail sur soi, le processus d'émancipation s'opère-t-il réellement ?

Amorce du processus d'émancipation des femmes judéo-maghrébines

La colonisation a suscité un « durcissement de la tradition dans la communauté musulmane[3] ». Ainsi, les terrasses sont interdites aux femmes algéroises après l'arrivée des Français. « La colonisation n'a pas toujours été émancipatrice pour la femme, d'autant que la France "libératrice" est aussi celle qui

2. *Ibid.*, p. 215.
3. *Ibid.*, p. 211.

lui interdit le droit de vote et exalte un modèle bourgeois et conservateur[4] ». Il en est tout autrement pour les femmes juives d'Afrique du Nord. Dans un premier temps, de manière générale, alors que les masses juives restent plutôt indifférentes, les élites juives accueillent les colonisateurs comme des libérateurs : elles espèrent que leur communauté soit affranchie du statut inférieur de *dhimmi* afin que leur situation s'améliore. De nombreuses communautés juives vivent dans la misère au sein de ghettos. Leur espoir semble être justifié par l'émancipation des Juifs de France en 1791 puis plus tard, par celle des Juifs d'Algérie suite au décret Crémieux qui leur accorde la citoyenneté française le 24 octobre 1870. Dans ce contexte, le réseau des écoles de l'Alliance Israélite Française (AIU) se développe en Algérie, Bulgarie, Égypte, Grèce, Iran, Irak, Israël, Liban, Lybie, Maroc, Syrie, Tunisie, Turquie et en ex-Yougoslavie[5]. Les dirigeants de l'Alliance souhaitent permettre à ces communautés d'accéder à une acculturation française source selon d'eux, d'émancipation. C'est ainsi que l'instruction des communautés juives devient le cheval de bataille de l'Alliance. Pour avoir une idée de son développement, rappelons qu'entre 1865 et 1939, le nombre d'élèves passe de 680 à 47 746[6].

Le 25 mai 1865, Adolphe Crémieux, alors président de l'Alliance, défend une idée révolutionnaire à cette époque : permettre aux filles des communautés judéo-orientales d'aller à l'école. Il arrive à convaincre les actionnaires et c'est ainsi que, par exemple, en 1908, on compte 19 écoles pour filles pour 23 écoles pour les garçons. Six ans plus tard, on compte

4. *Ibid.*, p. 211.
5. Aaron Rodrigue, *De l'instruction à l'émancipation : les enseignants de l'Alliance israélite universelle et les Juifs d'Orient 1860-1939*, Paris, Calmann-Levy, 1989, p. 17.
6. *Ibid.*, p. 17.

85 écoles de filles pour 98 écoles de garçons[7]. L'éducation des garçons vise plus l'insertion professionnelle que celle des filles. En effet, l'objectif concernant les filles n'est pas qu'elles possèdent un métier en sortant de l'école mais plutôt de leur permettre de devenir de bonnes épouses et de bonnes mères de famille[8].

Un des enjeux de l'Alliance est également « de sauver les jeunes élèves de la prostitution, de l'esclavage domestique, ou d'un mariage précoce[9] ». L'instruction constitue alors un vecteur d'émancipation car « la condition servile à laquelle la plupart était réduite, était violemment dénoncée par les instituteurs, et plus encore par les institutrices qui avaient elles-mêmes échappé à cette vie étouffante[10] ». Une institutrice déclare d'ailleurs à propos des femmes de Fez : « C'est l'homme qui est ici le maître et son despotisme revêt à l'égard de la femme les apparences les plus dures. La femme est l'esclave qui doit obéissance passive à son seigneur et maitre[11] ». Mais pour les filles qui vont à l'école, le combat qui s'engage malgré elles est difficile. Mme Dj. Douec rapporte le cas d'une jeune élève retirée brutalement de l'école pour être mariée. La belle-famille la méprise parce qu'ayant étudié, elle ne pourra plus devenir « une bonne ménagère[12] ». Mais l'institutrice croit que l'effort de ces filles portera des fruits pour les générations futures.

7. Francès Malino, André Kaspi, André, (dir.), *Histoire de l'Alliance israélite universelle : de 1860 à nos jours*, Paris, Armand Colin, 2010, p. 266.
8. Aaron Rodrigue, *op. cit.*, p. 82 et Francès Malino, *op. cit.*, p. 293.
9. Francès Malino, *op. cit.*, p. 266.
10. Aaron Rodrigue, *op. cit.*, p. 82.
11. Lettre de Mme N. Benchimol, dans Archives de l'AIU, France XIV, F, p. 25, in Aaron Rodrigue, *op. cit.,* p. 83.
12. Lettre de Mme Dj Douec, dans Archives de l'AIU, Irak, I, C, 2, in Aaron Rodrigue, *op. cit.,* p. 87.

Dans les années 50 et 60, la décolonisation, la montée des mouvements nationalistes arabo-musulmans et la création de l'État d'Israël vont entraînent l'exil de la quasi-totalité des communautés juives issues des pays de l'islam. Le choc de la rupture s'accompagne d'un bouleversement de l'ordre patriarcal aggravé par la dissolution de la communauté juive et de la famille élargie. « Le départ des Juifs des pays d'islam qui suit les mouvements nationalistes et la décolonisation représente pour les Juives, à de nombreux égards, le passage d'un monde aux structures patriarcales à un autre dans lequel l'état des droits des femmes est nettement plus avancé. Écrire, pour elles, revient à témoigner de ce changement des codes de fonctionnements sociaux[13] ».

Reproduction d'un modèle passé

L'exil : lieu d'apprentissage d'une nouvelle subordination

Dans *La femme sans tête* de Marlène Amar, la narratrice décrit la transformation de sa sœur après l'exil de sa famille juive d'Algérie en France. La sœur a recours à la chirurgie esthétique, de manière compulsive, pour correspondre à ce qu'elle considère être « le » modèle de beauté occidentale : la femme filiforme, blonde aux yeux bleus. La narratrice explique alors comment sa sœur s'acharne, en fait, à s'amputer d'elle-même, de son identité aussi bien physique que psychique. Elle refoule sa nature exubérante et joyeuse pour se faire discrète et sombre. Elle atténue ses traits typés car ils révèlent l'Orient en elle. Marlène Amar dresse le portrait de femmes marquées par la transformation liée à l'exil en France dans *Des gens infréquentables*. Elle met l'accent sur la mère de la narratrice et ses

13. Ewa Tartakowsky, *op. cit.*, p. 215.

trois tantes. Les quatre sœurs ont grandi près de Béchar, dans un milieu social élevé. Elles ont été fiancées, selon la coutume, à l'âge de cinq ans et ont dû quitter l'école à quinze ans pour être mariées. Seule la mère de la narratrice a « osé demander le divorce[14] » et s'est remariée plus tard avec un homme qu'elle a choisi. Malgré tout, les quatre sœurs sont décrites avant l'exil comme étant joyeuses, inséparables et dynamiques. Loin d'être intimidées, elles marchandent les prix et se déplacent librement. Mais après l'exil, incapables de s'acculturer à la société française, elles s'éloignent les unes des autres, se replient sur elles-mêmes, et tombent en dépression.

L'écrivaine effectue alors un parallèle entre la mère et la grand-mère de la narratrice. La grand-mère est décrite comme quelqu'un :

> « qui n'aimait pas le luxe, l'ostentation. Elle allait peu en ville. Chez elle, on ne la voyait pas davantage [...] ». La mère en a parlé « une fois ou deux. Elle ne m'en a presque rien dit, comme s'il n'y avait rien à dire. Elle l'a décrite comme quelqu'un de bon, d'effacé, d'une discrétion hors du commun. Sur sa vie, elle était devenue aveugle »[15].

Contre toute attente, avec les années le portrait de la mère se rapproche de celui de la grand-mère. En effet, peu de temps après leur arrivée en France, la mère est victime d'une agression raciste qui constitue alors le facteur déclencheur de sa dépression : « Les images que j'ai d'elle après sont empreintes d'ombre. Ma mère se cache, rentre en elle, se replie. Silhouette figée. Les yeux sont las. Rougis[16] ». Mais son malaise va plus loin :

> Elle a peur de tout à présent. Elle a peur de sortir dans la rue, de demander son chemin, de prendre le métro. Elle a peur de se perdre, d'ouvrir la porte quand on sonne, de prendre l'ascenseur, de croiser quelqu'un dans l'escalier, [...]. Tout a été englouti. Elle ne reconnaît

14. Marlène Amar, *Des gens, op. cit.*, p. 59.
15. *Ibid.*, p. 59.
16. *Ibid.*, p. 90.

> rien [...]. C'est ainsi qu'elle marche le dos voûté, s'enfonçant « dans le silence »[17].

Après la mort de sa sœur Sultana, la mère s'isole davantage et sa description ressemble plus que jamais à celle de la grand-mère : « Peu à peu, elle a vu de moins en moins bien. Une façon peut-être de "se voiler la face". Comme les femmes le faisaient en Orient[18] ». Le corps de la mère se tasse (ce qui rappelle la sœur dans *La femme sans tête*) comme s'il voulait prendre moins de place. L'attitude des quatre sœurs en France s'oppose à ce qu'elles étaient en Algérie :

> Elles menaient désormais dans l'exil la même existence que leur mère jadis, hantée comme elle par la crainte de se faire remarquer. « Chut », nous disaient-elles sans cesse lorsque nous nous promenions ensemble dans Paris. Ici, elles avaient appris à parler bas, à se faire toutes petites. Jamais nous ne les entendions élever la voix ou se plaindre[19].

Marlène Amar va à l'encontre de l'idée souvent répandue d'un exil porteur d'émancipation. « L'exil n'est pas seulement l'apprentissage d'un nouveau territoire, c'est aussi celui de la soumission, de la subordination. Une sorte d'obligation de réserve[20] ». Si l'acculturation française représente un vecteur d'émancipation pour les femmes, nous voyons donc que pour ces femmes, l'exil n'est pas toujours accompagné d'émancipation personnelle, notamment pour la génération des mères, qui restent au foyer et n'ont pas de métier leur permettant d'étendre leur réseau de relations sociales. N'ayant pas été à l'école ou très peu, ayant été structurées dans un cadre patriarcal, l'effondrement de leurs cadres marque leur propre effondrement. Ainsi, la mère n'a pas suivi le chemin de sa propre mère car elle a commencé à s'émanciper des modèles

17. *Ibid.*, p. 90.
18. *Ibid.*, p. 133.
19. *Ibid.*, p. 105.
20. Marlène Amar, *La femme...*, *op. cit.*, p. 80.

traditionnels passés (via notamment l'instruction) puis l'exil l'a rendue captive psychologiquement et socialement.

Croyances et désirs en conflit

Les narratrices de *Baisse les yeux Sarah* et *Des gens infréquentables* rejettent le modèle maternel mais elles l'intériorisent paradoxalement. En effet, elles évoquent le mépris qu'elles ressentaient plus jeunes vis-à-vis de leur mère qui subissait passivement la domination masculine de leur mari. Or, ces narratrices ont grandi dans le même contexte social que leur mère. C'est ainsi que leur regard est pétri par un certain nombre de croyances qui font partie de leur identité et qu'elles n'ont pas « abandonné » derrière elles en s'exilant. En d'autres termes, si les protagonistes, des femmes judéo-maghrébines exilées en France, se voient « libérées » d'un type de système patriarcal, paradoxalement elles ont intériorisé ce système et continuent d'intérioriser la domination de l'homme sur elles. C'est le principe de l'intériorisation de la domination du colonisateur par le colonisé[21].

Femme : Tais-toi !

Dans *La femme sans tête*, la famille a quitté brusquement Béchar-Colomb pour la France. Non seulement, il n'est non plus question de parler du passé en Algérie mais les enfants cherchent à correspondre à ce que le père croit être le modèle incontournable pour que sa famille s'intègre au mieux dans la société française. La mère et les enfants finissent par s'amputer d'une part de leur identité : ils rejettent leur nature chaleureuse, tactile et bavarde. Le silence imposé par le père entraîne

21. Albert Memmi, *Portrait du colonisé. Portrait du colonisateur*, Paris, Gallimard, 1995.

une rectitude des corps et une distanciation entre les membres de la famille :

> Chez nous, il y a eu comme une raideur qui s'est installée après l'exil. On s'embrasse du bout des lèvres ; on ne se dit jamais de mots gentils ; on n'exprime jamais rien de tendre. Chacun reste à sa place ; dans son coin. Il n'y a pas d'épanchement, pas d'inclinaison des corps. Beaucoup de silences, jamais de claque dans le dos, jamais d'approbation[22].

Les femmes qui ont besoin de parler et d'avoir des relations sociales pour se reconstruire souffrent particulièrement de ce silence[23]. Le second roman *Des gens infréquentables* témoigne des conséquences de cette dislocation relationnelle. Dans *Baisse les yeux Sarah*, le silence est également imposé à la femme et à l'enfant. Ainsi, alors que la narratrice se demande « Pourquoi étais-je paralysée au point de n'en rien dire ? », elle finit par trouver la réponse, au cours de son introspection qui passe par le travail d'écriture : « on m'avait bien appris à parler. Pas à dire[24] ». Toutefois, elle n'est pas résignée ; sa résistance devant son père consiste à ne pas baisser les yeux. Avec son mari, il en sera tout autrement.

Le mariage comme reproduction des statuts passés

Les romans *Des gens infréquentables* et *Baisse les yeux Sarah* offrent deux exemples de relation de couple dysfonctionnelle. Dans le roman de Paule Darmon, Sarah ne développe pas une relation « d'adulte à adulte » avec son mari. Au contraire, elle reproduit dans son couple son statut passé « mari/adulte » et « femme/enfant ». En effet, elle a avec son mari la même position qu'avec son père : celle de l'enfant. En d'autres termes, elle passe de l'autorité de son père à celle de son conjoint. Ses

22. Marlène Amar, *La femme...*, *op. cit.*, p. 49.
23. Louann Brizendine, *Les secrets du cerveau féminin*, Paris, Grasset & Fasquelles, 2008.
24. Paule Darmon, *op. cit.*, p. 187.

espérances de jeune adulte s'effondrent puisqu'elle se sent coupable de sa situation : « J'avais construit moi-même la cage qui me protégeait de l'extérieur et de ses dangers, qui me retenait prisonnière[25] ». Sarah est convaincue que son père la méprise : « Il avait trouvé plus fort que lui en matière de souverain et il me regardait avec un ravissement non feint et une lueur interrogative dans le regard "mais où as-tu déniché un énergumène pareil ?"[26] ». Avant de se marier, Sarah cherche à se démarquer du modèle maternel pour construire sa propre identité.

> La petite juive marocaine, en se donnant un métier s'est libérée de la soumission aveugle à laquelle, elle était prédestinée. Mais par sa propre volonté et l'héritage de son éducation, elle a placé et maintenu mon père sur un piédestal du dieu humain [...] il ne lui venait pas à l'idée qu'elle pouvait être aussi respectable que lui[27].

Sarah décrit sa mère comme « appartenant » à son père : « je n'avais pas devant mes yeux ma mère, mais l'épouse de mon père [...][28] ». Mais, en se révoltant contre sa mère, Sarah désire paradoxalement la défendre : « c'est l'homme que je vise, c'est le mâle qui l'a asservie et diminuée, qui a tracé sa voie[29] ». Or, alors qu'elle décrivait sa mère comme une servante devant son seigneur, Sarah fait le constat qu'elle est devenue à son tour une « épouse/enfant » mais qu'elle n'est pas aimée :

> Pouvais-je avouer à mon père que [...] je faisais tout de même mon devoir d'épouse deux fois par semaine, que je n'avais pas changé de statut, que j'étais toujours une petite fille rétive, difficile et coupable devant son papa, et que ce nouveau papa avait par-dessus le marché des exigences sexuelles[30].

25. *Ibid.*, p. 205.
26. *Ibid.*, p. 215.
27. *Ibid.*, p. 30.
28. *Ibid.*, p. 29.
29. *Ibid.*, p. 30.
30. Paule Darmon, *op. cit.*, p. 195.

L'émancipation de la femme par le biais de l'écriture

Libérer la charge accusatrice

À travers la projection dans une narratrice homodiégétique, l'écriture de Marlène Amar et Paule Darmon est utilisée comme un outil permettant un changement émotionnel d'avoir lieu. En effet, comme le souligne Danielle Dahan-Feucht, entre les deux romans d'Amar, « la levée du silence sur la mémoire d'une famille judéo-algérienne a bel et bien eu lieu[31] ». De plus, le lecteur constate une évolution entre le début *Des Gens infréquentables* qui s'ouvre sur une scène de séparation brutale (le départ précipité de Béchar) et la fin du roman qui s'achève (à Paris) sur la narratrice apaisée qui sourit aux passants. Dans l'ouvrage de Paule Darmon, on perçoit le processus d'émancipation de la protagoniste qui à travers la démarche d'écriture sur son parcours depuis le Maroc jusqu'en France, se réapproprie la parole et son corps. La fin du livre nous livre la raison de ce travail d'écriture : l'amant de la narratrice la coupe alors qu'elle veut parler et il n'écoute pas le désir qu'elle cherche à exprimer... Le livre est alors l'histoire de ce « mais » qu'elle a balbutié mais qui a été interrompu. Le premier « travail » de l'auteure est donc de rompre son propre silence en utilisant l'autofiction. Marlène Amar qui se projette dans son personnage, écrit : « Nostalgie qu'on a tant fait pour étouffer, ensevelie sous le silence, et qui resurgit, comme une ironie du sort, quelque trente ans après. Intacte[32] ».

31. Danielle Dahan-Feucht, « Marlène Amar : Du silence à l'expression revendiquée d'une mémoire », p. 61-75 ; Guy Dugas et Sonia Zlitni Fitouri (dir.), *Nouvelles expressions judéo-maghrébines. Expressions maghrébines*, vol. 13, N° 2, hiver 2014, p. 74.

32. Marlène Amar, *La femme...*, *op. cit.*, p. 97.

Contrainte au silence, il est difficile pour la narratrice de formuler sa pensée à voix haute : « Écrire m'est plus facile »[33] :

> Il m'a fallu entreprendre ce récit pour comprendre. Comprendre que dire était déjà de trop — alors écrire — dans cette famille qui avait choisi l'effacement comme la manière la plus sûre de se fondre dans la masse, de réussir à s'intégrer[34].

La narratrice des *Gens infréquentables* révèle une clé essentielle à l'origine de son mal-être. Son compagnon l'a poussée à avorter et elle s'est soumise : « J'ai fini par trouver un médecin qui voulait bien tuer l'enfant ». Notons que dans le chapitre qui vient immédiatement après, elle se rappelle son enfance : « Je dis tout le temps oui à tout. Je ne sais pas que l'on peut dire non[35] ». En écrivant, elle se libère d'une charge accusatrice envers son ancien conjoint qui n'a pas pris en compte ses désirs. D'ailleurs, dans ce récit, elle n'exprime pas d'émotion, tant cet avortement est « une porte interdite ». Elle nous apprend juste ses conséquences puisqu'elle quitte cet homme quelques semaines après et qu'à l'âge de 37 ans elle se retrouve ménopausée : « Quelque chose s'est arrêté en moi. Je ne sais pas quoi au juste. Mais je n'ai plus eu de sang. Plus une goutte. Plus rien. Plus jamais. Ça s'est arrêté net. D'un coup[36] ». Derrière le discours des narratrices, l'écriture paraît avoir une action thérapeutique pour les auteures.

S'affranchir de la culpabilité de « s'émanciper »

Écrire sa souffrance et sa colère ne suffit pas pour que l'individu se sente mieux. Comme dans une démarche thérapeutique auprès d'un professionnel, l'écrivaine doit exprimer un objectif qui accompagne sa parole : que veut-elle changer dans son

33. *Ibid.*, p. 49.
34. *Ibid.*, p. 49.
35. Marlène Amar, *Des gens..., op. cit.*, p. 128.
36. *Ibid.*, p. 127.

existence ? Quelle est sa demande à travers le travail d'écriture qu'elle entreprend ? Face à la tension entre les désirs d'émancipation et les croyances qui la maintiennent, entre autres, dans la vision du statut inférieur de la femme, celle-ci ressent une culpabilité à s'émanciper, tout particulièrement quand il s'agit de son émancipation sexuelle, c'est-à-dire de son désir d'éprouver du plaisir dans un partage intime. Le roman de Paule Darmon met en scène une narratrice qui justifie non pas son adultère mais son désir de ressentir du plaisir sexuel : « Non ! Non, je ne veux pas être dévorée ! Je veux exister, moi, Sarah, et ne plus être le terrain conquis, le territoire occupé, qui doit payer tribut au Maître[37] ».

La culpabilité paralysant tout travail sur soi, il est nécessaire de revenir sur ses « croyances » afin de les remettre en question. Ce travail sur soi va modifier les croyances incomplètes, infantiles ou limitantes qui habitent le sujet. Or la mort du père de Sarah qui est racontée en filigrane signifie la fin de cette « censure ». D'ailleurs, nombreux sont les auteurs qui écrivent à la mort d'un parent. Marco Koskas et Gisèle Halimi expriment leur colère voire leur amertume envers leur mère dans des récits qui relatent parallèlement la mort de cette dernière. L'acculturation et l'exil sont associés à l'émancipation des femmes judéo-maghrébines. Pourtant dans les faits, nous avons vu que s'il y avait bien un début d'émancipation pour les élèves de l'Alliance puis pour les migrantes, le processus était lent et complexe. L'émancipation ne relevant pas que du cadre juridique, nous avons constaté que les femmes restaient prisonnières inconsciemment de schémas qu'elles rejetaient parfois en même temps.

Université d'Angers — CIRPaLL

37. Paule Darmon, *op. cit.*, p. 218.

« La représentation de la Femme Africaine migrante dans l'histoire et par l'Histoire : Reconstruction identitaire et fabrique d'une mémoire »

Lila Sari Mohammed

Le thème de l'immigration n'a cessé de préoccuper la pensée des écrivains, hommes et femmes, à des périodes où les concepts de cette dernière sont devenus matières à repenser face à la mondialisation et à la mobilité qui prend de l'ampleur et de l'accélération. L'immigration assume diverses formes selon différents espaces. Ce présent essai de réflexion traite de la reconstruction identitaire ainsi que de la diversité culturelle dans toutes ses manifestations gravitant autour des thèmes migratoires. L'objectif est de mettre en lumière la représentation de la femme Africaine migrante dans des textes d'écrivaines. À travers ces écrits et selon une approche pluridisciplinaire, sociale, historique, psychologique, politique, philosophique, existentielle, culturelle. Nous examinons comment les questions de genre, de race, de classe et d'appartenance religieuse s'entrecroisent et influencent la vie de ces auteures. Nous voudrions aussi éclaircir jusqu'à quel point la Femme immigrée est capable d'adapter ses propres valeurs fondamentales pour mieux adopter celles avec lesquelles elle compte entamer une nouvelle vie à l'étranger. Réciprocité teintée de tolérance pour affaiblir les percussions, les transgressions, les frictions entre la culture originelle acquise, et la culture nouvelle à acquérir.

Pour ce faire, nous attribuons à notre problématique un triple aspect, tout d'abord il en va de l'articulation entre le concept de fiction par rapport aux faits authentiques qui représente un point central pour le processus d'écriture chez nos auteures. En deuxième lieu il sera question d'un regard croisé sur le thème exil/migration qui constitue un nœud contestable entre fiction (histoire)/réalité (Histoire)/ mémoire (identité) dans le discours romanesque. Car dans ce genre d'écriture les faits historiques se mêlent avec l'imagination et la mémoire devient un élément déclencheur du passé en donnant ainsi au lecteur le sentiment que ce qui se passe est admissible. Le troisième aspect de notre problématique concernera les stratégies narratives d'ordre politique, religieux, sociologique, éducatif, mises en œuvre par les auteures dans leurs discours pour mettre en relief la représentation fictive du personnage-femme comme acte de communication reliée à la représentation historique/factuelle dans l'espace romanesque.

Ainsi, ces écrivaines décident d'écrire et d'assumer cette nécessité de s'écrire, de s'exposer par le corps et par la pensée au regard des autres. Cette quête identitaire marque une rupture avec la tradition culturelle arabo-musulmane, puisque le fait de prendre la parole constitue une transgression, comme le souligne Monique Gadant :

> Parler de soi, parler en public, écrire en termes personnels est pour une femme une double transgression : en tant qu'individu abstrait alors qu'elle est en réalité l'objet même de tous les interdits, celle dont on ne doit pas parler, celle qu'on ne doit pas voir, celle qu'on n'est

> pas censé connaître, qui doit passer inaperçue. Aussi, la femme qui parle d'elle-même parle du privé, du monde secret que l'homme ne doit pas dévoiler. La femme est celle qui n'a pas la parole et qui n'a pas de nom, celle que les hommes ne doivent pas évoquer en public autrement que par l'impersonnel[1].

Comment pourra-t-elle alors dire JE ? Comment pourra-t-elle s'écrire et s'exposer publiquement ? Pour répondre à ces questions portant sur la représentation de la femme dans l'histoire et par l'Histoire et de l'apport de la mémoire dans leurs articulations réciproques, nous avons choisi le roman d'Assia Djebar, *La femme sans sépulture,* publié en 2002 où l'auteur se montre comme l'un des acquéreurs les plus précis de l'histoire de son pays, elle rapporte dans ce texte des faits historiques analysés avec un regard de femme. Trois autres romans figurent aussi dans notre étude, *L'interdite* de Malika Mokaddem, publié en 1993, *Le ventre de L'Atlantique* et *Celles qui attendent* de Fatou Diome, publiés successivement en 2003 et 2010.

La femme Africaine émigrée et/ou exilée

L'histoire d'un pays notamment celle des pays africains qui ont été colonisés ne peut être mise à l'écart parce que beaucoup d'acteurs et de témoins sont encore vivants, porteurs de mémoire et pouvant raconter, témoigner d'une époque douloureuse pleine de souvenirs vivaces et ardents. Cette histoire lourde à supporter a été restituée par plusieurs auteurs, certains dans le cadre du simple témoignage, d'autres pour mettre en relief leurs histoires personnelles enfouies dans leurs mémoires. Ainsi, est le cas des écrivaines femmes qui ont pris la parole pour dire la guerre, le pouvoir, la maltraitance, l'inégalité des sexes, l'abus du pouvoir et leurs résonnances par-

1. Monique Gadant, « La permission de dire Je », in *Réflexions sur les femmes et l'écriture, femmes et pouvoirs, Peuples méditerranéens*, N° 48-49, 1989, p. 94-95.

fois terribles sur les individus. En premier lieu Assia Djebar qui perce les secrets et sillonne les sentiers de l'Histoire de son pays en labourant ce champ fertile qu'est la mémoire des femmes. La romancière réussit avec ses écrits à remonter à la surface de l'oubli un véritable chant d'amour construit telle une mosaïque qui traversera le temps. Dans *La femme sans sépulture,* l'auteure devient l'invitée, la visiteuse ou l'étrangère qui n'est pas vraiment étrangère qui, fondue dans le chœur des diseuses, tantôt mêle ses souvenirs et participe au travail de reconstitution, tantôt se tait pour mieux écouter la confidence des autres conteuses. Nous pouvons dire qu'elle s'exprime comme il se doit, sur l'interaction qui existe entre notre passé et notre présent en général, et sur la position de la femme dans l'Histoire, en particulier. En tant qu'auteure qui a vécu la guerre corps et âme et qui a vécu dans l'entre-deux, Assia Djebar n'a jamais fait abstraction de la réalité qui était la sienne au moment où elle entamait d'écrire, sans pour autant oublier qu'écrire et lire dans la langue de l'Autre et dans un contexte de guerre, était pour les femmes algériennes une façon d'accéder non seulement au savoir et à la liberté, mais aussi de sortir du cercle exclusivement féminin. La romancière algérienne d'expression française a dû s'exiler :

> L'entre-deux, j'y suis comme écrivain depuis trente ans, dans un tangage-langage (pour reprendre le titre de Michel Leiris) qui détermine jusqu'à mes résidences géographiques. Un aller-retour entre France et Algérie et vice-versa, sans savoir finalement où est l'aller, vers où aller, vers quelle langue, vers quelle source, vers quels arrières, sans non plus savoir où se situerait le retour [...][2]

Le terme d'exil se présente comme le terme clé du déplacement humain non seulement par son corps mais aussi par

2. Assia Djebar, « La langue dans l'espace ou l'espace dans la langue », in *Mises en scènes d'écrivains*, Mireille Calle-Gruber (dir.), Grenoble/Québec, PUG/ Le Griffon d'Argile, 1993, p. 15.

sa mémoire, parce que l'expérience de l'exil est simplement l'expérience du *hors lieu,* ce mot désigne par son préfixe *ex* le dehors et par son suffixe la notion de lieu dans la langue française. Donc qui dit exil dit aussi émigration, c'est-à-dire le déplacement de tout être humain dans sa recherche incessante à fonder ce qui lui donne abri contre l'errance et l'oubli, ce qui lui permet de transmettre quelque chose qui n'est pas seulement une trace du passé, un legs, un héritage, mais de transmettre un devenir. Or, dans la société africaine notamment maghrébine, écrire pour une femme, c'est commettre une transgression envers les traditions qui empêchent la femme de regarder et d'être regardée. La lecture et l'écriture donnent accès à la parole, donc à l'existence, à l'affirmation de soi, elles permettent aussi la découverte du monde, le déplacement vers un ailleurs où la vie est différente et où la parole devient pour la femme une arme de révolte et de contestation, un moyen de refus d'une autorité patriarcale voire sociétale. Assia Djebar dans son œuvre est en même temps conteuse et écouteuse. Elle s'érige contre le monde masculin pour révéler le monde muet des femmes et leur donner une voix qui leur permette de s'exprimer, de se révolter, de se montrer et de s'identifier.

Malika Mokeddem se présente comme une nomade lettrée échappant au moule féminin de la tradition, elle choisit de s'exiler pour fuir le mode de vie imposé par ses ancêtres. Médecin de formation, elle est arrivée à l'écriture parce qu'elle ressentait ce désir d'écrire pour s'exprimer et pour se libérer de toutes les contraintes qui pesaient sur sa conscience. Ses romans sont autobiographiques, elle s'inspire de ses origines, de son vécu pour révéler des faits tangibles, tout particulièrement dans son roman, *L'interdite* dans lequel elle met en évidence tous les interdits que ne cesse d'opposer la société à l'émancipation de la femme. Ce titre renvoie à la nomination du refus, du rejet de la transgression exprimée au féminin ;

cette assertion incisive s'applique à Sultana, la narratrice, dont la désignation onomastique est la variante du prénom Malika, en arabe. L'auteure a montré avec un savoir-faire les conséquences de l'exil vécu par le personnage principal Sultana qui n'est autre qu'elle-même tant le caractère autobiographique est perceptible dans l'œuvre. Cette dernière n'arrive pas à se faire de place, partagée et déchirée entre deux cultures, deux espaces, elle cherche à s'approprier un nouveau mode de vie, une nouvelle culture ou revenir vers ses origines.

En situation d'exil volontaire, l'auteure refuse de se rendre dans son pays natal pour des raisons d'aversion sociale. Elle s'est exilée en raison de sa position contestataire énoncée par son appartenance familiale, fille d'un nomade sur les hauts plateaux et d'une mère aux origines lointaines. La fréquentation de l'école puis du lycée est donc rare dans ce village : « Au lycée, j'ai été presque constamment seule fille de ma classe[3] ». Après ce parcours, elle émigre en France pour terminer ses études de médecine, mais après un certain temps, elle interrompt son activité pour se consacrer exclusivement à l'écriture :

> Maintenant, l'écriture m'est une médecine, un besoin quotidien…les mots me viennent naturellement, m'habitent comme par habitude. Et par habitude, ils s'écrivent et me délivrent au fur et à mesure. Écrire, noircir le blanc cadavéreux du papier, c'est gagner une page de vie, c'est retrouver au-dessus du trouble et du désarroi un pointillé d'espoir. L'écriture est le nomadisme de mon esprit, dans le désert de ses manques, sur les pistes sans autre issue de la nostalgie, sur les traces de l'enfance que je n'ai jamais eue[4].

Reconnue comme étrangère dès son enfance, elle se bannit volontairement du groupe, devenue étrangère, elle émigre et vit dans un exil pesant jusqu'au jour où elle décide de mettre

3. Christiane Chaulet Achour, « La place d'une littérature migrante en France. Matériaux pour une recherche », in C. Bonn (éd.), *Littérature des immigrations*, Paris, L'Harmattan, 1995, p. 15.
4. *Ibid.*, p. 25.

fin à cette migration par son retour au pays d'origine soumis à un évènement historique d'extrême bouleversement. Ceci a aggravé la situation de l'écrivaine, car elle est une femme, elle vient d'ailleurs donc elle est considérée comme une étrangère par les siens dont l'hostilité violente qu'ils affichent contre elle montre le rejet de l'autre. Elle-même tient à tracer les limites et à ne faire aucune concession. Complètement rebelle et récalcitrante, elle renvoie cette agressivité et s'insurge contre toute régression morale et idéologique. Dans ce même ordre d'idées, nous citons une autre femme africaine et écrivaine, Fatou Diome dont la destinée ne diffère pas de celles des auteures précédentes. Inspirés de sa propre expérience et de sa révolte intérieure, ses écrits sont purement autobiographiques. Dans *Le ventre de l'Atlantique,* elle évoque la désillusion, une histoire d'amour entre de jeunes africains épris d'espoir et d'admiration pour la terre blanche, un pays étranger qu'ils exaltent où l'avenir leur semble lumineux et prometteur du moins beaucoup plus que chez eux la terre noire et une réalité qui ne leur offre que misère et humiliation.

Il est difficile de parler de littérature francophone d'Afrique subsaharienne sans remonter à sa source qu'est le mouvement de la Négritude. Ce courant de pensée se manifestait essentiellement par la révolte contre la domination coloniale, la discrimination raciale et l'amertume laissée par les souvenirs de l'esclavage. À partir de la seconde moitié des années trente, la littérature négro-africaine est une littérature de frustration, insatisfaction et revendication. Jusqu'à la fin des années soixante-dix, les femmes sont quasiment absentes de la scène littéraire africaine. C'est à partir des années quatre-vingt que s'impose la littérature féminine. Dès lors, polygamie, excision, trahisons conjugales, viols, sont mis au banc des accusés. La littérature devient une arme au service du combat pour le respect de la femme. Les écrivains africains racontent aussi leur exil en Europe. Fatou Diome raconte dans son roman sa terre natale depuis son pays d'adoption la France, ce qui donne à son regard une vision particulière, celle de l'exil. Le regard d'un être partagé entre un ici et un ailleurs, entre deux cultures, entre deux mondes qui s'opposent sur tous les plans, physique par la couleur de la peau, économique par la richesse et la pauvreté, éducatif par le savoir et l'illettrisme, culturel et social par le modernisme et le traditionalisme.

Le roman *Celles qui attendent* est un retour au Sénégal et l'île natale mais avec la perspective du départ des hommes jeunes pour que les familles aient aussi leur représentant dans l'Eldorado en Europe et leur source de revenus assurée. Ici aussi, tendresse, complicité, satire, humour et dérision se partagent la scène narrative qui redit sans cesse ce rêve de quelque chose qui, comme le mauve, serait l'alliance de deux couleurs qui semblent irréconciliables dans le réel. Fatou Diome revient aux conséquences du miroir aux alouettes occidental, en choisissant de laisser son lecteur sur l'île avec ceux qui attendent. Le sujet de l'émigration s'impose de plus en plus :

> Je cherche mon pays là où l'on apprécie l'être additionné, sans dissocier ses multiples strates. Je cherche mon pays là où s'estompe la fragmentation identitaire [...] Je cherche mon territoire sur une page blanche, j'entends la mer déclamer son ode aux enfants tombés du bastingage. Partir, vivre libre et mourir, comme une algue de l'Atlantique[5].

Dans ce roman autobiographique, Fatou Diome n'est autre que Salie, cette jeune femme née sur la petite île de Niodior au Sénégal et élevée par sa grand-mère. Comme l'héroïne de son roman, l'écrivaine vivait à l'écart du reste du village en raison de sa naissance illégitime, ce qui l'a poussée à aller à l'école, à apprendre la langue française. Elle épouse un Français et le suit dans son pays, mais rejetée par ses beaux-parents, elle divorce et

5. Fatou Diome, *Celles qui attendent*, Paris, Flammarion, 2010, p. 254.

connaît alors les difficiles conditions de vie des immigrés et les meurtrissures de l'exil. Mais, l'auteure a surmonté les difficultés de la vie, elle est arrivée à se frayer un chemin pour aller au-devant de tous les obstacles. Enfant illégitime, elle a toujours été considérée comme étrangère aux siens. L'exil était la forme de son destin et de ce fait son seul refuge : « Petite déjà [...] j'avais compris que partir serait le corollaire de mon existence [...] je préfère l'angoisse de l'errance à la protection des pénates[6] ».

Ainsi, nos écrivaines africaines émigrées puisent leur matière dans les expériences vécues dans leurs familles, dans leurs quartiers, dans leurs villes. Elles sont en contact immédiat avec la réalité sociale passée et présente qui n'est rien moins qu'un abîme de vérités. Elles épongent la mémoire pour narrer leurs souvenirs au travers de leurs personnages. Ces femmes écrivaines lèvent le voile pour nous faire découvrir à leur manière une vérité vécue par le corps et par l'esprit. Une vérité lui appartenant d'abord puisqu'il y a une « note » autobiographique, un passé que la femme africaine a connu et connaît encore chacune dans sa ville natale dans son pays et le passé de cette même ville de ce même pays.

La représentation de la femme africaine émigrée dans l'histoire et par l'Histoire

Femme-monde ou la résistance au féminin

Notre étude porte sur deux aspects, le premier concernera l'articulation entre le concept de la résistance par rapport aux rôles attribués au personnage féminin et la description des différentes figures de la résistance et leur apport dans le discours littéraire. Le deuxième concernera l'art et la manière

6. *Ibid.*, p. 225.

dans lesquels la représentation de la résistance, comme acte d'héroïsme est reliée à la question de la représentation féminine et de son hypervisibilité dans l'espace romanesque chez nos auteures. Le récit de chacune de nos écrivaines tend à s'articuler autour d'une dialectique qui se situe entre fiction/réalité. Et par le détour de la fiction, l'auteure va à la quête d'une vérité masquée. La fiction devient pour l'auteure un moyen ou une ruse qui lui permet de révéler un aspect de cette vérité occultée. En ce sens, l'écriture prend la forme d'un témoignage sur l'histoire d'un peuple aux déchirures multiples et c'est le cas d'un grand nombre d'écrivains africains, parmi eux Assia Djebar, Fatou Diome et Malika Mokeddem.

De toute évidence, l'œuvre de chacune d'entre elles peut être interprétée de façons multiples et ce sont ces interprétations qui vont nous amener vers un dialogisme textuel (il s'agit d'établir un dialogue entre les textes et voir le rôle que peut jouer ce dernier dans le processus de la signification), tout en sachant que chaque lecteur ne voit dans la polysémie de ces textes qu'un aspect d'un univers infime et vaste à la fois. Cette réflexion va nous permettre d'aborder la question de la résistance sous ses différentes formes à travers la relecture de quelques textes de nos écrivaines qui ont pour héroïnes des personnages féminins ayant vécu dans la période coloniale ou ayant participé à la guerre de libération. Le sujet central qui nous préoccupe concerne la « résistance » en tant que concept, ensuite étudier son rôle par rapport à l'hypervisibilité de la femme africaine dans une perspective sociohistorique.

Ce terme est compris selon le dictionnaire, comme une façon de s'opposer à quelqu'un ou à quelque chose, ne pas céder sous l'effet d'une pression ou d'une force, s'opposer physiquement à la force dirigée contre soi, ou bien faire un effort contre soi-même pour s'opposer à un sentiment ou à une disposition de l'esprit. D'une manière générale, la résistance est l'action de s'opposer à une force physique, morale ou envahissante. Enfin, résister c'est agir. C'est un mot qui implique aussi un comportement de rupture, une pratique de transgression. Nous croyons cependant que nous devons insister sur les raisons multiples et les façons multiples de résister. Agir, savoir pourquoi on agit ainsi, refuser, nuire à l'ennemi (l'Occupant), transgresser et désobéir sont des notions plus familières. Ces définitions ne sont pas totalement satisfaisantes dans la mesure où elles enferment dans un carcan trop strict le phénomène et surtout où elles ne répondent pas à toutes les interrogations que l'on peut se poser. Qu'en est-il de la résistance par rapport à la littérature ?

La Résistance ne saurait se résumer à des combats, à des actions militaires, à des actions politiques. La Résistance, c'est plus que l'histoire d'un affrontement. La richesse et l'intensité de la création littéraire qui s'exprime dans la Résistance sont là pour en témoigner. Chaque fois qu'un personnage de roman se dresse et dit non, en n'obéissant qu'à ce que lui dicte sa conscience, il y a quelque chose en lui de l'esprit de la Résistance. Même si, bien sûr, certains romans et certains auteurs y sont plus sensibles que d'autres. En ce sens, on pourrait résumer la Résistance en un seul mot, un mot qui se compose de trois lettres : NON. Et à travers ce mot se dégage toute la substance de l'engagement.

Si nous prenons comme exemple le texte de *L'interdite* de M. Mokeddem, et de F. Diome dans *Le ventre de L'atlantique*, le mot résister prend un autre sens, il sera directement lié au mot exister. En appliquant cette définition aux personnages de ces romans, nous dirons que résister est une façon de lutter pour exister. Même si la résistance prend un sens négatif par rapport à ceux qui détiennent l'autorité ou le pouvoir (il s'agit des proches de Sultana dans sa ville natale et des habitants du village de Salie à Indoor). Or, résister ne veut pas toujours dire s'opposer mais au contraire, rester fidèle à quelque chose comme par exemple des valeurs. Pourtant, s'opposer ou être résistant permet aux individus d'affirmer leur identité, de montrer qu'ils sont là, qu'ils existent. Et, nous pensons que cette définition s'applique aux personnages de Sultana et Salie, qui, refusant leur situation sociale en tant que femme, elles luttent contre des lois préétablies par le patriarche en essayant de donner un sens à leur existence.

Certaines résistances sont faciles et d'autres réclament un peu plus de courage. Nous résistons pour mettre en avant notre liberté de s'opposer et notre refus à la soumission. Nous résistons également pour défendre des valeurs patriotiques, personnelles… Est-ce que la résistance peut-elle alors être perçue comme un acte de liberté ? Bien évidemment, la perspective centrale dans le roman de Malika Mokeddem est la quête d'une nouvelle identité autre que celle, ayant pour référence son origine et la terre de ses ancêtres auxquels elle revendiquait hautement et ouvertement son appartenance. Le rétablissement d'une nouvelle identité de son héroïne va se faire par rapport à d'autres espaces qui vont la faire valoir en comparaison des autres femmes grâce à son savoir qui lui permet de se libérer des traditions ancestrales. Déplorant la passivité des femmes, il s'ensuit d'autres espaces qui vont faire distinguer le personnage féminin de M. Mokeddem par sa transgression de tous les interdits pour mieux marquer son refus de se conformer au modèle de soumission de la femme, ceci est confirmé par le titre *L'interdite*, qui renvoie à la nomination du refus ; le refus d'être soumise à une société patriarcale et aux traditions pour être libre.

Sultana, tout comme Salie est une jeune fille née pour la liberté, elle prend conscience de sa condition de femme libre ; elle risque facilement de devenir une rebelle. Une seule issue s'offre à elles : l'exil qui donne à leur vie l'ordre et la signification qui leur manquent, ainsi le précise Mokeddem : « Je ne me sens pas une exilée ; je suis une expatriée ! Il y a là une différence qu'il serait peut-être long d'explorer ici... Franchir des frontières a été pour moi une délivrance[7] ». L'auteure a beaucoup souffert de l'enfermement durant sa jeunesse. Elle a toujours été en quête d'identité et d'une liberté. La conception de la notion de liberté pour elle est liée avec l'ensemble des choses interdites qui ont empoisonné son enfance et son adolescence et l'acte d'écrire était sa première liberté, une sorte de thérapie pour se soigner. En somme même pour Salie : « Une seule pensée inondait son cerveau : partir ; loin ; survoler la terre noire pour atterrir sur cette terre blanche de mille feux. Partir sans se retourner. On ne se retourne pas quand on marche sur la corde du rêve[8] ». Ainsi, les personnages féminins qui incarnent la résistance dans ces deux romans autobiographiques se sont bien Sultana et Salie. Rien n'est définitif pour les jeunes libertaires, mais elles sont sûres qu'il existe quelque chose vers quoi tendre les bras. L'espoir enfoui en elles est le pas vers la transcendance, vers l'existence en tant qu'individu libre ayant un corps de femme et une pensée de femme.

En définitive, les œuvres de nos écrivaines émigrées constituent le point nodal de ce double recours à l'écriture autobiographique ainsi qu'à celle de l'histoire romanesque/l'Histoire, elles font appel à la mémoire (une mémoire féminine) pour reconstituer un passé proche et lointain afin de répondre aux interrogations du présent. En effet, l'émigré bien qu'il quitte son pays natal pour aller s'installer ailleurs il ne s'adapte pas aux nouveaux environnements, et aux nouveaux systèmes du

7. Malika Mokeddem, « Écriture et implication. L'écriture est le premier des exils », *L'actualité littéraire*, URL : www.revues-plurielles.org/_uploads/pdf/4_14_13.pdf, consulté le 20/03/2019.
8. Fatou Diome, *Le ventre de L'Atlantique*, p. 165.

pays d'accueil, il reste en contact souvent virtuel avec son pays natal et arrive à concilier entre les deux modes de vie, les deux cultures tout en gardant son identité d'origine. C'est à leur passé, à leur vécu, à leurs souvenirs que nos auteures demandent la matière première de leurs œuvres. C'est la mémoire, celle qui ressuscite le passé dans sa vérité, avec des émotions, avec les élans de sensibilité qui les accompagnent. Ainsi, les romans d'Assia Djebar, de M. Mokeddem et de Fatou Diome marient une vision historique avec une vision actuelle des faits, un va-et-vient fécond entre monde intérieur et monde extérieur pour construire une fiction. Dans cette optique, la narratrice de chaque roman est porteuse d'une expression et d'un message qui ne sont pas seulement personnels mais collectifs. Elles déploient, dans l'ensemble de leurs œuvres, un regard lucide sur la condition de la femme et sur la lutte pour leur émancipation dans les difficiles circonstances historiques de chaque société. Leurs écritures manifestent une réflexion creusée sur le complexe univers féminin articulé autour des problèmes propres aux femmes surtout émigrées, tels que la fatalité de l'enfermement où la parole féminine, voix discrète est occultée par tant de siècles de domination ancestrale.

Université de Tlemcen Aboubekr Belkaid,
faculté des lettres et des langues
Laboratoire LLC (Diversité des langues, expressions
littéraires et interaction culturelle)

Chapitre 2
Approches contemporaines des migrations féminines

« Le statut des femmes en droit pénal comparé et la neutralité du droit au détriment des femmes migrantes »

Noura Raad

Les femmes, à travers les âges et jusqu'à aujourd'hui, subissent des discriminations profondément injustes qui vont à l'encontre des principes d'égalité et de non-discrimination[1]. Ces discriminations entre les sexes sont liées aux images sociales de la femme et de l'homme qui ont été véhiculées pendant des siècles et qui, aujourd'hui, sont fortement remises en question. La représentation de la femme produite par une

1. R. Koering-Joulin, « La dignité de la personne humaine en droit pénal », in *La dignité de la personne humaine*, M.-L. Pavia et T. Revet (dir.), Economica, 1999, p. 84.

société dominée par les hommes est alors à l'origine de la différence de traitement entre les deux sexes, préjudiciable à l'égard du sexe féminin. L'homme dominait la famille et jouissait de droits à l'égard de tous ceux qui étaient sous son contrôle. C'est pourquoi, il était le seul bénéficiaire des droits et libertés. La division des rôles sociaux entre les femmes et les hommes sur la base de leurs différences biologiques et physiques était donc présente dans tous les domaines de la vie privée, familiale, professionnelle et publique et se traduisait, plus spécifiquement, par une soumission des femmes à l'autorité masculine et une infériorité de leur statut aux niveaux social et juridique.

Les manifestations de cette domination masculine, marquées par la nécessité de protéger les femmes, variaient selon les époques et les cultures, mais son existence même a toujours été constatée[2]. C'est pourquoi, le sujet relatif au statut de la femme est toujours d'actualité dans les débats socio-politiques et juridiques sur la scène nationale et extranationale. Or, le terme « statut » désigne la condition des femmes au sein des Codes pénaux par rapport à celle qui est accordée aux hommes, mais aussi la manière dont elles sont perçues et traitées par le droit pénal. L'objectif est de démontrer, dans un premier temps, que le droit de manière générale et le droit pénal, plus spécifiquement, qui est censé protéger toutes les personnes humaines, établir l'ordre public et sanctionner tout ce qui est socialement intolérable, a lui-même constitué pendant longtemps un moyen de discrimination à l'encontre des femmes, a instauré une inégalité entre les sexes ou est lui-même inégalitaire et continue à l'être dans certains États de manière explicite et directe. Par ailleurs, jusqu'au jour d'aujourd'hui, dans les États où le droit pénal a évolué pour ins-

2. S. De Beauvoir, *Le Deuxième sexe*, Paris, Gallimard, 1974, p. 95.

taurer une égalité entre toutes les personnes humaines, pour lutter contre les discriminations et reconnaître les formes de violences sexistes et sexuelles, les droits des femmes ne sont pas « acquis », certaines discriminations et inégalités persistent au niveau des lois ou de leur interprétation ou application. L'objectif est aussi de montrer que lorsque les femmes ont un statut migratoire, elles sont encore plus assujetties à des inégalités et discriminations fondées sur leur sexe et leur statut. Donc, partout les femmes sont encore victimes de violences et de différences de traitement et ont encore du mal à demander leurs droits ou à déposer plainte et à avoir une justice pénale. Ces complexités et lacunes aux niveaux juridique, judiciaire, politique et social trouvent leurs origines dans les stéréotypes de genre qui orientent les comportements et modes de pensée des individus, influencent fortement les législations, décisions de justice et politiques et renforcent les inégalités entre les sexes et les discriminations de droit et de fait à l'encontre des femmes[3]. Les stéréotypes de genre sont « des constructions sociales et culturelles différenciant les hommes des femmes sur la base de critères physiques, biologiques, sexuels et de fonctions sociales qui seraient propres aux hommes et aux femmes[4] ». Ces stéréotypes de genre aboutissent alors à la distinction entre les sexes, à assigner à chacun un rôle différent de l'autre et à préciser leurs conduites, leurs droits et obligations[5].

3. D. Roman, « Les stéréotypes de genre : "vieilles lunes" ou nouvelles perspectives pour le droit ? », in *Ce que le genre fait au droit*, S. Hennette-Vauchez, M. Möschel et D. Roman (dir.), p. 93-121.
4. *Ibid.* Voir aussi, UN Women, *World survey on the role of women in development : globalization, gender and work*, 1999, UN 99.IV.8 et Comité CEDEF, Recomm. générale n° 25, 2004, concernant le 1er § de l'art. 4 de la Convention, II, objet et but de la Convention, UN. Doc. À/59/38, 2004, § 7 et 8.
5. D. Burgess & E. Borgida, "Who women are, who women should be : descriptive and prescriptive gender stereotyping in sex discrimination", *Psychology, public policy and law*, 5, 1999, p. 655-692.

Les stéréotypes de genre ont fondé le droit, sont perpétués dans les règles, les mentalités et la société. Plusieurs exemples le montrent en adoptant une démarche critique du droit fondée sur le concept du genre[6]. C'est le cas, par exemple, en droit pénal comparé français et libanais lorsque les discriminations et les violences sont commises contre les femmes en raison de leur sexe (I), mais aussi lorsque le droit crée des inégalités à l'encontre des femmes ou les perpétuent parce qu'elles sont des femmes et ont le statut de migrantes (II).

I
L'analyse genrée des droits pénaux français et libanais : une évolution limitée du statut de la femme

La France et le Liban avaient un système législatif qui se ressemblait à une époque donnée, lorsque la France appliquait encore le Code napoléonien de 1810 qui consacrait une infériorité du statut de la femme par rapport à celui des hommes au sein de ses dispositions pénales[7]. À partir des années 1970, l'arsenal juridique a été enrichi par des textes relatifs à l'égalité entre les femmes et les hommes. Avec l'adoption du nouveau Code pénal de 1992, le législateur français a modernisé les dispositions pénales, il a reformulé les incriminations de manière

6. L'analyse critique des dispositions juridiques sur la base du concept de genre (analyse genrée du droit) consiste à analyser les lois et leur application afin de révéler les liens entre les normes et les stéréotypes de genre. L'objectif est de démontrer « le rôle du droit dans la constitution de distinctions fondées sur le genre, comme dans la pérennisation, voire la légitimation, d'inégalités de genre, et s'inscrit en ce sens à coup sûr dans une démarche critique ». V. S. Hennette-Vauchez, M. Pichard et D. Roman, *La Loi du genre : le droit français au crible de l'analyse féministe du droit*, Paris, CNRS éd., 2014.
7. La femme française subissait des incriminations de manière inégalitaire et plus sévère que les hommes, les violences n'étaient pas reconnues juridiquement et plusieurs dispositions accordaient des justifications légales aux hommes qui commettaient des infractions sur les filles et les femmes en vue de garder la paix et la stabilité au sein de la famille.

neutre et égalitaire et a consacré explicitement à l'article 225-1 la définition de la discrimination[8]. De plus, depuis l'entrée en vigueur du nouveau Code pénal français, le législateur n'a cessé de renforcer son système répressif par des lois successives afin de mieux protéger les femmes contre toutes les atteintes à leurs corps, sexualité, dignité, intégrité physique et psychique et de raffermir leurs droits et libertés. Toutefois, la pratique ne reflète pas parfaitement l'égalité entre les sexes qui est consacrée juridiquement. Des inégalités sont repérées lors de l'analyse des lois pénales et la manière dont elles sont interprétées et appliquées par les tribunaux répressifs. D'une part, certaines dispositions pénales, formellement neutres, produisent, lors de leur analyse, des inégalités et discriminations entre les sexes ou entre les femmes elles-mêmes. D'autre part, les lacunes et limites au niveau de leur rédaction juridique et les conditions restrictives imposées pour la constitution des éléments constitutifs des infractions, produisent aussi des inégalités entre les sexes qui se matérialisent par des interprétations différentes des règles de droit aboutissant à retenir des déqualifications ou disqualifications pénales, des décisions contradictoires et parfois discriminatoires. En dehors des obstacles au niveau du Code pénal, d'autres raisons d'ordre judiciaire et social empêchent, aussi, une lutte efficace contre les discriminations

8. L'art. 225-1 du code pénal français définit la discrimination, à l'al. 1er, comme étant « toute distinction opérée entre les personnes physiques sur le fondement de leur origine, de leur sexe, de leur situation de famille, de leur grossesse, de leur apparence physique, de la particulière vulnérabilité résultant de leur situation économique, apparente ou connue de son auteur, de leur patronyme, de leur lieu de résidence, de leur état de santé, de leur perte d'autonomie, de leur handicap, de leurs caractéristiques génétiques, de leurs mœurs, de leur orientation sexuelle, de leur identité de genre, de leur âge, de leurs opinions politiques, de leurs activités syndicales, de leur capacité à s'exprimer dans une langue autre que le français, de leur appartenance ou de leur non-appartenance, vraie ou supposée, à une ethnie, une Nation, une prétendue race ou une religion déterminée ».

et les violences sexistes et sexuelles. Celles-ci sont notamment liées aux difficultés d'accès à la justice par les femmes victimes, à l'ignorance de leurs droits ou à la peur de dénoncer les faits, au manque de sensibilisation et de formation des acteurs étatiques et judiciaires, à la complexité des procédures.

Quant au Code pénal libanais de 1943, celui-ci a été fortement influencé lors de sa rédaction par le code pénal français de 1810[9]. Les discriminations à l'égard des femmes subsistent sans conteste tant dans les lois que dans la pratique et apparaissent explicitement au sein du Code pénal[10]. Ces inégalités entre les sexes sont nombreuses et résistent toujours aux réformes. La société libanaise est fondée sur des règles religieuses et des valeurs traditionnelles prônant la pudeur et « l'honneur », liées essentiellement à la conduite des femmes et leur sexualité. Les femmes sont donc incriminées plus sévèrement que les hommes lorsqu'elles transgressent les normes de conduite sociale, elles n'ont pas le droit de vivre librement leur sexualité, ni de maîtriser leur corps et ces discriminations négatives peuvent aller jusqu'à la justification légale des atteintes commises par les hommes sur le corps et la vie des femmes.

Une interaction entre le genre et les législations pénales française et libanaise apparaît alors dans le cadre d'une analyse critique des dispositions pénales. Celle-ci permet de dévoiler la manière dont les deux Codes ont appréhendé le genre et ont reconnu ou identifié les stéréotypes de genre pour réformer

9. Ceci s'explique par l'histoire qui unissait les deux États, puisque le Liban a été sous le mandat français jusqu'à 1942.
10. Ainsi, par exemple, le viol entre conjoints n'est toujours pas reconnu, ni réprimé juridiquement, l'adultère existe encore en tant qu'une infraction pénale, l'IVG est toujours interdite et l'avortement constitue une infraction pénale, les violences psychologiques ne sont pas incriminées pénalement, les crimes dits « d'honneur » ont été sanctionnés mais certaines dispositions pénales accordent encore de manière indirecte des circonstances atténuantes dans ces cas, c'est le cas aussi des juges qui justifient parfois de manière implicite ces crimes en atténuant la peine des coupables.

ou abroger certaines dispositions pénales et pour incriminer de nouvelles formes de violences de genre, ou, au contraire, les pérennisent et les reproduisent[11].

Le droit pénal qui est censé protéger toutes les personnes humaines est alors encore fondé sur des stéréotypes de genre de manière explicite ou implicite ou les reproduit en ayant pour apparence la neutralité et l'universalité et les premières personnes discriminées sont les femmes. Cette universalité du droit est, par conséquent, une utopie qui n'existe pas et qui empêche la réalisation de la réelle égalité entre les sexes. Cependant, puisque le sujet concerne principalement les femmes migrantes, il est important de mettre l'accent sur les inégalités, discriminations et violences que ces femmes subissent parce qu'elles sont des femmes et parce qu'elles sont migrantes et la non-prise en compte par le droit de la singularité de leurs besoins, ni des expériences vécues par elles pour faire valoir leurs droits au niveau juridique et judiciaire.

II
L'analyse genrée du droit de l'immigration : une neutralité du droit au détriment du statut des femmes migrantes

Même si les domaines du genre et de la migration sont croisés, ceux-ci sont restés longtemps inexplorés dans le monde académique. Ce n'est qu'à partir des années 2000 que le monde a commencé à assister au développement d'une littérature sur ce thème. Les femmes migrantes sont alors restées longtemps invisibles, perçues comme peu qualifiées et comme accompagnant uniquement un conjoint. C'est pourquoi, les disposi-

11. E. Bruce-Rabillon, « Le genre et le droit français », in *Le droit à l'épreuve du genre. Actes du colloque du 7 mai 2015*, J. Hautebert (dir.), *Cahiers internationaux d'Anthropologie juridique*, n° 47, PULIM, 2016, p. 79-99.

tions prises à leur égard sont davantage tournées vers leur protection que vers leur autonomie et l'égalité des droits. De plus, dans les études sur les migrations, le référent a toujours été l'homme. Il est dès lors difficile pour des migrants de faire valoir leurs droits, mais encore plus pour des femmes migrantes. Le fait que les études ainsi que les lois se focalisaient sur les hommes a eu des conséquences sur l'accompagnement en pratique. Par exemple, une majorité des associations d'accueil et d'accompagnement des victimes ne voient dans les femmes qu'une épouse et une mère et donc privilégient inconsciemment l'intégration et l'insertion sociale et professionnelle des hommes comme étant époux, pères et hommes de famille.

Même si le droit au niveau national ou européen a évolué en introduisant de nouvelles législations, directives et politiques permettant aux femmes spécialement de revendiquer leurs droits, de demander l'asile ou autre forme de protection, l'analyse des instruments juridiques montre que ce droit renforce toujours les rôles genrés, perçoit encore ces femmes comme peu qualifiées et des personnes qui accompagnent leurs conjoints, qu'il est intrinsèquement patriarcal, qu'il reproduit et renforce les stéréotypes de genre, parfois pérennise et légitime les inégalités entre les sexes et ne prend toujours pas en considération le diversité du groupe femmes, c'est-à-dire les discriminations fondées sur la nationalité, la culture, la classe, etc.

Ainsi, par exemple, au niveau européen, depuis une dizaine d'années a émergé la reconnaissance de l'existence de nouvelles formes de persécutions liées au genre, c'est ainsi que la demande d'asile peut être fondée sur les mutilations sexuelles féminines ou sur la traite et la prostitution. Mais, une souveraineté est toujours accordée aux États membres de l'UE, ce qui mène à une disparité importante entre les États sur les législations et les pratiques et alors la manière dont les demandes d'asile sont traitées. C'est le cas, par exemple, en France où il est très difficile, voire impossible, d'obtenir ce statut sur la base de la traite ou de la prostitution. Or, il n'existe pas de chiffres exacts de l'OFPRA sur la base de ce critère, mais en 2016, 2017 et 2018, elle a été essentiellement saisie par des demandes d'asile pour victimes d'exploitation sexuelle (filles et femmes). Le pire c'est lorsque ces personnes sont considérées comme dublinées. Le problème se pose également lorsqu'elles souhaitent déposer plainte pour violences, ces personnes sont identifiées rapidement comme des personnes en situation irrégulière même si la loi les protège lorsqu'elles déposent plainte pour des violences subies.

Au niveau européen, le constat est le même, les directives et les lois européennes ne prennent pas en considération les femmes migrantes comme une catégorie et donc elles sont assujetties à des violences et discriminations qui leurs sont propres et invisibles ou ignorées par le droit. S'agissant des femmes migrantes victimes de violences conjugales, il existe des textes pour les protéger, mais qui sont souvent impossibles à mettre en œuvre. Dans le cas, par exemple, d'un regroupement familial, ce droit est conditionné à la résidence depuis au moins cinq ans sur le territoire, ce qui crée une grande dépendance à l'égard du conjoint rejoint et où souvent le conjoint rejoignant est une femme. Donc, même si la femme est victime de violence, elle est obligée de garder le silence en ayant peur de mettre en échec cette procédure pour ne pas perdre le droit au séjour et être expulsée. Par ailleurs, souvent les conjoints violents utilisent cette menace pour empêcher la femme de porter plainte et demander une protection. Ils vont même parfois jusqu'à dénoncer le départ de la femme du domicile conjugal si, par exemple, elle décide de sortir pour être hébergée dans un foyer pour se protéger, pour que les autorités procèdent à leur expulsion. De plus, même si aujourd'hui, en

France ou dans d'autres États, le droit pénal national protège ces femmes lorsqu'elles dénoncent les violences et décident de porter plainte, il est très difficile de les prouver et de faire aboutir la plainte. Ce qui rend impossible la mise en œuvre de cette disposition. Il ne faut pas non plus oublier que plusieurs femmes ignorent la langue, l'environnement dans lequel elles vivent notamment dans le schéma d'emprise découlant des violences conjugales et n'ont pas un réseau suffisant pour les aider dans leurs démarches. Il existe alors un conflit réel entre la reconnaissance du droit à une protection pour toutes les victimes et les questions liées au statut migratoire qui prédominent. Ainsi, au lieu de mener à la protection, elles fragilisent encore plus ces femmes et peuvent conduire à leur expulsion du territoire européen. Les questions liées au statut migratoire prédominent alors sur la reconnaissance des droits humains de protection.

Plusieurs autres exemples peuvent également montrer comment le droit qui apparait neutre peut conduire à créer des inégalités et des discriminations à l'encontre des femmes. C'est le cas, par exemple, dans le domaine de l'emploi, plus spécifiquement, de la directive concernant l'emploi hautement qualifié qui détermine les conditions et procédures d'entrée des ressortissants hautement qualifiés de pays tiers[12]. Or, les mesures sont présentées comme étant neutres, mais concrètement, ces législations favorisent la venue des hommes plus que les femmes, parce que les modes de sélection sont basés sur les revenus et les secteurs d'activité favorisant la venue des hommes. En effet, d'une part, les revenus des hommes

12. Directive 2009/50/CE du Conseil du 25 mai 2009 établissant les conditions d'entrée et de séjour des ressortissants des pays tiers aux fins d'un emploi hautement qualifié. Cette directive crée une carte bleue européenne et définit les conditions et les droits de séjour dans l'État membre qui a délivré la carte bleue, ainsi que dans les autres États membres.

dans tous les États sont supérieurs à ceux des femmes, donc la directive ne prend pas en considération cette différence genrée et, d'autre part, la sélection se fait principalement dans des secteurs économiques tels que le domaine de l'informatique où les hommes prédominent. Ceci renforce d'autant les stéréotypes de genre attachés aux femmes migrantes « traditionnelles » comme étant dévouées aux tâches ménagères, de reproduction, etc. quel que soit leur degré de qualification ou d'expériences professionnelles.

Il en est de même dans la procédure de regroupement familial, si une femme souhaite faire venir un membre de sa famille sur le territoire français ou européen, elle va être confrontée à plusieurs difficultés notamment liées à ses ressources. Plusieurs femmes migrantes trouvent principalement un emploi dans les secteurs de travail domestique, de l'aide aux personnes, ou des emplois informels, c'est la nature sexo-spécifique de la migration de main-d'œuvre[13]. Cette situation sur le marché de travail a un impact réel sur la possibilité de faire venir un membre de la famille puisque les conditions requises ne seront pas toujours satisfaites.

Cette analyse genrée du droit de l'immigration en France et, plus globalement, en Europe permet de dévoiler les conséquences différenciées des effets du droit sur les femmes et les hommes. Elle montre comment le droit produit la différence de genre dans son écriture même ou parfois dans son application et comment à son tour le genre produit le droit. La production du droit s'appuie alors sur les représentations différenciées des femmes et des hommes et sur les stéréotypes de genre. C'est pourquoi, les femmes migrantes sont soit invisibles, soit perçues comme vulnérables, dépendantes et des personnes à protéger. Mais cette protection se heurte

13. I. Carles-Berkowitz, « Ce que le droit fait au genre : les femmes migrantes dans la législation européenne », *Droit et cultures*, 2015-1, p. 113-125.

au contrôle des migrations et aux difficultés des procédures, ce qui met en échec cette protection.

Il nous faut reconnaître, dans un premier temps, que les stéréotypes de genre sont à la base des violences et discriminations faites aux femmes conduisant à une inégalité entre les sexes, que le droit doit combattre ces stéréotypes de genre et ne doit pas les pérenniser, ni les reproduire pour arrêter les différences de traitement aboutissant à des inégalités entre les sexes. Dans un second temps, le droit national, européen et international doit être sensible au genre, doit prendre en compte cette dimension et reconnaître les femmes migrantes en tant que catégorie dans les discours, les politiques et les instruments juridiques pour arriver à les protéger, à leur accorder des droits et à faciliter leur revendication. Cette dimension de genre doit être introduite au moment même de la création de la norme juridique pour prendre en compte les différences d'expériences, de vécus et de besoins des femmes et des hommes dans tout le processus migratoire, dès le pays d'origine, afin d'évaluer l'impact différencié des politiques, programmes et législations sur les femmes et sur les hommes. Le droit ne doit plus rester neutre au détriment des droits des femmes migrantes et ne doit pas faire primer le statut migratoire sur la nécessité de protéger l'intégrité et la dignité humaine de toutes les personnes.

Docteure en droit privé
Université d'Aix-Marseille et Université libanaise
Co-présidente du European Network
of Migrant Women (ENoMW)

« Les voix féminines et féministes dans les narrations post-migratoires en Belgique francophone »

Przemysław Szczur

Si la voix renvoie, dans son acception première, à un phénomène acoustique, elle a surtout été utilisée en Sciences humaines de façon métaphorique ou métonymique. Dans cette étude, mon point de départ est son emploi parallèle par trois disciplines : les études féministes, la narratologie et les recherches sur les migrations. J'essaierai de les combiner dans une tentative de lecture globale d'un assez vaste corpus : celui des narrations postmigratoires, c'est-à-dire à la fois postérieures à la migration et issues de celle-ci, en Belgique francophone. Si les études féministes et la narratologie ne font pas toujours bon ménage[1], pour ce qui est de la problématique de la voix, leurs

1. Susan Lanser, « Pour plus de narratologie (plus féministe et plus *queer*) », in Sylvie Patron (dir.), *Introduction à la narratologie postclassique. Les nouvelles directions de la recherche sur le récit*, Villeneuve d'Ascq, Presses Universitaires du Septentrion, 2018, p. 21-45.

perspectives sont assez proches. En se basant sur la synthèse de Cindy Moore sur les usages féministes de la métaphore vocale, on peut remarquer qu'elle renvoie notamment à la subjectivité féminine et, dans le domaine littéraire, à l'expression textuelle de l'identité de genre[2]. L'acception féministe de la notion de voix n'est pas très éloignée de celle narratologique qui embrasse la problématique de l'instance narrative. Aussi bien dans la pensée féministe qu'en narratologie, la voix fait donc référence à l'inscription de l'énonciateur ou de l'énonciatrice dans son énoncé. La métaphore de la voix est aussi présente au sein des études sur les migrations. Alors que les féministes analysent les mécanismes patriarcaux qui contribuent à réduire les femmes au silence et les stratégies discursives des écrivaines pour les contourner, les chercheurs et chercheuses travaillant sur la migration, y compris sur ses transpositions littéraires, évoquent souvent le silence des migrants, et surtout celui des migrantes. Ainsi Charles Bonn parle-t-il de l'« espace longtemps aphasique de l'immigration[3] ». Cette aphasie frappe en particulier les femmes dans la mesure où, selon bon nombre d'études, l'expérience migratoire est masculinisée[4]. Les femmes immigrées semblent donc doublement réduites au silence.

1. La voix féminine comme métonymie de l'autrice ou de la narratrice

Je voudrais tout d'abord me demander dans quelle mesure ce constat se confirme dans le champ littéraire belge franco-

2. Cindy Moore, « Why feminists can't stop talking about voice ? », *Composition studies*, v. 30, n° 2, 2002, p. 11-25.
3. Charles Bonn, « Romans féminins de l'immigration d'origine maghrébine en France et en Belgique », *Notre librairie*, n° 118, 1994, p. 107.
4. Jean-Michel Lafleur et Abdeslam Marfouk, *Pourquoi l'immigration ? 21 questions que se posent les Belges sur les migrations internationales au XXIe siècle*, Louvain-la-Neuve, Academia-L'Harmattan, 2017, p. 57.

phone, en examinant la question de la présence et de l'audibilité des autrices sur le marché éditorial et dans les études relatives aux littératures postmigratoires. D'un point de vue statistique, dans le corpus que j'ai constitué pour les besoins d'une recherche d'ensemble sur ces littératures en Belgique francophone depuis 1985 et qui comprend les œuvres de 39 auteurs et autrices, les hommes sont majoritaires : il y en a 23 pour 16 femmes. Ce corpus comprend des textes de Saber Assal, Evrahim Baran, Thilde Barboni, Jean-Baptiste Baronian, Issa Aït Belize, Fatma Bentmime, Isabelle Bielecki, Philippe Blasband, In Koli Jean Bofane, Carmelina Carraccilo, Lorenzo Cecchi, Charles Djungu-Simba, Mario Gotto, Kenan Görgün, Hamadi, Leïla Houari, Abdellatif Lekhder, Lisette Lombé, Malika Madi, Nicole Malinconi, Altay Manço, Tuyêt Nga-Nguyên, Marie Niyonteze, Adolphe Nysenholc, Mina Oualdlhadj, Albert Russo, Ismaël Saidi, Girolamo Santocono, François Scalzo, Ali Serghini, Olinda Slongo, Nathalie Skowronek, Anna Stelkowicz, Francis Tessa, Antoine Tshitungu Kongolo, Françoise Thiry, Pie Tshibanda et Annick Walachniewicz. Il s'agit d'autrices et auteurs d'origine migrante et qui abordent le thème de la migration dans au moins une de leurs œuvres. Dans la présente étude, je prends en compte uniquement les prosateurs et prosatrices, mais la liste ci-dessus comprend aussi des poètes et dramaturges. Il faut encore y ajouter les auteurs et autrices qui ont collectivement écrit, sous la direction de Ricardo Montserrat, les livres *No woman's land* et *Nora, le chemin vers la lumière.*

Faute de place, je citerai seulement deux études critiques, mais mes conclusions résultent de l'analyse d'un échantillon beaucoup plus vaste. L'étude à ce jour la plus complète est le sous-chapitre « Immigration et littérature » de Catherine Gravet et Pierre Halen et faisant partie de l'ouvrage collectif intitulé *Littératures belges de langue française. Histoire et perspectives (1830-2000)*, sous la direction de Christian Berg et Pierre Halen. Pour la littérature post-migratoire, y apparaissent 10 auteurs et 7 autrices. Dans le chapitre consacré à « La littérature métissée », dans un autre ouvrage sur les lettres belges, Anne Morelli choisit comme date emblématique du développement de cette littérature celle qui correspond à la parution de *Rue des Italiens* de Girolamo Santocono (1986), alors que l'année précédente (1985) est parue *Zeida de nulle part* de Leïla Houari. La chercheuse va jusqu'à dire qu'« Après *Rue des Italiens* […], des Marocain(e)s […] se mettent aussi à la plume[5] » et cite justement parmi les exemples Houari, alors que son œuvre précède celle de Santocono. De ces deux exemples et de beaucoup d'autres que je ne peux pas aborder ici, il résulte donc que, du point de vue quantitatif, dans le champ éditorial et critique de la littérature post-migratoire belge de langue française, les hommes occupent bien une position dominante. Les autrices y sont moins nombreuses, moins souvent étudiées et moins reconnues alors que c'est l'une d'elles qui a inauguré ce courant littéraire dans sa version contemporaine.

Mais la notion de voix peut être utilisée non seulement comme métonymie de l'auteur ou de l'autrice mais également du narrateur ou de la narratrice. En déléguant la parole narrative à une instance textuelle, aussi bien les écrivaines que les écrivains recourent à des héroïnes-narratrices et font parler des personnages féminins. Ce qui devient alors intéressant, ce sont les rapports entre les identités de genre des instances auctoriale et narratoriale et l'idéologie du genre énoncée par les voix narratives. La notion de voix peut en effet recouvrir aussi le problème de la perspective idéologique du narrateur

5. Anne Morelli, « La littérature métissée », in Jean-Pierre Bertrand, Michel Biron, Benoît Denis et Rainier Grutman (dir.) *Histoire de la littérature belge. 1830-2000*, Paris, Fayard, 2003, p. 530.

ou de la narratrice[6]. Il est alors possible de se demander si l'intégration de voix de femmes dans la narration est synonyme de l'introduction d'un point de vue non seulement féminin, mais également féministe, c'est-à-dire exprimant une prise de conscience de l'oppression que les femmes subissent en raison de leur genre ainsi qu'une aspiration égalitaire. Un tel questionnement peut mettre à l'épreuve une conviction optimiste assez souvent exprimée par la réflexion féministe classique, valorisant la voix féminine comme instrument d'émancipation.

2. Des voix ambiguës

S'agissant des relations entre instances auctoriale et narratoriale dans les œuvres de notre corpus, la plupart des autrices y créent des figures de narratrices et la majorité des auteurs — celles de narrateurs. Il y a donc systématiquement une continuité entre le genre des écrivains et écrivaines et celui qu'ils et elles prêtent aux figures textuelles prenant en charge les récits. Cette continuité résulte surtout du caractère autobiographique d'une grande partie des œuvres du corpus. Le fait que les instances auctoriales, actoriales et narratoriales se confondent introduit la coïncidence entre leurs identités de genre. Dans ce sens, une partie des textes du corpus constituent des transcriptions de voix féminines extratextuelles. Toutefois, les relations entre voix auctoriales et narratoriales sont parfois plus ambiguës. Premièrement, dans le cas d'ouvrages collectifs. Ainsi les textes *No woman's land* et *Nora, le chemin vers la lumière* sont-ils l'œuvre de l'Annexe 26 bis, atelier belge de création d'une littérature et d'un cinéma de l'exil, sous la direction de Ricardo Montserrat. Cet atelier

6. *Cf.* Monica Michlin, « Les voix interdites prennent la parole », *Sillages critiques*, n° 7, 2005, https ://journals.openedition.org/sillagescritiques/1078 (consulté le 27 février 2019).

regroupe principalement des demandeurs d'asile, aussi bien hommes que femmes, originaires de 26 pays. Dans ce cas, la voix auctoriale est collective et bi-genre. Quant à la voix narratoriale, aucune identité de genre claire ne lui est attribuée. Il s'agit donc, pour emprunter une formule à Susan Lanser, d'une « hétérodiégèse [...] *queer* du point de vue du genre et du sexe[7] ». L'instance narrative est *queer* au sens où elle reste indéterminée. Selon Lanser, il s'agit d'« une indétermination accueillante à la variété et à l'instabilité de la voix humaine[8] ».

Une autre relation ambiguë entre voix auctoriale et narratoriale apparaît lorsqu'un auteur masculin joue le rôle de porte-parole ou porte-voix d'un personnage féminin. « Un trouble dans le genre » s'insinue alors dans la narration, pour reprendre le titre de l'ouvrage classique de Judith Butler. Cette délégation de parole est notamment nécessaire dans le cas d'héroïnes-narratrices analphabètes qui ne disposent justement que de leur voix et ont besoin d'un scripteur capable de mettre par écrit leurs récits. Dans *Le Livre de Fatma* de Fatma Bentmime et Patrick Michel et *Parle-moi de ton absence* de Saber Assal, la délégation de parole est explicitement mise en scène. Dans le premier ouvrage, elle l'est dans le « Postscriptum » où Patrick Michel explique la situation d'énonciation particulière, propre à ce texte : après que Fatma, qu'il avait connue dans un collectif d'alphabétisation, lui a fait part de « son désir d'écrire sa vie », ils se retrouvaient chaque semaine, « Elle parlait et [lui] écrivai[t][9] ». Il a donc joué le rôle de scribe. Quant à Saber Assal, il explique aussi qu'il n'est que le scripteur et traducteur du récit lui ayant été livré en arabe dialectal par sa mère. L'utilisation de la notion de

7. Susan S. Lanser, *op. cit.*, p. 30.
8. *Ibid.*, p. 30.
9. Fatma Bentmime et Patrick Michel, *Le Livre de Fatma*, Bruxelles, Éd. EPO, 1993, p. 143.

voix narrative se justifie particulièrement dans ce cas, comme dans le précédent, car le texte est une transcription d'une narration orale enregistrée (phénomène typique de la première phase de développement des littératures postmigratoires[10]). Cependant, dans ces deux livres, entre les conteuses racontant leurs histoires de vive voix et les héroïnes-narratrices prenant en charge le récit intervient un scripteur masculin. On a affaire à une multiplication de niveaux énonciatifs et à une superposition d'identités de genre qui donnent à la voix narrative un aspect *queer*, malgré son marquage féminin explicite.

3. Les idéologies du genre véhiculées par les voix narratives et la question du féminisme

Concernant l'articulation entre l'aspect genré de la voix narrative et l'idéologie du genre qu'elle exprime, il résulte clairement de l'analyse des œuvres du corpus que l'introduction d'une voix féminine n'est pas toujours synonyme de l'adoption d'une perspective féministe. L'apparition de cette dernière est plus fortement conditionnée par la thématique abordée que par l'identité de genre de l'instance narrative. Qu'il s'agisse de narrateurs ou de narratrices, un point de vue proche du féminisme apparaît surtout dans les séquences où l'inégalité de genre prend des formes particulièrement choquantes. Il s'agit notamment d'épisodes relatant des violences envers les femmes à l'intérieur de la famille patriarcale qui constituent un thème fréquemment abordé dans les œuvres du corpus. Ainsi les violences subies de la part de son mari conduisent-elles l'héroïne-narratrice du *Livre de Fatma* à une prise de

10. Voir Charles Bonn, *op. cit.*, p. 99.

conscience féministe. Elle critique la situation des femmes dans sa culture d'origine et remet en question cette dernière :

> Dans la tradition, une fois mariée, la femme reste comme une enfant. [...] Le mari la prend en charge comme sa famille le faisait. [...] Quand elle tombe sur un bon mari, sa vie s'écoule paisiblement, dans les certitudes rassurantes héritées des traditions. Mais chez moi, dix ans de coups ont eu raison de la coutume[11]...

Fatma remet en question le potentiel de violence que recèle la tradition patriarcale qui infantilise les femmes et les place, structurellement, en position de victimes. Elle refuse justement d'occuper cette position : après avoir fait une analyse très lucide de sa situation, elle décide d'en sortir.

Cependant, ce ne sont pas toujours celles qui font l'expérience de la violence masculine qui la dénoncent. Dans *Parle-moi de ton absence*, c'est le second narrateur qui analyse, d'une manière proche de la pensée féministe, les violences dont est victime la narratrice principale. Celle-ci lui raconte les atrocités subies, mais c'est lui qui interrompt son récit pour généraliser son propos, par exemple en citant des statistiques d'Amnesty International sur les violences faites aux femmes. La voix féminine est celle du témoignage sur la tyrannie domestique, la voix masculine — celle d'un commentaire généralisant à consonance féministe. Les scènes de violence conjugale rapportées par la narratrice véhiculent une critique implicite de la domination masculine du fait de leur atrocité même, mais l'héroïne n'en parle pas en termes féministes. Elle fait d'ailleurs part à son fils de ses difficultés à se révolter :

> N'oublie pas ceci : je n'avais que dix-neuf ans et j'étais assez ignorante. Jamais je n'avais ouvert de livre, ni lu de document [...] Je n'avais pas appris à lutter contre un homme et sa violence. Le divorce, je ne connaissais pas non plus. À l'époque, ce n'étaient pas les gens divorcés qui couraient les rues, mais les gens soumis. On fermait sa bouche et on encaissait sagement pour ne pas troubler

11. Fatma Bentmime et Patrick Michel, *op. cit.*, p. 138.

> l'ordre social. Tu vois, ce n'était pas facile parce que rien ne jouait en ma faveur[12].

Inès essaie de se révolter, refuse finalement les coups et les viols conjugaux et, une fois en Belgique, tâche d'obtenir le divorce, considérant son pays d'accueil comme plus favorable aux droits des femmes que son pays d'origine. Elle contredit ainsi, par ses actions, le stéréotype de l'immigrée — victime passive des traditions[13].

Si l'on ne peut pas parler, dans son cas, d'un féminisme conceptualisé et revendiqué, sa lutte pour l'autonomie et la dignité équivaut sans aucun doute à une forme de féminisme pratique, de fait plutôt que de discours. Elle tire de ses expériences des conclusions dont la teneur est proche de la pensée féministe. Saber Assal qui, grâce à son éducation, dispose du bagage conceptuel nécessaire, ne fait qu'expliciter le potentiel féministe du récit de sa mère, en en donnant cette interprétation anti-patriarcale généralisante :

> Victime du pouvoir abusif de l'homme, la femme maghrébine doit bien des fois se soumettre dans une société où la religion est souvent la seule forme d'éducation présente [...], où l'on feint d'oublier que l'Islam signifie soumission à Dieu, non à l'homme[14].

Il introduit une perspective apparentée à la pensée féministe musulmane selon laquelle « les asymétries de genre [ont] des fondements plutôt sociaux que naturels (ou divins), et [...] la grande partie de ce que l'on appe[lle] droit musulman consist[e] en des interprétations patriarcales du Coran », comme le résume Valentine M. Moghadam[15]. Assal fait donc

12. Saber Assal, *Parle-moi de ton absence*, Bruxelles, Couleur livres, 2007, p. 147.
13. *Cf.* Linda Guerry, « Femmes et genre dans l'histoire de l'immigration. Naissance et cheminement d'un sujet de recherche », *Genre & histoire*, n° 5, 2009, https ://journals.openedition.org/genrehistoire/808 (consulté le 21 mai 2019).
14. Saber Assal, *op. cit.*, p 16.
15. Valentine M. Moghadam, « Qu'est-ce que le féminisme musulman ? », in Commission Islam & laïcité, *Existe-t-il un féminisme musulman ?*, Paris,

appel à un féminisme particulier, « formulé à l'intérieur du paradigme islamique[16] » et basé sur le postulat d'une symbiose possible entre pensée religieuse et égalité homme-femme. Comme on le voit sur cet exemple, il arrive que des réflexions ou revendications féministes soient articulées à travers une voix masculine. C'est aussi le cas dans *Calendes maghrébines* d'Issa Aït Belize où Amarouche, le héros-narrateur du roman, fait une analyse critique de la situation des femmes au Maghreb, ou encore dans *Anatolia Rhapsody* de Kenan Görgün qui est tout aussi critique par rapport à sa communauté, celle des descendants d'immigrés turcs en Belgique, lesquels perpétuent, selon lui, une forme de patriarcat basée notamment sur la double morale sexuelle et l'obsession de la virginité des filles.

À l'encontre de la valorisation inconditionnelle de la voix féminine en elle-même par le courant essentialiste de la pensée féministe, des voix de femmes antiféministes apparaissent aussi dans les œuvres du corpus. Dans *Parle-moi de ton absence*, lorsque l'héroïne confesse à sa mère les violences conjugales dont elle est victime, Hanane, la doyenne de son village natal, qui assiste à la scène, l'apostrophe violemment :

> Mais tu ne vois pas que cette fille est en train de te tourner en bourrique ! Ça fait une heure qu'elle se plaint, elle qui a eu la chance d'aller vivre en Europe et d'y gagner sa vie. La seule fille du village qui, grâce à son homme, a vu Belgica ! Alors, au lieu de critiquer hypocritement son mari, elle devrait se mettre dans la tête que la place d'une épouse se trouve à ses côtés. Nous Inès, nous sommes des Musulmans, pas des pécheurs de *gaouri* ! T'a-t-il abandonnée ? A-t-il négligé tes enfants ? Non ? Alors, dis-moi, finalement de quoi te plains-tu ?[17]

L'Harmattan, 2007, p. 44.

16. Margot Badran, « Le féminisme islamique en mouvement », in *ibid.*, p. 52.
17. Saber Assal, *op. cit.*, p. 137-138.

Ces paroles féminines contredisent l'idéal féministe de sororité, basé sur des postulats de solidarité et d'empathie entre les femmes. Alors qu'Inès s'adresse à sa mère dans l'espoir de recevoir du soutien, la doyenne du village minimise les violences qu'elle subit. Elle déplace la question des droits de la femme sur le terrain religieux et se sert d'une interprétation intégriste de l'islam : une quelconque révolte contre la domination masculine serait un péché. La doyenne du village se fait ainsi porte-parole d'une idéologie qui fait primer le substrat culturel patriarcal sur le message égalitaire du Coran et a propagé le mythe de l'origine occidentale du féminisme, prétendument « importé » dans les pays musulmans, alors que, comme le rappelle Margot Badran : « Les idées et les mouvements féministes sont apparus au même moment en Orient et en Occident[18] ».

Plutôt que de dessiner l'image idyllique de la sororité, les narrations post-migratoires racontent souvent l'implication des mères et d'autres femmes dans la violence patriarcale et les conflits mère-fille autour de l'identité de genre. Dans *Nuit d'encre pour Farah* de Malika Madi, la mère de l'héroïne est aussi une gardienne de la tradition. L'idéal féminin qu'elle prône semble proche de celui défendu par la doyenne du village natal d'Inès, si l'on en croit cette description qu'en donne l'héroïne-narratrice : « Dans l'esprit de notre mère, une fille devait être formée pour le ménage, la cuisine et la couture. Être une femme terriblement féconde et une épouse totalement dévouée à son mari[19] ». La narratrice explique l'attitude conservatrice de sa mère notamment par sa condition d'immigrée. Selon elle, celle-ci « [...] avait été arrachée au monde excessivement structuré des villages de la petite Kabylie où

18. Margot Badran, *op. cit.*, p. 54.
19. Malika Madi, *Nuit d'encre pour Farah*, Cuesmes (Mons), Éd. du Cerisier, 2013 [2000], p. 16.

chacun avait un rôle précis à tenir » et « Le poids de la solitude et la barrière de la langue en firent une femme encore plus sensible à l'héritage de la tradition[20] ». L'héroïne voit donc le traditionalisme de sa mère comme un produit de son éducation, mais également du figement identitaire provoqué par la migration ; dans un nouvel univers culturel et linguistique, sa mère se construit, selon elle, une identité basée sur une vision figée des traditions de son pays d'origine, devenues des repères sécurisants. L'un des leitmotivs de la littérature postmigratoire, celui du conflit entre les immigré(e)s et leurs enfants, sur fond de changement de système de valeurs, apparaît en l'occurrence dans le domaine du genre. Mimi, la narratrice de *Ti t'appelles Aïcha, pas Jouzifine !* de Mina Oualdlhadj, introduit aussi le thème des rapports difficiles avec ses parents d'origine marocaine. La source du conflit est le non-respect par Mimi des standards de genre qui s'appliquent, selon eux, à toute femme. L'héroïne présente clairement sa mère, femme au foyer, comme un contre-modèle.

Relatant des conflits entre mère et fille sur fond d'émancipation, les textes post-migratoires montrent que les droits des femmes peuvent se trouver pris dans une logique de concurrence entre la culture d'origine des familles immigrées et celle de leur pays d'accueil. Les filles qui occupent le plus souvent la position d'héroïnes-narratrices sont des porte-paroles de cette dernière, alors que les mères représentent d'habitude cette première. Sans toujours se définir comme féministes, les filles donnent une image critique de leur situation, clairement conditionnée par leur genre. Même lorsque les filles adoptent des positions féministes, il s'agit d'un féminisme qui n'est pas forcément incompatible avec la sauvegarde de certains éléments de la culture d'origine de leur famille. Ainsi Mimi

20. *Ibid.*, p. 40-41.

parle-t-elle d'une manière nuancée de la question du voile, ne le voyant pas nécessairement comme signe de subordination :

> Il y a des foulards consentants, des foulards forcés, des foulards indécis, des foulards revendicateurs [...] Celles qui sont forcées de le porter l'enlèvent dès qu'elles ne se sentent plus en danger. [...] D'autres l'utilisent comme objet de libération. Elles sont voilées, donc dignes de confiance. Les parents leur accordent alors plus de liberté[21].

Elle donne ainsi des exemples d'un usage émancipateur possible de la tradition et ne la rejette pas *a priori*. Elle critique la composante patriarcale de la culture d'origine de ses parents mais ne la nie pas en bloc.

Les hommes dominent statistiquement parmi les auteurs des récits post-migratoires en Belgique francophone, mais ils délèguent parfois une partie de la narration à une narratrice ou héroïne. Les autrices créent plus systématiquement des narratrices. Qu'elles soient des créations masculines ou féminines, ces dernières ne sont pas forcément des porte-paroles de l'idéologie féministe classique. Elles n'expriment pas toujours des idéaux émancipateurs dans la version à laquelle nous a habitués la seconde vague du féminisme. Ces voix féminines ne sont pas nécessairement féministes au sens traditionnel du terme. Beaucoup d'entre elles le sont toutefois à leur manière. La lecture des narrations post-migratoires belges francophones nous conduit à nous redemander ce qu'est le féminisme. Ces narrations nous montrent que la parole d'une partie des femmes immigrées ou d'origine migrante n'est pas récupérable par une interprétation féministe classique. L'exploitation littéraire de leurs voix ne donne donc pas naissance à une littérature militante au sens fort du terme, comme pouvait l'être celle née de la seconde vague du féminisme. Les

21. Mina Oualdlhadj, *Ti t'appelles Aïcha, pas Jouzifine !*, Nivelles, Éd. Clepsydre, 2008, p. 78.

narratrices et héroïnes décrivent souvent leurs expériences de la domination masculine sans recourir expressément à l'outillage conceptuel élaboré par le mouvement de libération des femmes. Mais, par leurs descriptions de la violence patriarcale, leurs récits appellent une lecture féministe. Chez certains écrivains et écrivaines issus de l'immigration, cette dernière apparaît d'ailleurs explicitement, invalidant le stéréotype de l'immigré(e) chantre de la tradition patriarcale dont serait forcément porteuse sa culture d'origine (comme dans *Soumission* de Michel Houellebecq). Le féminisme qui se dégage du corpus postmigratoire se caractérise donc par son aspect transculturel, non essentialiste, bi-vocal, bi-genre et parfois *queer* : il est énoncé par des voix féminines et masculines ou ambiguës du point de vue du genre. Les narrations postmigratoires belges francophones confirment ainsi la diversité de la pensée de l'égalité homme-femme et sa diffusion bien au-delà des cercles féministes proprement dits.

Université Pédagogique de Cracovie[22]

22. Cette étude s'inscrit dans le cadre d'un projet de recherche qui bénéficie d'un financement du Centre national de la recherche scientifique polonais (National Science Centre, Poland, research project 2018/30/M/HS3/00153).

« L'impossible parole de la femme subsaharienne immigrée en France dans *Maman a un amant* de Calixthe Beyala »

Marion Coste

Maman a un amant est un roman choral : c'est le fils de Maryam, surnommé Loukoum, qui est le narrateur principal, mais, à chaque début de chapitre, Maryam s'adresse sur le mode épistolaire à une mystérieuse « Amie ». Ce roman prend la suite du *Petit Prince de Belleville* qui raconte les affres d'Abdou, le père. Les paroles de Maryam sont transcrites en italiques, et constituent un contre-point mélancolique à la prose joyeuse de Loukoum. J'essaierai de montrer comment ce procédé littéraire permet de suggérer l'invisibilisation de la parole des femmes subsahariennes immigrées à Paris, à la fois auprès de leur communauté d'immigrés et auprès de la communauté d'origine française. J'analyserai d'abord le fait que Maryam raconte la manière dont elle a été fortement incitée à se taire, à accepter en silence les infidélités de son mari et ses co-épouses, à cause surtout de sa stérilité. Je verrai ensuite comment, au moment où elle se libère de l'emprise de son mari grâce à une certaine autonomie financière et à un amant d'origine française, n'appartenant pas à sa communauté, elle est de nouveau contrainte au silence par l'ensemble des hommes de sa communauté immigrée, appelée par Loukoum « les Nègres de Belleville. » Enfin, je verrai qu'elle recherche une oreille attentive auprès des femmes blanches sans succès, en étudiant le personnage de Madame Saddock, féministe blanche qui vient discuter avec Maryam et Soumana, sa co-épouse, et « l'Amie », à laquelle les lettres sont adressées, et qui se révèle être une interlocutrice fantasmée, témoignant de l'impossibilité pour Maryam de confier son histoire de femme à qui que ce soit.

Je m'appuierai dans ce travail sur la réflexion d'Odile Cazenave dans *Afrique sur Seine*, qui montre qu'hommes et femmes subsahariens ne vivent pas de la même manière la migration en France dans les romans de Calixthe Beyala. J'utiliserai aussi la parole même de Calixthe Beyala dans *Lettre d'une Africaine à ses sœurs occidentales,* où elle apparaît comme une Maryam triomphante, animée par le désir de faire entendre la spécificité de son féminisme aux femmes françaises d'origine française.

1. Le silence imposé à Maryam

Calixthe Beyala met d'abord en scène l'emprise sur Maryam d'une culture africaine sexiste. Remarquons immédiatement, à la suite de nombreuses critiques comme Odile Cazenave, que chez Beyala, l'Afrique, la culture africaine, est une notion vague, propice à tous les amalgames, ne renvoyant pas précisément à celle du Cameroun, dont Beyala est originaire. Plus que du reflet réaliste historiquement d'une idéologie camerounaise, il s'agit plutôt pour moi d'un ressenti personnel, marqué autant par l'enfance camerounaise que par l'expérience de l'immigration et l'implantation dans un quartier parisien fortement peuplé d'immigrants africains développant eux-mêmes une forme de culture spécifique, résultat mais non-somme de multiples cultures africaines et de la culture française telle qu'elle s'offre ou se dérobe aux immigrés d'Afrique subsaharienne.

Maryam raconte la culture qu'elle a reçue enfant. Cette culture se traduit par une série de maximes, imposée à l'enfant sans possibilité de contestation et sans explication, d'où leur violence, assimilée, dans l'extrait qui suit, à un viol :

> « La femme est née à genoux aux pieds de l'homme ».
> Cette phrase a bâti mon royaume intérieur. Elle a tissé mon enfance. Elle m'a caressée violemment. Elle me pénètre en grands sanglots, en larmes jaillissantes de laideur et d'espaces interdits. Elle répète ce qu'on appelle des hérésies. Elle affirme mon orgueil que je dois courber malgré moi.
> Et dans cette raison supérieure plus que jamais éternelle, je pense à ma mère[1].

C'est bien l'expérience d'un traumatisme, à jamais indépassable, que raconte Maryam : les métaphores du viol (« caressé violemment » « elle me pénètre en grands sanglots »), l'interdit religieux de la protestation avec l'allusion aux « hérésies » et à « l'orgueil », péché capital, impose à la petite fille la soumission, et fait de la femme adulte une éternelle petite fille face à la mère absente, restée sur le Continent.

Cette culture africaine appelle d'autant plus Maryam à la soumission qu'elle est stérile :

> J'attendais chaque lune, mes règles revenaient avec une régularité déconcertante. Mes entrailles refusaient d'offrir la vie. J'étais stérile. Stérile ! Je regardais le ciel. Le ciel se désintéressait de mon sort. [...] L'absence d'un enfant. L'horreur que rien n'égale. Un phénomène illogique que je ne voulais ni comprendre ni détailler. J'étais

1. Calixthe Beyala, *Maman a un amant,* Paris, J'ai lu, 1995, p. 21.

> un arbre desséché, ou un animal inconnu mi-homme mi-femme qui s'accouplait avec Abdou et emprisonnait ses forces mâles[2].

Les périphrases refusent d'abord de nommer la stérilité : « Mes entrailles refusaient d'offrir la vie », « l'horreur que rien n'égale », montrent qu'il s'agit d'un tabou. Les métaphores par lesquelles Maryam se décrit (« un arbre desséché », « un animal inconnu mi-homme mi-femme qui s'accouplait avec Abdou et emprisonnait ses forces mâles ») véhiculent tout un imaginaire de la stérilité féminine vécue comme une faute, un manquement à l'égard du mari, et une dégradation majeure du statut de la femme. On apprend ensuite qu'Abdou profite du droit moral que lui offre la stérilité de sa femme pour en prendre une, puis deux autres, Soumana et Esther : « Handicapée de naissance, incapable de mener à bout ma mission de femme, je claudiquais dans mon infirmité. Le chagrin ceignait mes reins. L'homme fêtait son triomphe[3] ».

Ensuite, l'expérience de la migration en France, du racisme et de la peur du rejet, vient conforter ce silence imposé par la culture africaine à la jeune femme.

> La peur d'être réexpédiée en Afrique dans un bateau, dans une cale, là où crèvent des exilés.
> La brise du soir ferme mes paupières et coud mes lèvres.
> Mon silence ne cesse de grandir. Il grandit comme une ronce un peu folle et fissure les murs des voisins. La terreur les étouffe et les incite à me taper dessus. Ils ont peur d'être envahis par cette mélasse noire, peuplée de feuilles d'automne et de tristesse.
> Ma grand-mère avait raison : le silence indique les hiérarchies[4].

Le silence et la soumission de la femme subsaharienne immigrée n'est donc pas uniquement le résultat d'une culture d'origine misogyne : elle provient aussi de l'isolement et du climat de terreur qui s'installe autour de l'immigrée. La peur

2. *Ibid.*, p. 75.
3. *Ibid.*, p. 83.
4. *Ibid.*, p. 65.

de la première phrase de la citation désigne celle de l'immigrée en France, mais fait aussi allusion, notamment grâce au terme de « cale » et à l'idée d'une mort au fond d'un bateau, à la traite négrière. Se mêlent ainsi deux oppressions, deux négations de la valeur humaine, subies par les Africains, qui se trouvent ainsi réduits à une « mélasse noire » indifférenciée. Cette image témoigne du délitement identitaire de Maryam, privée de sa parole et de sa singularité.

Cette rencontre d'une culture subsaharienne misogyne et de l'isolement de l'immigrée subsaharienne en France fait de Maryam et de sa co-épouse Soumana des êtres réduits à figurer au second plan, mais aussi des prisonnières vouées au silence, interdites de parole. « Nous étions un décor pour ses splendeurs, ses fêtes. Prisonnières de nos rêves, nous allions, montant et descendant, poussant la brouette du silence, construisant peu à peu un temple de rumeurs[5] ». Il ne leur reste plus que la rumeur, c'est-à-dire la parole anonyme, celle qui ne permet pas l'affirmation de soi, et celle qui toujours sera mise en question, dévalorisée et humiliée. Revenons maintenant plus précisément sur le fonctionnement de la communauté d'immigrés subsahariens vivant à Belleville telle qu'elle est imaginée par Beyala, et sur la façon dont cette communauté force les femmes au silence.

2. Les contraintes misogynes spécifiques subies par les femmes subsahariennes immigrées en France

Chez Beyala, les femmes sont animées d'une volonté de changement plus forte que les hommes. Ainsi, elles prennent l'immigration comme un moyen d'évoluer, quand les hommes

5. *Ibid.*, p. 120.

se replient sur la nostalgie du Continent, comme le constate Odile Cazenave :

> Cette évocation est aussi, pour l'auteur, un moyen de rendre compte d'un décalage entre homme et femme face à leur situation d'exil. De fait, Beyala considère les distorsions de style de vie entre hommes et femmes, entre parents et enfants. La femme, elle, recherche une nouvelle liberté, découvre d'autres façons d'être et de faire, en tant que femme, en tant qu'épouse (d'où des transformations physiques que l'homme ne comprend pas et accepte mal). Tout au contraire, l'homme oppose de la nostalgie à cette nouvelle société. Perdu dans ce monde, il porte un regard sur le passé, sans pouvoir désormais communiquer sa peine aux femmes qui ne l'écoutent plus[6].

C'est précisément l'histoire d'Abdou dans *Le Petit Prince de Belleville*, dont les interventions sont de longues et pathétiques élégies de son pouvoir patriarcal perdu sur ses femmes et ses enfants, et de Maryam dans *Maman a un amant,* qui décide de mettre fin à la situation de soumission dans laquelle Abdou l'a plongée. Pour ce faire, elle monte une affaire de bracelets qui se met à représenter les revenus principaux du ménage et prend un amant blanc, Monsieur Tchitchi. Sous l'influence de ce dernier, elle apprend à lire et à écrire, ce qui est présenté comme un *empowerment.* Mais alors, la riposte de ce que Calixthe Beyala, dans *Lettre d'une Africaine à ses sœurs occidentales*, appelle « l'anti-féminisme » ne se fait pas attendre. Ainsi, le départ de Maryam avec Monsieur Tchitchi est commenté au café de Monsieur Guillaume, qui sert de point de rendez-vous de ceux qui sont nommés « les Nègres de Belleville » :

> — Seigneur, nos femmes travaillent ! Elles nous larguent ! elles vont apprendre à lire ! elles laissent les mômes seuls ! elles se peignent le visage comme c'est pas permis ! où va-t-on ?
> — Enfin, au paradis ! clame M'amzelle Esther. Vous autres, les hommes, vous êtes tous les mêmes. Si on vous laissait faire, vous

6. Odile Cazenave, *Afrique sur Seine*, Paris, L'Harmattan, 2003, p. 96.

> mettriez une ceinture de chasteté aux femmes, et vous jetteriez la clé dans la mer !
> — Boucle-la, pétasse ! hurle Monsieur Kaba[7].

La seule femme qui ose répondre à Monsieur Kaba est Esther, une jeune prostituée avec qui Abdou a fait un enfant hors mariage, sans choquer personne. Le fait qu'elle défende Maryam montre qu'elle ne considère pas Maryam comme une rivale, qu'elle ne laisse pas Abdou se mettre entre elles, et laisserait espérer une alliance des femmes subsahariennes immigrées, mais cet espoir n'est incarné que par cette femme, dont le discours est systématiquement méprisé parce qu'elle est une prostituée. Maryam, dans *Le Petit Prince de Belleville,* tente d'aller vers Soumana, sa co-épouse qui se meurt de jalousie quand Abdou fréquente Esther, mais Soumana lui rit au nez, car elle méprise Maryam, qui n'a pas su garder son époux. Dans *Maman a un amant* intervient aussi Aminata, la mère biologique de Loukoum, qui se montre terrible avec Maryam. À la fin du roman, elle avoue à Loukoum avoir agi comme cela par jalousie, parce que Maryam était aimée de Loukoum. Ainsi, les femmes subsahariennes ne parviennent pas à s'unir, minées par les relations de jalousie qu'induisent entre elles la polygamie masculine.

Au-delà de ce jugement qui condamne l'infidélité de Maryam et pas celles d'Abdou, la tribu oblige Abdou à répudier Maryam, alors qu'Abdou préfèrerait accepter l'infidélité de son épouse et la garder avec lui.

> La justice de la tribu a été précise à mesurer mon compte de contrition. Elle me sermonne. Elle me nomme : « Infidèle ! » Je suis l'arbre du mal.
> Mon époux me chasse. La tribu lui refuse l'hypocrisie de n'en rien savoir. Elle lui refuse la lumière, lui impose d'autres dimensions sans

7. Calixthe Beyala, *Maman a un amant*, *op. cit.*, p. 158.

> dimension, une morale qui me semblait interdite dès lors qu'elle annihile la révélation de l'amour, à nu[8].

Beyala inverse les polarités de la lumière et de l'ombre : la lumière, traditionnellement associée au dévoilement de la vérité, devient ici le droit de garder le secret, le droit de se voiler la face pour Abdou. C'est que Maryam est ici en train de se forger une contre-culture, dans laquelle ce qui compte est « la révélation de l'amour », même si cela implique, selon la morale patriarcale, l'infidélité ou le mensonge. La métaphore de « l'arbre du mal » est venue remplacer celle, citée plus haut à propos de la stérilité de Maryam, de « l'arbre desséché » : fait intéressant, car l'arbre du mal évoque forcément l'arbre de la connaissance dont Adam et Ève ont croqué la pomme. Ce que les « Nègres de Belleville » appellent « le mal » est pour Maryam la connaissance, puisque son amour pour Monsieur Tchitchi lui a donné la possibilité d'apprendre à lire et à écrire, expérience décrite comme un accès libérateur à la connaissance.

Maryam, malgré l'appui de Monsieur Tchitchi et l'apport de la lecture et de l'écriture, malgré son recul critique à l'égard de la morale des Nègres de Belleville, va pourtant être défaite, et accepter de reprendre sa place de femme soumise afin d'éviter la marginalisation, et plus exactement afin de ne pas perdre le lien avec ses enfants (qui sont biologiquement ceux de ses co-épouses). Abdou décide en effet d'interdire à Maryam de voir ses enfants, et Maryam n'a pas la possibilité mentale et légale de faire appel à la justice pour combattre cela. Elle sait aussi qu'Abdou, aidé de la communauté noire, a déjà réussi à mettre leur idéologie misogyne dans la tête de son fils, comme on le verra dans la partie suivante.

8. *Ibid.*, p. 232.

Cette crainte de la marginalisation est, d'après Beyala, l'ultime recours des anti-féministes pour soumettre celles qui parviennent à échapper à la morale patriarcale. Elle écrit dans *Lettre d'une Africaine à ses sœurs occidentales* : « La peur, toujours elle, celle qui fait craindre aux femmes la pire des représailles : leur marginalisation au sein d'une communauté machiste qui n'a pas attendu pour les reléguer dans leur coin : la cuisine[9]. »

Pour Maryam, cette soumission est d'autant plus rude qu'Abdou s'est arc-bouté sur la morale misogyne des Nègres de Belleville, et se montre tout à fait incapable d'écouter ce que sa femme a à dire :

> J'aime mes enfants. Je suis revenue pour eux. Mais l'homme n'a rien compris. Sa peau exilée de soleil s'est ratatinée. Aucune théorie ne s'y infiltre. Rabougri, orphelin du passé, il transforme ma vie en cauchemar. [...]
> Combien j'ai envie de dire, le droit de redire, ce demi-siècle de source recluse !
> Combien j'ai envie de crier l'amour perdu sur l'aile d'un oiseau, qui se meurt au soleil !
> Je reste muette[10].

L'incompréhension d'Abdou n'est pas ici présentée comme le résultat de sa culture africaine, mais bien comme celui de l'immigration et de la chaîne des manques (« sa peau exilée de soleil », « orphelin du passé ») et des humiliations (« rabougri ») qu'il a subies en tant qu'immigré. Calixthe Beyala, dans sa *Lettre d'une Africaine à ses sœurs occidentales,* parle de ce repli amer de certains hommes africains confrontés au modèle de vie occidental, en France ou en Afrique :

> Les plus dangereux sont ces Africains qui intellectualisent l'oppression et la mutilation des femmes... Ils disent que c'est la tradition.

9. Calixthe Beyala, *Lettre d'une Africaine à ses sœurs occidentales*, Paris, Spengler, 1995, p. 88.
10. Calixthe Beyala, *Maman a un amant, op. cit.*, p. 240-241.

> Ils brandissent les épouvantails de la domination culturelle occidentale, et la peur qu'elle inspire à un peuple encore traumatisé par l'esclavage et la colonisation, pour se conforter dans l'idée que la tradition africaine est salvatrice. Nous y soumettre, tout accepter de la barbarie dans ses formes les plus cruelles, voilà, selon eux, ce qui nous libérerait de la suprématie occidentale[11].

Elle récuse l'idée qu'il s'agisse d'une réelle défense de la culture africaine, et montre que ce raisonnement oiseux prend sa source dans un « traumatisme », celui de « l'esclavage et la colonisation » : il n'est en rien rationnel. Maryam, qui se décrit depuis le début du roman comme « silencieuse », devient ici « muette » : pourtant, elle a appris à lire et à écrire, elle peut écrire à cette mystérieuse « Amie », dont il va être question maintenant. Cet épanchement épistolaire met-il fin au silence imposé à la femme subsaharienne ?

3. L'impossible dialogue avec les féministes blanches

J'ai montré que la femme subsaharienne immigrée est doublement emprisonnée, d'abord par sa culture africaine, puis surtout par l'expérience de l'immigration, qui amène les hommes à une forme de nostalgie et en fait des êtres incapables de renoncer à leurs privilèges. Comme l'union avec les autres femmes subsahariennes semble échouer à cause de la jalousie induite par la polygamie masculine, la seule échappatoire semble être dans la rencontre avec les féministes blanches. Cette rencontre est mise en scène à deux reprises. La première, dans *Le Petit Prince de Belleville,* confronte Soumana et Mme Saddock, féministe blanche venue prêcher la bonne parole dans les quartiers d'immigrés. À travers le regard de Loukoum, on comprend que cette rencontre ne peut pas porter

11. Calixthe Beyala, *Lettre d'une Africaine à ses sœurs occidentales, op. cit.*, p. 88.

ses fruits car Mme Saddock est pleine de mépris pour Soumana et Maryam, parce qu'elles sont pauvres et parce qu'elles sont noires. On perçoit par ailleurs l'idéologie misogyne qui habite Loukoum :

> Elle explique aux femmes leurs droits et tout le tartouin-bidule-pour-femme-mal-baisée. Quand elle parle, elle fait des gestes, s'émeut et finit même par se fâcher sérieusement. Pas parce qu'elle est furieuse, mais parce qu'elle veut dire plus de choses encore et que mes mamans ne peuvent pas toujours comprendre avec leurs moyens de sous-quartier. Il lui faudrait des mots en diamant pour fourrer dans leurs crânes toutes les merveilleuses choses de la vie, croit-elle[12].

Le mépris misogyne de Loukoum se traduit par le « tartouin-bidule-pour femme-mal-baisée », et le mépris de classe de Mme Saddock par « leurs moyens de sous-quartier », ainsi que l'évocation des « diamants », qui réactive le stéréotype raciste et misogyne des femmes africaines vénales, incapables d'ambition politique ou éthique. Mme Saddock ne parvient pas à comprendre la spécificité de la situation de Soumana et Maryam :

> Et Madame Saddock se chagrine. Elle crie :
> À votre place, j'irais là, je ferais ci, je ferais ça.
> Et justement, elle n'est pas à leur place elle n'a pas à s'occuper de c'qui la regarde pas. Les mariages en Afrique, elle sait pas c'que c'est. Elle comprend rien à notre système de vie[13].

Loukoum pointe avec justesse les insuffisances de cette rencontre qui n'en est pas une : Mme Saddock sermonne Soumana et Maryam mais ne les écoute pas, ne cherche pas à comprendre leur situation. Remarquons aussi le fait que Loukoum, qui ne semble pas, dans le roman, connaître l'Afrique ou en avoir de souvenirs, croit savoir ce que sont « les mariages en Afrique », et s'associe à « notre système de vie » : il se sent le légataire légitime d'une culture prétendument africaine qui

12. Calixthe Beyala, *Le Petit Prince de Belleville,* Paris, J'ai lu, 1994, p. 116.
13. *Ibid.*, p. 117.

est en réalité, comme nous l'avons vu, créée par les hommes immigrés subsahariens à partir de leurs blessures d'orgueil. L'échec de la rencontre avec Mme Saddock est dramatique, puisqu'il conduit à la mort de Soumana, qui tente d'appliquer les préceptes de Mme Saddock dans son contexte et n'en retire que toujours plus d'aigreur.

La mise en scène de l'échange avec une féministe blanche se généralise, puisque tous les mots de Maryam sont adressés à « l'Amie », mystérieuse femme blanche qui semble parfois se confondre avec Mme Saddock, notamment dans ce passage où Maryam relate la mort de Soumana :

> Elle te cherchait, l'Amie, elle t'a vue.
> Elle te regardait, monumentale, princière, elle voulait être toi.
> Tu plantais tes théories dans l'eau et l'eau nous apportait leurs reflets.
> Je regardais, muette.
> Soumana agissait.
> Elle attrapait ton regard et l'ombre ne régnait plus.
> Les fleurs du temps s'ouvraient, le passé se recomposait. Tu faisais un geste, l'obscur devenait clarté, le chaos s'organisait. Tes cloches sonnaient et résonnaient désespérément en elle l'envie de te ressembler, de vivre. Elle hurlait : « Où vas-tu, Abdou ? Où étais-tu ? Tu as vu l'heure ? » Abdou regardait ailleurs. Elle parlait et sa parole tombait sur un linceul de mort. Elle grouillait dans sa grandeur défunte, à sa place de femme, à ras du sol. Puis ses paroles sont allées decrescendo, la lumière s'épaississait, ses rêves se mouraient dans l'enchevêtrement des chaînes et des liens. Soumana est morte, j'ai hérité de ses enfants[14].

« L'ombre » est bienfaisante, dans le sens où la clarté apportée à Soumana la conduit à la mort. Prenant conscience de son oppression, Soumana exige « de vivre », mais « sa parole tombait sur un linceul de mort » car elle ne parvenait pas à atteindre Abdou. La formule « la lumière s'épaississait » montre bien ce piège de la prétendue connaissance apportée par Mme Saddock : le féminisme de Mme Saddock est inadap-

14. Calixthe Beyala, *Maman a un amant, op. cit.*, p. 143.

té aux spécificités du contexte de Soumana, décrites par les « chaînes et les liens » évoqués plus loin qui sont tout autant ceux du patriarcat que ceux de l'esclavage et du postcolonialisme. « L'Amie » fait preuve de la même absence d'écoute, de la même incapacité à comprendre la situation de l'autre face à Maryam :

> Tu ignores jusqu'à mon existence. Qui suis-je, après tout ? Un courant d'air qui passe et qui bouleverse la géographie de ton pays. Une bouche encombrante, génératrice d'autres bouches encombrantes et qui t'arrache chaque jour des miettes de pain.
> Mais, écoute-moi encore, l'Amie : au bout des interdits, des peines, des haines et des chagrins, la tolérance est la seule rigueur qui vaille[15].

On constate l'accumulation des stéréotypes racistes de l'Amie pour décrire Maryam, qui consomme les aides sociales et fait trop d'enfants. Maryam, comme Beyala dans *Lettre d'une Africaine à ses sœurs occidentales*, termine son discours par un poignant appel à la tolérance. Le rapprochement entre ces deux textes est d'autant plus recevable que dans les deux cas, une femme immigrée subsaharienne s'adresse à une ou plusieurs interlocutrices féministes occidentales fictives ou en tout cas non identifiées :

> Cette lettre n'est pas seulement un cri d'alarme. C'est aussi un appel au secours. Femmes Occidentales, occupez-vous des conditions de vie des femmes d'autres continents ! C'est le seul droit d'ingérence qui mérite d'être vécu ! [...] Votre intérêt leur donnera des ailes.
> Femme africaine, je me sens aussi bien touchée par la souffrance des femmes françaises battues, que par celle de l'Algérienne voilée, que par celle de l'Indienne maigrichonne parce que les hommes mangent d'abord et que les femmes mangent les restes, s'il y en a ! Et nous ne pouvons gagner qu'en faisant front commun face à l'anti-féminisme. La souffrance des femmes quelles que soient leurs origines, leur nature et leur extraction sociale, est notre affaire à toutes[16].

15. *Ibid.*, p. 199.
16. Calixthe Beyala, *Lettre d'une Africaine à ses sœurs occidentales*, *op. cit.*, p. 103-104.

Cet appel à « l'ingérence » est très émouvant de la part d'une femme qui se montre souvent si radicale dans son refus de l'ingérence politique de l'Occident : on se souvient par exemple de sa défense de Gbagbo, Beyala estimant que l'hostilité des Occidentaux à cet homme était une forme de néocolonialisme. Elle décide ici de mettre de côté le conflit Afrique/Occident au profit d'une alliance féminine contre « l'anti-féminisme ».

C'est cet appel à la solidarité et à la tolérance qui fait de l'histoire de Maryam autre chose que l'histoire d'une incapacité à sortir du silence. Maryam a réussi à échapper à la dimension patriarcale de sa culture d'origine, elle a aussi appris à lire, et elle a gagné le droit d'être nommée :

> Enfin papa fait le premier pas. M'am fait le deuxième. Je ne sais pas qui est tombé le premier dans les bras de qui, mais ils sont dans les bras l'un de l'autre.
> — Oh, Abdou !
> — Oh, M'ammaryam.
> — Appelle-moi Maryam.
> — Oui, Maryam.
> Comme un seul homme, les Nègres se lèvent. Ils applaudissent pour la bouillotte de paix. Les femmes crient : « Youyouyou[17] ! »

Cette réconciliation est douteuse, du fait qu'elle se déroule devant le public attentif de la communauté, dont on sait la force de pression qu'elle a représentée sur Maryam. Cependant, on constate que celle-ci profite de cette mascarade pour faire reconnaître son identité de femme : elle refuse le prénom « M'ammaryam », mélange de « ma Maryam » où le possessif, en ce contexte, pose problème, et de « Maman Maryam », façon de la réduire à son rôle maternel, qui a été le moteur principal de son aliénation, par le biais de son humiliation de femme stérile et puis parce qu'Abdou a réussi à la faire revenir en la privant de la vue de ses enfants. Elle parvient donc

17. Calixthe Beyala, *Maman a un amant*, *op. cit.*, p. 245.

à s'extraire de son statut de second rôle, de « femme de » ou « mère de », pour accéder au statut de sujet autonome, défini par un prénom.

Il ne lui manque que l'appui d'une « Amie » qui ne subit pas, comme elle, l'emprisonnement d'une communauté d'hommes aigris et humiliés, qui se vengent en humiliant leurs femmes, mais qui seraient malgré tout capables d'écoute. C'est avec la conscience de cet appel à l'écoute et à la tolérance que je choisis de lire les romans de Calixthe Beyala, que j'y vois une tentative de sortir d'un silence doublement imposé, du point de vue de l'autrice, par la culture subsaharienne et par l'humiliation de l'immigration.

Université de Paris 3-Sorbonne-Nouvelle/
Unité de recherche mixte THALIM

« Femme Migrante : Hospitalité, traumatisme et filiation »

Alba Polo, Ph.D.

Nous vivons une époque marquée par d'importantes revendications féminines. Malgré les progrès réalisés au cours des dernières décennies, la participation des femmes dans la vie publique n'a pas beaucoup progressé par rapport à celle des hommes qui est beaucoup plus présente. Ces victoires partiellement gagnées sont contradictoires avec ce qu'on voit aujourd'hui : la femme est toujours associée aux valeurs ancestrales, notamment en rapport avec les rôles associés à la sphère privée et la responsabilité du maintien de la famille. Beaucoup des femmes ont opté pour le silence. Cela nous montre la persistance, malgré les mouvements féministes, d'une hypothétique infériorité dans l'inconscient féminin. Étrangère ou aborigène, immigrée ou autochtone, deux perspectives complémentaires, mais dichotomiques, mettent en jeu la place de l'appartenance et de l'accueil. Des perspectives et des défis que la femme connaît, mais qu'elle met en pratique en incluant toujours sa descendance.

La migration féminine est confrontée à cette réalité, à ce conflit entre l'imposition de la société patriarcale et la position de la femme dans la société moderne. Cela implique d'inclure dans l'analyse la double appartenance que suppose tout processus migratoire, qui reflète un conflit et une tension entre les parties. Tension qui implique le traumatisme en tant que sujet parce qu'il ne peut plus vivre en dehors de la demande qu'il adresse à l'autre, une demande d'amour qui peut prendre le sens du sacrifice ou du renoncement à son propre désir.

1. La confrontation entre vie publique et vie privée

Les revendications des femmes en faveur de l'égalité des droits, qui ont connu un essor important depuis le début du siècle dernier, ont eu pour effet d'accroître la participation des femmes dans les espaces publics, redéfinissant les rôles traditionnellement associés au féminin. Le travail devint alors un pilier fondamental dans la conquête des espaces autrefois associés au masculin, en promouvant les processus et en autonomisant les femmes.

L'histoire du XXe et du XXIe siècle est parsemée d'exemples de droits acquis, ce qui a entraîné une présence croissante des femmes dans des espaces ou des dynamiques associées au public. Le public s'associe à la production de biens économiques, en contrepartie, la production de la vie est propre à la sphère privée. « Les uns refusent d'y voir autre chose que du don, de l'attention ou de l'affection ; les autres affirment que des services ayant valeur marchande s'y créent et s'y échangent[1] ». Dans cette dynamique se pose une opposition entre un exté-

1. Isabelle Berrebi-Hoffmann, *Politiques de l'intime. Des utopies sociales d'hier aux mondes du travail d'aujourd'hui*, Paris, La Découverte, 2009, p. 182.

rieur où se jouent les affaires concernant la communauté politique, et un intérieur qui montre le côté domestique, l'intimité, la filiation. En conséquence des mouvements féministes et de la contribution d'études faites sur les femmes, le privé est devenu une question politique, ce qui a une incidence sur le fait que les frontières privé/public, auparavant imperméables les unes aux autres, ont été complétées[2].

À cet égard, il serait cohérent de penser qu'en raison des droits acquis, il y a eu un affaiblissement des rôles associés aux domaines intimes, ce qui serait lié à une plus grande participation des femmes dans les sphères publiques. Mais cela n'a pas été le cas, ce qui indique qu'il s'agit d'un jeu de forces contradictoires. Il y a une contradiction entre ce qui a été gagné, ce qui a été donné et ce qui a été assumé et la réalité de la femme aujourd'hui. Il y a, donc une interrelation des forces entre l'inconscient patriarcal face à l'infériorité de l'inconscient féminin.

> Plus fondamentale et plus irréductible que toutes les inégalités de fait est [...] l'infériorisation de la femme, inscrite dans les structures de l'inconscient. La non-représentation du sexe et de l'identité des femmes constitue la cause et la manifestation la plus évidente du schéma dominant/dominé qui nous conditionne. Depuis les siècles, et ceci indépendamment de l'émancipation des femmes, l'inconscient culturel (langage, mythes, rites) voue la femme à se percevoir comme négation ou envers (souvent disqualifié) de l'homme[3].

C'est ainsi que nous pouvons trouver une distance entre les droits acquis et la persistance de dynamiques d'autrefois associées à la soumission, à l'infériorité et à l'invisibilité des rôles féminins. L'inconscient patriarcal ne saurait résister à son affaiblissement et à sa contestation sans engendrer des troubles et des malaises. De même que l'infériorité de la femme, inscrite

2. *Ibid.*, p. 181.
3. Lucie-Anne Skittecate, *Les silences de Jocaste. Essai sur l'inconscient féminin*, Paris, Imago, 1995, p. 167.

dans l'inconscient, elle laisse une voie toujours ouverte à la préservation de dynamiques entretenues pendant des siècles.

Inconscient patriarcal / infériorité féminine se présentent comme deux dynamiques complémentaires qui permettraient l'ancrage, ou la difficile transformation (en dépit des mouvements contestataires et des luttes féminines pour l'égalité des droits) de l'association des rôles masculins avec les sphères du public et de ce qui en résulte, résistant l'accès des femmes à ses droits. Nous parlons d'une inégalité des droits, dans le sens d'une résistance de ce qu'on appelle l'infériorité inconsciente, qui ne correspond pas aux acquis de l'égalité qui se sont accrus depuis le siècle dernier.

> L'histoire du féminisme montre, mieux que toute autre manifestation, combien l'inégalité de droits et l'infériorisation inconsciente se recouvrent : en effet, deux phases de luttes féministes se succèdent et bientôt s'interpénètrent : la conquête de l'égalité de droits, puis la revendication à être reconnue dans sa spécificité[4].

Une fois instauré un dispositif des droits en faveur de l'égalité, nous constatons que des rôles qui sont associés depuis longtemps à la soumission et à la dépendance des femmes persistent. Ces rôles sont associés aux mouvements et aux dynamiques qui se produisent dans le privé. La femme se débat alors entre une rébellion militante qui impose son besoin de transcender le privé et un silence qui met en action sa résignation devant la certitude d'une infériorité dans l'inconscient féminin.

La participation de plus en plus importante de la femme dans les espaces publics impose une tension avec ses octrois ancestraux et actuels avec l'intime ; c'est-à-dire le domestique, le privé, la filiation et la descendance. Cette présence croissante en public dénote un militantisme gagné, une victoire partielle et contradictoire, la discontinuité d'un conflit qui

4. *Ibid.*, p. 54.

remet en cause les certitudes de la tradition, et une tension à deux niveaux qui mettent en évidence la force des mécanismes en jeu, leur dynamisme et leur justification.

L'intimité, espace civilisateur et d'accueil, se maintient comme une constante associée plutôt au rôle maternel et féminin. Son temps est celui de l'énonciation, de la transmission et de la parole. Le public en tant qu'extériorité est associé à des acquisitions (plus, c'est encore mieux) couvertes par le fantasme de remplir le sujet, et dont la luminosité phallique fonctionne comme prothèse pour le moi. Dans cette dynamique, nous nous trouvons en face d'un défi, d'un conflit toujours présent dont sont mises en jeu des tendances allant de l'intérieur vers l'extérieur, de la conquête à l'héritage, du privé vers le public, qui imposent un effort et un croisement permanent des forces que les femmes doivent affronter et aussi débattre, dont elles ne sont pas innocentes.

2. Migration : hospitalité, traumatisme, identité

S'attaquer à la migration des femmes impose d'inclure dans l'analyse les variables du public et de l'intime, qui doivent être ajoutées à des références conceptuelles caractéristiques du processus migratoire, in stricto sensu, à savoir : la fracture identitaire et la dimension traumatique. Les questions suivantes peuvent nous aider à établir un cadre analytique, qu'il est impossible d'aborder dans son intégralité dans cette communication, mais elles sont utiles pour nous montrer la complexité de la question dans laquelle nous sommes impliqués :

— Comment les dynamiques de la migration féminine sont-elles liées à ce mouvement d'aller-retour, qui impose la rébellion féminine et la conquête du public ?

— Quelles sont les interrelations possibles entre le déplacement du privé vers le public, avec sa conséquence de dissociation et de rupture, et les dynamiques également de dissociation et de rupture du processus migratoire ?

— Quelles sont les dynamiques propres à la migration des femmes à la lumière de la double perspective de la psychologie féminine, en ce qui concerne leur appartenance et leur participation dans des dimensions privées, et surtout avec les dynamiques spécifiques de l'hospitalité, du traumatisme et de la filiation ?
— Comment les femmes migrantes débattent-elles de la double appartenance du processus migratoire dans ses concepts d'hospitalité et de désespoir ?

Nous aborderons ces questions dans le cadre des concepts d'hospitalité, de traumatisme et de filiation. Nous le ferons en tenant compte d'un aspect clé du processus migratoire, à savoir la fracture identitaire. L'intime, domaine par excellence de l'hospitalité, porte la transmission de l'un pour l'autre, au fond duquel se transmet la transmission par le geste et la parole, aussi crucial que constituant, qui rend possibles des espaces de rencontre et d'hospitalité nécessaires pour que l'on puisse « produire subjectivité ». Cet espace intime, comme par exemple la relation de l'enfant/fille avec la mère, implique un temps et un lieu de placement ; mais c'est aussi un espace de transmission qui permet à l'enfant d'accéder à la parole du père, dans sa fonction de métaphore paternelle. Temps et espace d'hospitalité qui permet l'inter-jeu dynamique du mot, qui rend possible la constitution du sujet comme événement, comme nouveauté, et comme inauguration.

> Le sujet est un commencement absolu, il n'est ni substituable ni continu. Si le sujet est un commencement absolu, il rompt la continuité naturelle. Cela signifie que la loi et la nature ne se réunissent pas et ne s'harmonisent pas. [...] Si le sujet est un début absolu, cela signifie que même s'il est déterminé, il n'est pas régi par une loi naturelle. Nature et loi sont séparées de l'homme[5].

L'hospitalité est le moteur de la parole, cruciale pour l'avènement du sujet (sujet de l'inconscient). Espace intime et humanisant qui émane du débat qu'impliquent la métaphore

5. Francisco Pereña, *De la violencia a la crueldad. Ensayo sobre la interpretación, el padre y la mujer,* Madrid, Síntesis, 2004, p. 109.

paternelle et sa conséquence de loi castratrice, qui fonctionne par l'enregistrement du symbolique. La loi (qui se matérialise par la parole) impose la séparation de nature et de loi, rendant possible l'émergence du sujet. Hospitalité instituant de la parole, espace gagné à la nature au moyen de la limite qu'impose la symbolisation. Cette limite fait fonction de loi et permet l'apparition du sujet, possible par l'inter jeu du geste et du langage.

> Pourquoi la loi est-elle attribuée au père ? Pourquoi parlons-nous de la loi du père ? Commençons par dire que la mère et le fils ne suffisent pas. Non suffisant signifie qu'il n'y a pas d'enfant comme simple produit de la mère, comme simple continuité de cause à effet[6].

Hospitalité instituant de la parole qui rend possible la progression impliquant de transiger de la nécessité, à la demande, pour « accéder » à l'enregistrement du désir. Hospitalité instituant de la parole qui donne au nouveau membre (l'enfant) des espaces de rencontre et d'échange chaleureux, qui sont mis en jeu par des expériences de satisfaction qui restent inscrites dans la mémoire comme empreintes du vécu. Cette expérience de satisfaction, également appelée empreinte mnésique et identité de perception, sert de cadre à partir duquel on peut faire face à la faute qu'impose l'impossibilité de combler ou de satisfaire immédiatement ce besoin, et dont la satisfaction sera possible par la demande adressée à l'autre. Cette demande adressée à l'autre suppose l'impossibilité de se prendre en charge. Ainsi, l'impossibilité de subvenir à ses besoins et la nécessité de dépendre de l'autre pour survivre (c'est-à-dire, l'assistance d'autrui) est le traumatisme fondateur. Le sujet ne peut donc pas vivre en dehors de la demande et cela le condamne à jamais à sa dépendance de l'autre, à son exposition radicale à l'autre. Ainsi, la condition traumatisante

6. *Ibid.*, p. 109.

de l'homme est la vie elle-même, la disproportion entre le sujet parlant et le vivant, le conflit pulsionnel soumis aux exigences propres et aux demandes d'autrui.

Identité et traumatisme

La migration entraîne un dommage à l'identité qui se métaphorise par des lignes de rupture produites par la fracture avec l'Autre. Ces ruptures sont associées à différents changements et pertes. C'est ainsi que les traces du souvenir des expériences de satisfaction doivent s'adapter aux nouvelles expériences dans le destin migratoire. Cette fracture d'identité suit une structure basée sur les lignes de rupture et marque les lignes de sens afin que la structure endommagée puisse être recomposée.

Dans la migration, les liens de discours ou d'identité attribuée se sont modifiés, dynamisant les ajustements aux nouvelles conditions : ce qui est à l'extérieur se transforme et se situe à l'intérieur. Ce processus, c'est-à-dire, l'extérieur qui se transforme ensuite et se situe à l'intérieur, simule le mécanisme qui se produit dans la constitution du sujet : le bain de langage est inversé et traverse le sujet, rendant possible son apparition. Sujet du langage qui n'est pas statique mais qui est en mouvement, grâce auquel il peut s'adapter et se transformer. « L'exilé, même s'il ne perd pas sa langue, il la perd et avec elle son univers de discours[7] ».

S'il n'y a pas d'égal chez les femmes migrantes, c'est parce que le cadre symbolique partagé avec ceux de leur communauté d'origine a été transformé. Ce cadre symbolique est le lien sur lequel se sont établies les relations avec les autres, qui encouragent mais en même temps soutiennent, accueillent,

7. Vicente Mira, « Exil et langue », *Publications du Collège de la Psychanalyse du Madrid* [en ligne]. 10 septembre mars 2015. [Consulté le 26 mars 2019]. URL : http ://www.colpsicoanalisis-madrid.com/exilio-y-lengua/

en constituant le monde des certitudes qui sous-tendent le développement de l'identité. « La façon de se doter d'identité est paradoxalement à travers les autres, dans la collectivité[8] ».

Le dommage identitaire causé par la migration est lié à celui de la fracture, de la rupture vitale et de la fissure de l'autre, à laquelle sont associés des changements et des pertes. Le processus migratoire renverse ainsi le mécanisme de signification et de redéfinition de l'identité (celui qui s'est développé aux premiers stades du développement), car l'univers socio-symbolique dans lequel l'identité est donnée a changé. Il est nécessaire de procéder à de nouvelles investitures libidinales et à des ré significations qui agissent comme voie réparatrice à la rupture. « La fracture de l'Autre et la subjectivité que l'exil procure peuvent conduire au meilleur et au pire [...]. Son identité écrite, le style de sa langue, sont les biens les plus précieux que l'exil lui enlève[9] ».

Si rien ne sera plus pareil chez la femme qui émigre, c'est parce qu'elle n'aura plus comme seule référence le support symbolique d'où provient le partage avec ceux de sa communauté, les liaisons sur lesquelles reposent les rapports avec les autres, qui aliènent mais en même temps soutiennent, accueillent. C'est le monde des certitudes qui sous-tendent la confirmation de l'identité, processus d'aliénation et de solitude qui est la source d'où pourrait apparaître la nouvelle conséquence du vide de sens, indispensable dans tout processus migratoire, et dont le parcours qui se fait est soutenu

8. Francisco Pereña, « Identidad », in Vicente Mira (Dir.). *Conceptos Freudianos*, Madrid, Síntesis, p. 427.
9. Vicente Mira, *op. cit.*

par les échos des discours hérités sur lesquels s'appuient les identifications, le connu.

Femme migrante et traumatisme

Le traumatisme premier fonde le sujet ; l'existence humaine est traumatisante, et personne ne le conteste. Le traumatisme est réprimé ; l'origine du sujet, dans sa condition traumatique, est réprimée pour fonder l'inconscient et la subjectivité. Mais il se produit un glissement de sens, et c'est ce qui reste en dehors de la symbolisation, la réalité impossible à concilier avec le traumatisme que le mot tente de contourner. Dans la migration féminine, ce glissement de sens nous apparaît comme idéalisation, fragmentation, désillusion ou nostalgie, inébranlable pour la symbolisation, ou comme critique constante, qui projette l'angoisse de la persécution de l'objet vers la nouvelle culture en raison du danger qu'elle représente pour le maintien de l'unité du moi.

La femme, en tant que non toute, comme non-porteuse du phallus, castrée selon la conception freudienne, peut confondre privation et castration. Cela nous amène à supposer qu'elle est plus proche du traumatisme, parce que la privation ne se rapporte pas à la privation du pénis, mais à la privation des ressources nécessaires à la vie (l'assistance d'autrui évoquée ci-dessus). Cette différenciation est essentielle et nous incite à établir une distinction entre privation et castration. « La différence de genre, qui est le cœur de la sexualité et a sa présence anatomique dans le corps, doit trouver son inscription psychique pour que le sujet puisse être soutenu dans la vie par le désir[10] ». La différenciation s'opère alors à partir de la négation : « non-totalité », « castrée », « métaphore paternelle », en assumant son identité à partir de ce qu'elle n'a

10. Francisco Pereña, *op. cit.*, p. 157.

pas. La mère qui transmet la vie doit porter dans son désir la demande de filiation, où donner refuge à celui qui met au monde, un sujet vivant. Une mère doit emprunter le chemin de la séparation qui commence déjà là, parce que la demande de filiation implique l'accueil, le corps de l'hospitalité.

Dans sa singularité, l'expérience migrante est déterminée par la rupture, la limite ou le vide de sens, dont la fonction est de générer des élaborations symboliques qui bordent le sujet de l'inconsciente. Particulièrement chez les femmes, il faut ajouter le conflit que suppose l'interdépendance entre la vie intime et la vie publique. La migration féminine connaît bien la double appartenance, et de la dynamique hospitalité / abandon, dans les deux perspectives dans lesquelles nous pouvons nous impliquer en tant que sujet : comme « garants, donneurs ou facilitateurs » d'hospitalité (en ce qui concerne la fonction maternelle), mais aussi comme sujet formulant une demande d'hospitalité ou d'accueil.

D'où l'importance de s'attaquer aux dynamiques complexes de la migration des femmes, dont le rôle est fondamentalement renforcé dans la sphère intime (avec son corollaire d'hospitalité / accueil de la parole qui cherche à limiter les effets que peut avoir sur l'être parlant son état traumatique), en tenant en compte du conflit privé/publique et les dynamiques qui y sont associées. Les domaines de l'intime, d'actuelle racine féminine, impliquent l'humanisant « métier » de « production » de sujet, possible par la métaphore paternelle, à laquelle la femme permet son entrée ; entrée des nouveaux membres dans le monde du symbolisme, qui n'est que le monde de la subjectivité.

Universidad Autónima de Madrid

Chapitre 3
Écriture et migration

« Femmes et migration dans le roman négro-africain d'expression française : de l'invisibilité à la supervisibilité »

Jaouad Boumaajoune

Si la migration humaine est un phénomène très ancien, ses configurations varient selon les contextes géographiques et sociohistoriques. Il en a été question avant même que l'homme ne pratique l'agriculture et avant l'existence de la propriété privée ; dans une économie de chasseurs-cueilleurs où les groupes doivent régulièrement changer de lieu de résidence, lorsque les ressources naturelles deviennent rares, pour assurer leur subsistance. Il s'agit alors du premier mode de subsistance de l'homme. D'ailleurs, Les données archéologiques et paléoanthropologiques indiquent que *l'Homo sapiens* serait apparu en Afrique et qu'il a émigré en Eurasie. Les statistiques officielles diffusées en 2017 par les instances onusiennes de compétence parlent de plus de 258 millions de réfugiés et de migrants internationaux qui ont quitté leur pays de naissance pour vivre et se fixer dans un autre pays, sachant que ce chiffre ne cesse d'augmenter malgré les mesures restrictives adoptées par certains pays d'accueil (United Nations, International Migration Report 2017). Cela étant, la migration se trouve souvent associée à toute une série de situations et de sentiments négatifs tels que la solitude, l'isolement, l'errance, l'exil, le nomadisme, l'aliénation, le dépaysement, la marginalisation et l'exclusion qui font vivre l'immigré sous l'influence d'une tension permanente entre l'ici infernal et l'ailleurs paradisiaque, entre l'espace idéalisé qu'il a quitté et l'espace hostile qu'il a été conduit à occuper de gré ou de force, entre le moi actuel traumatisé et le moi enchanté d'autrefois.

Or, un examen plus détaillé de ce phénomène humain nous fera comprendre qu'il s'agit plutôt de situations ambigües, complexes et hautement subjectives. En effet, les causes et les conséquences de la migration ne pourraient être les mêmes pour tous ceux qui l'ont connue. Ainsi, si la situation d'immigré est vécue par certaines personnes comme un malaise existentiel et identitaire lié au déchirement psychologique et culturel qui en découlent, d'autres personnes y voient, par contre, une épreuve émancipatrice très enrichissante. En fait, cette représentation dichotomique ne date pas d'aujourd'hui. Ses origines sont très lointaines : elles remontent à la genèse même des sociétés humaines. Les livres saints (La Bible, Le Coran…) nous montrent, à travers l'éloignement d'Adam du paradis et les départs d'Abraham et de Mohamed pour des contrées quasi inconnues, comment la migration peut passer aisément du statut de châtiment divin à celui d'épreuve salvatrice.

En tant que thème littéraire, la migration renvoie dans la littérature négro-africaine, tout comme dans les autres littératures du monde, à un changement de lieu de vie qui impose un déplacement vers « un espace [d'accueil] dont chaque élément est à la fois perçu comme un négatif chargé de laideur et d'inhumanité et, à des moments privilégiés de paix, comme un lieu révélé, un univers positif et accueillant[1] ». C'est une thématique qui traverse les écrits des différentes générations d'écrivains qui se sont succédées sur la scène littéraire africaine. À commencer par celles des années 1910-1920 qui devaient faire face aux clichés dépréciatifs véhiculés par les colons qui qualifiaient les indigènes de sous-hommes et de créatures arriérées et anhistoriques pour arriver à la génération des « enfants de la post colonie » pour qui la question de la migration ou plutôt de la fuite semble être une mode. Tout en passant par les années 1930-1940 où les chantres de la négritude ont considéré paradoxalement l'exil comme étant à la fois source d'inspiration et d'ennui et les années 1950-1960 où des écrivains réduits au silence décident de quitter leurs pays d'origine pour des cieux plus ouverts et passent donc d'un exil intérieur à un exil géographique.

Cependant, l'exploration romanesque du phénomène migratoire est restée pendant très longtemps étroitement liée au genre masculin. *L'Aventure ambiguë* (1961) de Cheikh Hamidou Kane, *Le Pauvre christ de Bomba* (1956) de Mongo Béti, *Le Vieux nègre et la médaille* (1956) de Ferdinand Oyono, *Mirages de Paris* (1964) d'Ousmane Socé, *Les Soleils des indépendances* (1968) d'Ahmadou Kourouma, *Le Cercle des tropiques* (1972) d'Alioum Fantouré, *La Vie et demie* (1979) de Sony Labou Tansi, *Bleu Blanc Rouge* (1998) d'Alain Mabanckou, *L'Impasse* (1996) de Daniel Biyaoula, et *Rift, Routes, Rail*

1. Jacques Madelain, *L'errance et l'itinéraire*, Paris, Actes Sud, 1983, p. 73.

(2001) et *Transit* (2003) d'Abdouraman Waberi sont tous des romans qui mettent en scène une Afrique noire souffrant de dysfonctionnements socioculturels profonds qui font sentir aux jeunes qu'ils évoluent dans des sociétés répressives et dans un climat asphyxiant qu'il faut fuir à tout prix.

Ce n'est qu'à partir des deux dernières décennies du XXe siècle qu'on verra naître une série de livres dont l'objectif principal est d'attirer l'attention de la communauté internationale sur ce nouveau défi qu'est la migration féminine subsaharienne. Des romancières, majoritairement installées en France, vont prendre la parole pour parler, à travers des récits de vie et de voyage, et avec une tonalité subversive et une vision critique des causes et des conséquences de la migration des femmes sur le devenir de l'Afrique. Mariama Bâ (*Une si longue lettre*, 1979), Aminata Sow Fall (*La grève des Bàttu*, 1979), Ken Bugul (*Le Baobab fou*, 1982), Calixthe Beyala (*C'est le soleil qui m'a brûlée*, 1987 ; *Seul le diable le savait*, 1989 ; *Assèze l'Africaine, 1994* ; *Les honneurs perdus*, 1996 ; *L'homme qui m'offrait le ciel*, 2007), Fatou Diome (*La Préférence nationale*, 2000 ; *Le Ventre de l'Atlantique*, 2003 ; *Celles qui attendent*, 2010), et bien d'autres vont mettre en récit leurs propres expériences personnelles et celles de leurs congénères pour exprimer leur colère face aux traditions rétrogrades et dévalorisantes qui font de la femme un être mineur ayant naturellement besoin de la tutelle de l'homme et devant éternellement rester soumise à sa férule. Tous ces récits font preuve d'une forte volonté de réhabiliter l'image de la femme africaine qui s'avère capable de réussir sa vie loin des recommandations du socle socioculturel traditionnel africain. Mais, comme nous allons le voir, les textes de Calixthe Beyala s'en démarquent par le regard très positif qu'ils portent sur la migration des jeunes filles, puisqu'elle semble nécessaire à la consécration de leur indépendance.

En effet, à en croire les personnages de Beyala, les raisons qui poussent les individus et les groupes sociaux à quitter l'Afrique ne sortent pas de la règle internationale. On distingue notamment les migrations économiques (dans le cas des déplacements des travailleurs) et les migrations contraintes (fuite de persécutions, famines résultant souvent de guerres, exil, climat rigoureux...). En outre, selon Andela, l'héroïne de *L'homme qui m'offrait le ciel*, si les femmes africaines pensent à quitter massivement leurs pays pour rejoindre l'Europe, c'est tout d'abord parce que l'homme noir a fait preuve de narcissisme illimité, de violence et d'impuissance intellectuelle et financière. C'est une déchéance qu'elle ne cesse de rappeler à tous ceux qu'elle rencontre lors de ses conférences :

> C'est toujours ainsi que je parlais aux Africains, manière de leur dire qu'ils ne s'étaient pas battus, n'avaient pas assez travaillé pour nourrir leurs enfants, protéger leurs femmes [...] ils avaient laissé les blancs tout leur prendre [...] ils n'étaient pas des hommes, pas des hommes, ils se laissaient manipuler jusque dans leurs pensées, oui leurs pensées, même leurs foutues protestations venaient de l'extrême gauche occidentale, pas des hommes, oui pas des hommes, ils déambulaient ça et là, avec les idées d'autrui plein la bouche, infoutus de créer, frimaient dans les avions qu'ils n'avaient pas créés, portaient des costumes cravate qu'ils n'avaient pas créés... pas des hommes, oui pas des hommes, avec des manières qui n'étaient même plus d'eux, avec quelques terres d'ancêtres dont les femmes s'occupaient [...], des hommes qui dépendaient pour beaucoup d'entre eux des femmes et des enfants pour se nourrir[2].

L'Afrique postcoloniale telle qu'elle apparaît sous la plume de Calixthe Beyala est un enfer pour les femmes. Elle est un espace maudit qui se trouve dans une impasse : « L'Afrique va de plus en plus mal. Après le paludisme, la faim, on parle aujourd'hui du sida, du virus d'Ebola. Qu'allons-nous devenir[3] ? » se demande-t-elle.

2. Calixthe Beyala, *L'homme qui m'offrait le ciel*, Paris, Albin Michel, 2007, p. 31.
3. Calixthe Beyala, *Les honneurs perdus*, [1996], Paris, J'ai lu, 2000, p. 326.

> Après tout qu'importe la vie d'un gosse dans ce pays où tout est constamment à l'état embryonnaire ? Les gosses seront toujours maigres et n'auront jamais le temps de devenir vigoureux. Les adultes auront toujours leurs yeux au bord du gouffre. Les vieillards crameront avec le déclin du crépuscule[4].

L'Afrique est aussi le lieu des pratiques traditionnelles arriérées. C'est ce que dénonce l'héroïne de *C'est le soleil qui m'a brûlée* qui a été victime du test humiliant de l'œuf dont l'objectif est de s'assurer de sa virginité avant le mariage : « On n'a pas besoin de la virginité des jeunes filles pour défendre nos valeurs. Si seulement chacun de nous pouvait prendre conscience que ce sont les gouvernements qui sont responsables de notre décadence[5] ! » Calixthe Beyala ajoute un peu plus loin : « Ateba tournoie sur elle-même, livrée à l'angoisse. Partout, elle se heurte aux écueils de la tradition. Partout, ils s'amoncellent, bouchant la vue, obstruant la gorge, éraflant la main timidement tendue vers la lumière[6] ».

Au contrôle de la virginité s'ajoute la douloureuse expérience de l'excision vécue par la majorité des jeunes filles africaines. La tradition devient, dans ce contexte social, un moyen d'asservissement et de légitimation des crimes commis contre la femme africaine qui se voit obligée, après sa lutte désespérée pour la liberté, de chercher une terre plus accueillante. Ainsi, pour fuir l'inégalité sociale, la famine, la soif et l'injustice des hommes de pouvoir, la jeune narratrice des *honneurs perdus* juge inéluctable de partir :

> Ailleurs, les gouvernements vous soutiennent dans la vie et même dans la mort. Des précis sur l'éducation des enfants, la sexualité, les MST et les autres sont généreusement distribués aux citoyens. Chez nous, tout cela se faisait au petit bonheur et dans le désordre[7].

4. Calixthe Beyala, *C'est le soleil qui m'a brûlée*, Paris, Albin Michel, 1987, p. 115.
5. *Ibid.*, p. 67.
6. *Ibid.*, p. 74.
7. Calixthe Beyala, *Les honneurs perdus*, *op. cit.*, p. 45.

C'est dans ce contexte que la jeune Mégri décide de partir à Paris pour échapper aux conditions de vie difficiles et retrouver la sérénité psychologique et la sécurité sociale perdues en Afrique :

> Debout dans l'ombre violette de la porte, les bras tendus, les paumes appuyées contre le chambranle de bois, je regardais, songeuse, le paysage familier, si lourd de souvenirs. Il me fallait fuir enfin pour retrouver la sérénité. Je partirais. De mon plein gré. Pas comme une femme bannie. J'emprunterais le chemin de ces collines pour dépasser la triple servitude de l'amour, de la femme, du destin. Oui, demain j'irais à Paris… Je reconstruirais ma vie. Je bâtirais d'autres projets[8].

Mégri a choisi d'émigrer pour fuir ce mode de pensée rétrograde qui règne dans son pays et reconstruire sa vie et non pas pour faire fortune et retourner au bercail. Et pour des raisons similaires Assèze, Saïda et bien d'autres jeunes filles décideront de partir.

Loin des conceptions négatives ou ambigües adoptées par certains écrivains négro-africains, Calixthe Beyala entretient un rapport très positif avec l'ailleurs qu'elle considère comme une solution aux différentes difficultés rencontrées par la femme africaine. Dans une interview accordée à Emmanuel Matateyou, elle déclare en partant de sa propre situation : « L'exil résout beaucoup de choses […]. L'exil me donne la liberté qui m'est refusée, l'exil me donne la parole qui m'est refusée, l'exil est ma survie. Je ne dirai pas vie, mais survie[9] ».

Ses personnages féminins jettent un regard très favorable sur l'espace d'accueil qui se transforme d'un lieu de solitude, d'aliénation, de bannissement, et de dépaysement à un lieu désiré et convoité qui leur permet de réaliser leurs rêves dans les meilleures conditions possibles et loin de la possession ma-

8. Calixthe Beyala, *Seul le diable le savait*, Paris, Le Pré Aux Clercs, 1989, p. 281.
9. Emmanuel Matateyou, « Calixthe Beyala : entre le terroir et l'exil », *The French Review*, vol. 69, N° 4, 1996, p. 613.

ladive de l'homme qui se trouve, lui, incapable de se faire une place dans ce nouveau monde en perpétuelle métamorphose.

La France et sa capitale, Paris, exercent une fascination sur la plupart des personnages féminins da Beyala. D'où la forte présence des discours élogieux faisant de ce pays le lieu où :

> on se vêt, s'éduque dans des nefs lumineuses des bâtiments construits de neuf, un pays de gens généreux qui t'amènent à des expositions, de savants qui jouent au golf, d'hommes d'affaires qui mangent des sandwichs, d'hôpitaux qui ressemblent à d'énormes salles de bal où le paludisme se décompose dès qu'on le touche et fond comme chocolat au soleil[10].

L'Hexagone est un lieu de salut pour les femmes de Beyala. La France est un espace d'émancipation sociale et citoyenne pour elles. Elle est un milieu salvateur parce qu'elle leur permet de rencontrer un partenaire compréhensif et respectueux. Et, aussi, parce qu'elle leur offre l'occasion de savourer les plaisirs de la vie en goûtant à l'abandon et à la délivrance et en embrassant les théories du féminisme occidental.

Pour conclure, la récurrence de la thématique de la migration dans l'œuvre romanesque de Beyala peut être assimilée à un désir de s'écrire pour dire le sort de tout un continent dont les peuples rêvent depuis les indépendances factices d'un avenir meilleur, un rêve qui ne peut être réalisé apparemment qu'ailleurs en Europe. Lieu de supplice pour l'homme qui a tout perdu de ce qui faisait son prestige et son bonheur, l'Europe est plutôt pour les femmes africaines un espace d'ouverture et de prise de conscience. Désormais, libérées des influences culturelles, idéologiques et sociales que l'appartenance à un espace fermé peut exercer sur leur pensée, certaines immigrées optent pour l'adoption d'une identité cosmopolite basée sur le multiculturalisme et l'universalité des

10. Calixthe Beyala, *Les honneurs perdus*, *op. cit.*, p. 212.

valeurs et envisagent leur propre liberté au-delà des normes communautaires habituelles.

Université Abdelmalik Essaadi (Tétouan, Maroc)
Faculté des Lettres et des Sciences Humaines
Laboratoire de Recherche sur le Maghreb et la Méditerranée

« La patrie n'est qu'un campement dans le désert » Quand la femme immigrée fuit la violence faite aux femmes

Alexandra Masini-Beausire

Loin des analyses et des études scientifiques fort utiles au demeurant, la littérature dit autre chose de la femme qui migre. Il semble pertinent de se demander dans quelle mesure la littérature a les moyens de donner la parole à la femme migrante sans exhiber cette figure de victime qui contribue à une visibilité parfois stigmatisante de l'exilée qui oublie la singularité de chaque parcours, la force de l'acte de migration et la digestion intime de la rencontre culturelle avec le pays d'accueil. Comme le rappelle Alexis Nouss, spécialiste de l'exil et de la migration : « La littérature nomme le visage des sans-visages [...]. La littérature isole des personnages et en fait des figures, passant de l'action au mythe[1] ». La littérature aurait donc le pouvoir de donner un nom, de nommer pour reconnaître, elle participe ainsi à une quête identitaire remarquable pour tout sujet migrant, à ce mouvement qui consiste à l'affirmation de soi mais plus encore. Il est utile ici de préciser, avant d'entrer dans le roman, que la parole des femmes migrantes en littérature est encore peu représentée comparée à celle des hommes. À cet égard, Mustapha Harzoune, historien, analyste et critique de la littérature arabophone et arabo-francophone, rappelle dans l'un de ses articles que « La littérature, à l'instar des études sociologiques ou historiques, n'a pas été hospitalière à la figure de l'immigrée [...] évoquer l'immigration au féminin demande de préciser de qui l'on parle[2] » et cela n'est pas chose aisée. Raconter la femme immigrée, c'est peut-être saisir les stigmates de l'exil, les traces laissées par le déracinement dans le cœur et le corps, et ces traces sont aussi nombreuses et variées que celles qui les portent. Les femmes migrantes existent bel et bien en littérature mais force est de constater qu'elles sont souvent des personnages peints par des hommes. On pense notamment à l'envoutante femme migrante de Laurent Gaudé dans son roman *Eldorado*. Bien que sa place soit centrale dans le roman, elle ne sera jamais nommée, restera « la femme » et sera toujours perçue par le regard du personnage masculin également narrateur.

La femme immigrée que nous souhaitons présenter aujourd'hui n'est pas de ces femmes qui se laissent aisément victimiser par le regard de l'autochtone. Parmi ces Danaïdes venues de la terre entière, elle est de celles qui ont d'abord

1. Alexis Nous, « Littérature, exil et migration », *Hommes & Migrations*, vol. 1320, N° 1, 2018, p. 161-164.
2. Mustapha Harzoune, « Figures (littéraires) de la « femme immigrée » », *Hommes & migrations,* 2015, mis en ligne le 23 février 2016 : http :// journals.openedition.org/hommesmigrations/3398, (consulté le 13 mars 2019).

chanté dans leur langue maternelle, puis en français ; de celles qui ont voulu passer de l'invisibilité à la visibilité en s'appropriant l'espace littéraire pour se raconter. Elle est une femme qui raconte d'autres femmes, mais aussi les hommes qui les accompagnent. « C'est un roman écrit par une femme qui parle de femmes en résistance ou en résignation aussi[3] » nous confie l'auteur. Très vite, elle évoque les hommes qui accompagnent ces femmes et ajoute : « je dirais plutôt que c'est le roman d'une enfant exilée embarquée dans la tempête de l'Histoire[4] ». Ce roman autobiographique prend forme *in utero*, dans le ventre de la mère, en Iran, à l'université de Téhéran, en 1980. Il naît au milieu de cette fronde populaire qui s'est élevée il y a 40 ans contre le Chah Mohammad Reza Pahlavi et a abouti à la proclamation le 11 février 1979 de la République islamique à Téhéran. La petite Maryam, pour se raconter, commence par narrer cette mère avec laquelle elle va vivre cette révolution iranienne. Elle est l'enfant de parents communistes très engagés qui vont devoir quitter le pays pour échapper à la répression et rejoindre la France. Le roman débute par une gifle donnée par un homme à sa sœur : « Non, tu n'iras pas manifester, t'es une femme et c'est dangereux[5] ». Dès le premier chapitre, elle raconte, du ventre de sa mère, la révolution iranienne de 1980, la charia, « la pire insulte faite aux femmes[6] » confie l'auteur. Le spectacle de femmes violées à l'université de Téhéran lors du soulèvement inaugure l'histoire d'une enfant née lors d'un acte de résistance, alors même que sa mère défend ses droits et protège son corps des

3. Maryam Madjidi / Alexandra Masini-Beausire, entretien de M. Madjidi réalisé par A. Beausire le 3 avril 2019, Nice.
4. *Ibid.*
5. Maryam Madjidi, *Marx et la poupée*, Le Nouvel Attila, 2016, p. 14.
6. *Cheek Magazine, Littérature*, entretien avec Myriam Madjidi, « Avec *Marx et la poupée*, Maryam Madjidi raconte son douloureux parcours pour devenir française », mai 2017.

hommes et son enfant de la guerre. L'écriture retrace, s'interrompt, fait appel à la poésie pour dire l'indicible et creuse les sillons du souvenir pour «dire» l'expérience du déracinement, l'abandon du pays, la violence faite aux femmes et la rencontre de deux cultures puis leur affrontement.

Le roman se construit ainsi au fil du souvenir, sans chronologie. Le lecteur recompose le cours des évènements : Myriam enfant, adolescente, jeune fille puis femme, raconte. Le départ d'Iran, l'arrivée en France, l'intégration, le retour au pays et les allers retours entre la France et l'Iran se croisent, le lecteur s'active à construire et reconstruire une chronologie qui lui échappe parfois dans un brouillement spatio-temporel qui pour autant ne le perd jamais tout à fait. Ce livre, dont la maison d'édition a pris soin de préciser « roman » en dessous du titre, en est-il tout à fait un ? Il n'est pas question de questionner le genre mais force est de constater que *Marx et la poupée* ressemble fort à un journal intime dont les pages se seraient mélangées au fil des années. Maurice Blanchot dans *L'Espace littéraire* désigne cette pratique du journal comme un besoin accru de l'écrivain de « garder un rapport avec soi [...] le journal n'est pas essentiellement confession, récit de soi-même » ajoute-t-il, « C'est un Mémorial[7] ». Le choix de cet entre-genre se révèle en effet frappant d'efficacité, ces pages de souvenirs éparpillés, loin de perdre totalement le lecteur, finissent par tenir ensemble. « De quoi l'écrivain doit-il se souvenir ? » s'interroge Blanchot à propos du journal : « De lui-même, de celui qu'il est, quand il n'écrit pas, quand il vit la vie quotidienne, quand il est vivant et vrai[8] ». C'est précisément ce potentiel de vie qui anime le livre de Maryam Madjidi et tient son lecteur en haleine. « J'ai glissé sur mon identité dans ce roman. J'ai plongé dans l'océan de mes ori-

7. Maurice Blanchot, *L'Espace Littéraire*, Paris, Gallimard, 1955, p. 34.
8. *Ibid.*

gines, sans rien, sans bouée, masque, tuba » explique l'auteur, « je me suis enivrée de mes origines, j'ai perdu la tête [...] je ne savais plus qui j'étais. Je fantasmais l'Iran [...]. C'est toute l'enfance qui m'est revenue en pleine face[9] ». En témoigne le titre même du roman *Marx et la poupée* qui ancre d'emblée son récit dans l'espace sacré et rêvé de l'enfance et revendique l'héritage marxiste des parents.

Entre journal intime et récit, l'écriture prend forme sous les yeux du lecteur dans un entre-genre qui raconte la difficulté de l'exil, sans chronologie, au fil de la résurgence du souvenir. L'écriture se fragmente pour mieux accompagner l'exil, oscillant entre un « je » qui s'affirme et un entremêlement de pronoms personnels qui brouille les pistes. Le « je » autobiographique de l'auteur s'impose puis prend la parole pour les autres, écrit pour eux et reconstitue les éléments manquants du puzzle. Il ne nomme que rarement mais désigne les autres par des pronoms personnels : le pronom « elle » désigne la mère ou la grand-mère, le pronom « il » désigne le père ou encore Abbâs le jeune révolutionnaire. Le « je » de l'auteur se raconte, dit ce qu'il voit et ressent, prend librement la parole à la place de ce « il » ou de ce « elle » puis emploie le pronom « tu » comme pour s'accorder de temps en temps un face à face, un moment d'intimité avec l'un de ses proches. Tout à coup, le « je » devient « la petite fille », l'écrivain prend de la hauteur et s'observe. Des dialogues apparaissent, naturellement, au milieu de la résurgence du souvenir et l'auteur semble tisser des dialogues à plusieurs fils pour donner forme à une toile dont le lecteur n'imagine pas qu'elle existe avant d'avoir refermé le livre. La voix de l'auteur finalement berce le cours du récit, avec la poésie d'un langage qui se veut souvent

9. Émission *France-Culture*, « Numéro 34. Maryam Madjidi mémoire d'enfant en Iran », émission *Art et création, une vie d'artiste* par Aurélie Charon, 17 avril 2017.

oral, sans simagrées, sorte de « parler vrai des choses » que seul le journal intime permet.

L'Iran tombe en ruine de page en page, les yeux de la petite fille ne comprennent pas tout mais le regard de la mère trahit les affres d'une révolution avortée qui enterre ses morts. Puis, c'est le départ pour Paris, celui du père d'abord qui prépare l'installation puis celui de la mère et de la petite fille. L'arrivée dans l'appartement sordide du 18e qui possède des toilettes communes sur le palier et fait peur à l'enfant, le goût du premier croissant rejeté par la petite fille de 6 ans qui « veut du Lavâsh, ce pain iranien blanc si fin qu'on dirait du papier[10] ». Cette seconde partie du livre intitulée « Seconde naissance » laissait présager des jours heureux que les premiers chapitres n'inaugurent pas. Le lecteur assiste à la détresse du père et au silence pesant de la mère dont l'auteur nous confie qu'elle « finit par plonger dans un silence mortifère à son arrivée en France[11] ». « Mais qu'est-ce qu'on fait ici ? » se demande l'enfant, « dans ce trou qui sent l'humidité et la misère, avec la beauté réservée seulement aux quatre premiers étages de l'immeuble. Nous sommes tous les trois assis à cette table garnie de cette chose impossible à prononcer (*croissant*). Nous ne disons rien[12] ». Quand les mots ne suffisent plus, l'auteur s'autorise le recours à la forme du conte et « Il était une fois » inaugure une histoire qui n'est plus seulement la sienne mais devient celle de tous, dans un lieu lointain qui s'est figé dans l'espace et le temps : « Et tous les trois gardaient un secret dans le creux de la main Sur leur paume, un mot était gravé : EXIL[13] ».

Le silence de ce trio familial laisse vite place à un nouveau supplice : les autres. L'école s'impose à la petite fille

10. Maryam Madjidi, *Marx et la poupée*, *op. cit.*, p. 102.
11. Entretien M. Madjidi / A. Masini-Beausire, *op. cit.*
12. M. Madjidi, *Marx et la poupée*, *op. cit.*, p. 104.
13. *Ibid.*, p. 92-93.

avec une douleur nouvelle qui la plonge dans le mutisme et la conduit à refuser de se nourrir, une « Première expérience de la solitude ».

> je ne comprends pas leur langue et personne ne comprend la mienne. [...] Elle est une reine prisonnière d'une langue étrangère [...]. Elle est une sorcière qui a inventé une potion magique : il suffit de la boire pour parler sur-le-champ une langue étrangère à la perfection[14].

La petite fille vit ainsi ses premiers jours d'école dans la douleur, démunie de cette langue désirée, les semaines défilent et elle ne parle pas. C'est ainsi que la seconde naissance se prépare, dans le silence tandis que le monde des adultes s'inquiète. Soudain, la langue française explose et l'enfant se trouve dans deux classes avec deux instituteurs, « j'ai deux langues » dit-elle, « deux manières de prononcer mon prénom, deux saveurs dans la bouche, deux musiques dans la tête[15] ». Le corps peu à peu prend possession de la langue. Maryam intègre la classe réservée aux élèves francophones et la déteste, le vit comme une honte, ce qu'elle veut « c'est la classe des vrais Français. Je veux être comme eux : ordinaire, normale, française ? C'est là-bas que tout se passe[16] ». La langue française bien vite sera sienne et il faudra à l'enfant devenue jeune fille faire le chemin inverse pour se réapproprier la langue perdue. La forme du conte reprend le flambeau comme si la quête de Maryam devenait celle de toutes : « Il était une fois une langue perdue dans un pays étranger [...] il était une fois une petite fille qui cherchait sa langue[17] ». La langue maternelle est en effet restreinte à l'usage du cercle familial, elle s'essouffle et ne se sent pas désirée. C'est ainsi que « La lutte des langues », titre d'un chapitre, laisse place à la résistance puis au refus de

14. *Ibid.*, p. 121-122.
15. *Ibid.*, p. 144.
16. *Ibid.*, p. 144-145.
17. *Ibid.*, p. 150.

la langue persane. Le besoin d'intégration submerge l'enfant et doit s'établir par cette nouvelle langue « le français enveloppe la petite fille de son manteau royal de lys et d'élite. Ils marchent ensemble vers un grand édifice de liberté, d'égalité et de fraternité[18] ». Puis vient la honte des parents qui ne parlent pas bien la nouvelle langue, une honte partagée.

La petite fille s'interroge au fil des années, devenue étudiante, « comment devient-on française ? », et l'auteur elle-même de répondre : « ce n'est pas un pays, un passeport, une identité administrative, ce n'est pas une terre, c'est vraiment la langue[19] ». L'écriture de son roman s'impose aujourd'hui pour M. Madjidi comme une autre naissance, la question de la langue apparaît comme fondamentale dans la construction de l'exilée. « En finissant d'écrire *Marx et la poupée*, j'ai compris ce que voulait dire Cioran "La patrie c'est une langue et rien d'autre" ». Nous l'avons interrogée directement sur cette question :

> La langue est en effet cruciale dans les enjeux identitaires. Une langue c'est un monde, une mémoire, tout un pays aussi. Lorsque j'étais petite, j'avais beaucoup de mal à faire exister le français et le persan dans ma tête. C'est comme s'il n'y avait pas suffisamment de place pour deux langues.
> J'ai alors rejeté l'apprentissage de l'écrit pour le persan mais j'ai continué à le parler avec mes parents à la maison et le français est donc devenu la langue de ma conquête du monde et ce monde qui m'entourait, j'ai appris à le déchiffrer en français. Mais le persan m'a toujours poursuivie comme un fantôme. C'est bien plus tard que j'ai décidé de reprendre des cours pour améliorer ma lecture et mon écriture. Toutefois, encore aujourd'hui ma connaissance du persan est essentiellement orale. L'écrit reste faible et rudimentaire. C'est comme si mon persan portait les stigmates de mon exil[20].

18. *Ibid.*, p. 154.
19. Émission *France culture*, *op. cit.*
20. Entretien M. Madjidi / A. Masini-Beausire, *op. cit.*

La dernière partie du roman « Troisième naissance » semble toucher à une conciliation attendue entre ces deux langues qui symbolisent en profondeur l'affirmation d'une identité qui échappe à l'auteur. La langue persane, soudain personnifiée, annonce à Maryam son retour définitif dans sa vie et la nécessité de « faire la paix ». Finalement, l'exilée se situe entre deux langues et ne sait vers laquelle se tourner sans se sentir exclue par l'autre. D'origine russe, Luba Jurgenson, qui travaille sur la physique du bilinguisme, explique que parler russe lui donne l'impression d'être en pyjama, c'est comme une intimité de la langue. Lorsqu'elle parle français, elle dit mettre ses vêtements. « Ma patrie, c'est la langue française » explique Madjidi, « je suis dans un pyjama en français et dans des vêtements très mal à l'aise en persan [...] une langue encore bancale dans sa bouche », plus loin, elle ajoute, « j'aime bien ça, c'est aussi une identité qui s'exprime à travers mon niveau de persan [...] j'aime que mon persan soit oral, le rapport à ma voix[21] ».

Au-delà de ces questions de langues entremêlées qui cherchent à s'affirmer tout au long du roman et dans la vie de la femme migrante et de tous migrants, se cache bien sûr la question de l'accueil. Lorsqu'on l'interroge sur cette question, l'auteur se montre particulièrement engagée :

> Il est urgent de mettre en place une véritable politique de l'accueil dans notre pays et en Europe également. Cela signifie concrètement ouvrir des centres d'hébergement qui respectent la dignité des réfugiés et garantissent leur sécurité et leur protection. C'est d'abord cela « l'accueil » : offrir un toit à quelqu'un et ainsi le protéger. [...] Enfin, accueillir c'est aussi accueillir la différence de l'autre : sa langue, sa culture, sa religion, ses coutumes. Je refuse l'assimilation car elle vise à effacer la différence donc la richesse et la singularité de l'autre. Je n'aime pas non plus le communautarisme car il est synonyme de renfermement et d'isolement. Mais il me semble qu'entre l'assimi-

21. Émission *France culture*, *op. cit.*

> lation et le communautarisme, il existe une autre voie qui serait à mi-chemin entre l'affirmation de sa culture d'origine et l'ouverture à la culture du pays d'accueil. Ces deux cultures peuvent parfaitement coexister[22].

On ne s'étonne guère de voir Maryam Madjidi enseigner aujourd'hui le français aux mineurs isolés de la Croix-Rouge, elle explique qu'elle aime voir une langue émerger et se faire apprivoiser, consciente que son appropriation est essentielle pour s'enraciner, accueillir une langue, une culture et être soi-même accueilli.

Nous avons souhaité la questionner également sur son parcours de femme à l'épreuve de l'exil et sur son point de vue sur l'accueil à réserver aux femmes migrantes. « On doit accueillir une femme comme on accueille un homme » dit-elle, « je ne vois pas en quoi l'accueil d'une femme devrait être différente en fonction de son sexe[23] ». Toutefois, nous lui soumettons le fait que l'accueil des femmes semble plus difficile sous certains aspects :

> Je ne le pense pas. Je suis enseignante de FLE auprès des mineurs non accompagnés et je n'ai pas le sentiment que ce soit plus difficile pour les jeunes filles. Elles sont exposées à des violences sexuelles plus fréquentes mais les jeunes adolescents portent en eux aussi des blessures psychiques tout aussi importantes. Les femmes sont parfois plus fortes sur le plan psychique justement pour faire face à leurs difficultés et leurs traumatismes. Je les trouve plus puissantes et plus sûres d'elles.
>
> Elles ont peut-être besoin de plus de protection et de sécurité car elles sont davantage victimes de sévices et surtout de sévices sexuels mais c'est exactement le cas aussi pour les femmes non réfugiées. Je vous rappelle mais je ne vous apprends rien que 130 femmes ont été tuées en 2017 sous les coups de leur conjoint en France.[24]

Si j'ai eu la chance de pouvoir m'entretenir avec M. Madjidi, de l'interroger sur le rapport qu'elle entretient avec la

22. Entretien M. Madjidi / A. Masini-Beausire, *op. cit.*
23. *Ibid.*
24. *Ibid.*

littérature, sur son parcours d'exilée et ce retour à la patrie qui semblent s'effectuer pour elle par le biais de l'écriture, j'ai constaté que l'écrivain ne souhaitait pas particulièrement donner un sexe à son histoire. Elle ne nie pas le fait qu'il s'agit d'un récit de femme en résistance mais la question du genre semble pour elle éminemment réductrice pour parler d'écriture : « je refuse l'idée d'une écriture féminine ou masculine. Il s'agit d'écriture. C'est tout[25] ».

Nous lui avons alors demandé si, voyant de plus en plus de femmes migrantes se mettre à écrire, il lui semblait envisageable de parler d'« une nouvelle francophonie au féminin » :

> Je ne suis pas sûre que les écrivaines soient de plus en plus nombreuses. La place des femmes dans la culture reste toujours très faible et les auteurs sont toujours plus nombreux à être publiés et récompensés en France [...]. Mais il est urgent justement de se faire entendre en tant que femme. C'est pourquoi, je les encourage toutes à créer artistiquement et à se faire entendre. J'aimerais également que les jurys littéraires respectent la parité et qu'il y ait autant de femmes que d'hommes dans la composition de ces jurys[26].

À la lecture de *Marx et la poupée*, il paraît impossible de vouloir classer, encore moins de pouvoir « genrer » ce récit de l'exil. Parler d'une « littérature migrante » poserait les mêmes problèmes que le vocable « migrant », trop généralisant. Par ailleurs est-il envisageable de circonscrire un genre littéraire à la seule quête identitaire de son auteur comme si l'exilé était irrémédiablement condamné à dire son exil ? Certains proposent, comme Alexis Nouss, de parler d'une « littérature-monde » ou d'une littérature « plus grande que nous », pour reprendre l'expression employée par Michel Le Bris dans deux de ses manifestes. La terminologie sied bien au roman de Maryam Madjidi : « je ne crois pas que l'écriture possède un sexe » nous a-t-elle confié, « une femme qui écrit se lance dans

25. *Ibid.*
26. *Ibid.*

la même aventure qu'un homme. C'est l'aventure de l'écriture et je refuse l'idée d'une écriture féminine ou masculine. Il s'agit d'écriture. C'est tout[27] ».

S'il est vrai que l'écriture ne saurait avoir de sexe selon M. Madjidi, *Marx et la poupée* nous apparaît comme un roman qui apporte toutefois un autre regard sur l'exil, comble un espace de parole au féminin à explorer, encore trop peu investi par les femmes migrantes ou issues de la migration. Pour M. Madjidi, la langue française est devenue l'espace littéraire d'un retour aux racines, comme une nouvelle installation dans une patrie qui lui avait résisté. L'expérience de la migration au féminin semble avoir trouvé place pour M. Madjidi dans les mots, hors cadre toutefois, dans l'espace intime de l'écriture, entre journal intime et conte, dans un espace propice à une écriture poétique libérée des contraintes. La voix de l'auteur narre et la forme éminemment orale de l'écriture laisse au lecteur l'impression d'avoir été ailleurs, dans un espace qui n'est pas le roman mais vous susurre une histoire à l'oreille. Dans le récit de cet exil, l'écrivain ne raconte pas son "intégration" ou son "assimilation", termes qu'elle réfute car ils impliquent d'oublier d'où l'on vient, elle préfère raconter "l'accueil" réservé aux immigrés, la discrimination brutale puis la discrimination au féminin : « l'accueil réservé aux étrangers reste difficile, voire dramatique comme en témoigne la situation actuelle des migrants » explique l'auteur « *Marx et la poupée* est le récit de cet accueil et de la lente gestation par laquelle je suis devenue française[28] », ajoute-t-elle. La migration et l'exil au sens large posent une question cruciale qui se trouve exacerbée par le fait d'être femme. « Ce nouveau pays, il faut l'accueillir autant qu'il nous accueille et la grande question est "comment deve-

27. Entretien M. Madjidi / A. Masini-Beausire, *op. cit.*
28. *Ibid.*

nir autre tout en restant soi-même ?"[29] », s'interroge l'écrivain dans *Marx et la poupée* :

> La patrie n'est qu'un campement dans le désert », ce proverbe tibétain en épigraphe du livre prend alors tout son sens. « Il dit surtout quelque chose de la patrie et de l'exil » explique l'auteur « La patrie comme perpétuel exil, une tente fragile campée dans un espace indéfini et vaste qui est le désert.
>
> Il dit la fragilité mais aussi le peu de choses que représente la notion de patrie. Il renvoie également au nomadisme de nos ancêtres qui ont tous immigré vers un ailleurs.
>
> Quant à moi, si je dois faire un lien, je dirai que ce proverbe renvoie à mon aversion pour toute forme de patriotisme et d'attachement viscéral à une terre[30].

Université Paris 3 — Sorbonne Nouvelle

29. *Ibid.*
30. *Ibid.*

« Récit littéraire féminin et témoignage sur la condition migrante en Alsace : le cas Fatou Diome »

Serigne Seye

Fatou Diome, devenue depuis quelques années une auteure phare du mini champ littéraire franco-sénégalais en train de se constituer, fait de la migration des Africains en Europe le thème phare d'une écriture essentiellement autobiographique. Classée parmi les auteurs de la migritude ou du désenchantement, elle est l'une des grandes voix de la diaspora noire en France. Son œuvre est surtout un écho qui fait résonner les souffrances de toutes sortes subies par les femmes, qu'elles soient migrantes ou proches de migrants. C'est ce témoignage sur la condition migrante à laquelle elle s'adonne que nous allons analyser dans cet article en scrutant le ressenti et le vécu de ses personnages migrants qui, pour la plupart, vivent en Alsace. Cette analyse stipulera que les récits de Diome constituent un véritable témoignage sur les conditions difficiles dans lesquelles vivent les immigrés en France. Pour mieux confirmer cette hypothèse, nous ferons appel, entre autres, au concept d'intersectionnalité pour montrer la situation particulière des femmes noires migrantes qui sont au centre de plusieurs discriminations.

I
Le blues de la migrante ou l'impossible bonheur en Alsace

L'Alsace est le centre de la vie migrante des personnages de Diome qui y atterrissent quand ils quittent leur pays et y passent, comme l'auteure, le plus clair de leur temps. Salie, narratrice du *Ventre de l'Atlantique*[1] et d'*Impossible de grandir*[2] vit dans cette région alors que Mémoria qui y est arrivée avec son mari, y retourne toujours après ses escapades de prostituée. D'ailleurs dans *Kétala*, certains toponymes qui correspondent aux différents lieux où le couple Mémoria/Makhou a séjourné à son arrivée en France ont une consonance alsacienne : Koenigshoffen, bifurkheim, Strasbourg.

Le séjour alsacien des personnages de l'auteure franco-sénégalaise est pourtant toujours mouvementé car perturbé par des faits inattendus qui impactent négativement leur quotidien. Ils sont, comme toutes les personnes issues de pays tropicaux, victimes d'un climat hostile qui les oblige à se replier sur eux-mêmes. La claustration étant, pour eux, un moyen de lutter contre les ardeurs du climat mais aussi de se retrouver à l'écart d'un monde extérieur sans pitié pour le migrant. Ainsi, les narratrices de Diome sont extrêmement sensibles au climat et à la succession des saisons qui jouent un rôle de premier plan dans la vie de l'immigré africain vivant dans un pays froid. Les saisons sont tellement importantes pour la narratrice du

1. Fatou Diome, *Le Ventre de l'Atlantique*, Paris, Anne Carrière, 2003.
2. Fatou Diome, *Impossible de grandir*, Paris, Flammarion, 2013.

Ventre de l'Atlantique qu'elle les personnifie et les transforme en véritables personnages/acteurs du récit : « L'été, tel un amant instable, partit puis revint, repartit et, comme pour bien s'assurer de l'état de tout ce qu'il avait quitté, revint à nouveau[3] ». L'été est peint dans cet extrait comme un actant du récit qui apparaît et disparaît trop vite au goût de la narratrice. Il apparaît comme un adjuvant du sujet migrant en quête de conditions meilleures alors que l'hiver revêt les habits d'opposant, obligeant le personnage immigré à se replier sur lui-même et à se morfondre dans la mélancolie. Celle-ci se lit dans *Le Ventre de l'Atlantique* quand Salie révèle sa joie d'écouter la musique de Yandé Codou Sène qui lui sert de dérivatif à sa condition d'exilée :

> À Strasbourg, j'arrosai la victoire de l'Italie sur les Pays-Bas d'une théière bien remplie, en écoutant Yandé Codou Sène, la diva sérère du Sénégal, et en m'empiffrant de gâteaux. Il est vrai que la joie me donnait des envies d'excès, mais c'était surtout la voix de Yandé Codou qui m'envoûtait peu à peu et réveillait en moi une mélancolie que je voulais juguler à tout prix. Il y a des musiques, des chants, des plats qui vous rappellent soudain votre condition d'exilé, soit qu'ils sont trop proches de vos origines, soit parce qu'ils en sont trop éloignés[4].

Ainsi, la musique comme les autres médias que sont la photographie et le téléphone relient Salie à son pays d'origine et lui font supporter la tristesse de l'exil. Il apparaît, de ce fait, que les femmes migrantes de Diome ont comme un besoin atavique de maintenir ce contact, même virtuel, avec leur pays pour guérir de la nostalgie et de son corollaire, la mélancolie, qui les consument. Dans ses moments d'angoisse et de solitude, Mémoria se tourne vers l'Afrique. C'est elle qui lui permet de soutenir les douleurs de l'exil, provoquant de facto un sentiment de nostalgie insoutenable qui chemine

3. Fatou Diome, *Le Ventre de l'Atlantique*, *op. cit.*, p. 73.
4. *Ibid.*, p. 37.

avec une dépression causée par le départ de son mari et qui la mènera à la destruction de soi. Elle restera cloitrée chez elle pendant des semaines avant de décider, poussée par Marie-Madelaine, d'entrer dans la prostitution : « Apathique, Mémoria se nourrissait comme un moineau, se déplaçait de lit en canapé, économisait ses vivres afin de ne pas se voir obligée de sortir chercher de quoi les renouveler[5] ».

Quant à Salie, elle avoue que la solitude, sentiment le plus pesant pour l'immigrée, est toujours en relation avec la nostalgie et l'éloignement du pays d'origine : « La nostalgie est ma plaie ouverte et je ne peux m'empêcher d'y fourrer ma plume. L'absence me culpabilise, le blues me mine, la solitude lèche mes joues de sa longue langue glacée qui me fait don de ses maux[6] ». La nostalgie dans *Kétala* sera tellement profonde après que Mémoria a attrapé une maladie qui semble être le sida qu'elle décidera finalement de rentrer au Sénégal : « Ramène-moi chez nous, s'il te plait, le plus tôt possible. Je t'en prie, Makhou, ne me laisse pas mourir ici, rends mon corps à mes parents, à la terre qui m'a vue naître, c'est la seule chose que je te demande : pas d'amour, pas de pitié, seulement un peu d'humanité[7] ». Déjà, le jeune couple, confronté au chômage et à la précarité, avait pensé au retour, seulement quelques semaines après sa migration à Strasbourg. C'est ce que nous dit Canapé, l'un des objets narrateurs du récit qui nous apprend, parlant de l'héroïne du roman : « Elle sanglotait, suintait la nostalgie et répétait : Nous ferions mieux de rentrer chez nous. Là-bas, au moins, nous n'avions pas à nous inquiéter pour un loyer et jamais je ne me suis demandé ce que j'allais manger le lendemain... Rien ne nous oblige à

5. Fatou Diome, *Kétala*, Paris, Flammarion, 2006, p. 206.
6. *Ibid.*, p. 224.
7. *Ibid.*, p. 258.

endurer cette galère[8] ». Cette situation est inédite pour Mémoria et Makhou, deux jeunes issus de familles assez aisées de Dakar et qui vivent difficilement en Alsace. On comprend donc aisément la volonté de Mémoria de retourner chez elle pour revivre un bonheur qui la fuit depuis qu'elle a mis les pieds dans cette région peu accueillante à son goût.

La nostalgie et la solitude sont donc les sentiments les mieux partagés par les narratrices et personnages migrants de Fatou Diome. C'est ce qui fait dire à Xavier Garnier que Fatou Diome « sait que la légèreté du rêve qui attire les sénégalais vers la France se transforme aussitôt en pesanteur nostalgique[9] ». Les personnages racontent leur vécu pour briser, chez les jeunes africains, l'idée d'un Eldorado européen qui serait le contrepoint exact de leur existence en Afrique : « Les narratrices de Fatou Diome ne veulent pas fabuler sur leur exil français, elles tiennent à dire les choses telles qu'elles sont, elles refusent d'entrer dans la légende, elles cherchent la lucidité[10] ».Fatou Diome produit, à partir de son point de vue d'exilée, un contre-discours sur l'immigration qui met à nu les mensonges colportés par ceux qui rentrent en Afrique après un séjour souvent laborieux en France. Ce discours littéraire se fonde beaucoup sur la sensibilité des narratrices et/ou des personnages qui usent beaucoup du vocabulaire affectif pour faire du texte un entrelacs de sentiments provoqués par la condition d'exilé. Leurs récits sont ainsi de véritables témoignages sur des aventures migrantes vécues de l'intérieur par des individus qui se nourrissent fortement de l'expérience personnelle de l'auteure.

8. *Ibid.*, p. 165.
9. Xavier Garnier, « L'exil lettré de Fatou Diome », *Notre Librairie,* n° 155-156, Juillet-Décembre 2004, p. 34.
10. *Ibid.*, p. 34.

II
L'élan brisé vers les autres

Englués dans la solitude et la nostalgie, les personnages migrants de Fatou Diome, voulant sortir de leur solitude, tentent d'aller vers les autres dans l'optique de s'intégrer dans leur société d'accueil. Ainsi Makhou et Mémoria, dès leur arrivée en Alsace, font des efforts d'intégration par le biais de la gastronomie locale. Ayant mangé de la choucroute pour leur baptême de feu culinaire, ils se mettent au *gewurztraminer* alsacien qui est leur premier coup de foudre gastronomique. Cependant, les efforts culinaires des deux Sénégalais ne sont pas suffisants pour une intégration réussie. Cela n'a pas échappé à Coumba Djiguène, la statue, qui dit à Masque :

> S'habituer ? Le virage est un peu raide, mon cher Masque, ronronna Coumba Djiguène. Comme s'il suffisait de digérer une choucroute pour se réveiller Alsacien ! La région est belle, mais on ne l'avale pas avec le chou, elle se mérite. Il faut d'abord planter des pieds de vigne, les dorloter, les tailler, aussi délicatement qu'on coupe les cheveux d'une reine ; attendre ensuite patiemment, très patiemment, que leurs fières grappes, heureuses d'avoir été respectueusement traitées, offrent leur jus qui se mue en nectar sacré, un secret des dieux, un gewurztraminer qu'on déguste millésimé, pour enfin prendre racine en Alsace[11].

La déception était présente dès leur premier contact avec les autres. Chez Gertrude, l'amie de la fac de Makhou qui les accueille à leur arrivée, ils ont d'abord du mal à s'intégrer à la petite assemblée qui y est conviée par la propriétaire des lieux. Euphorique à l'idée de retrouver cette ancienne camarade de Makhou, le couple va très vite se rendre compte du décalage entre l'accueil qu'il espérait et celui qui lui sera réservé. Le mari de Gertrude ne cache pas son malaise, lui qui les appelle «la foule domestique, les Africains de Madame ».

11. Fatou Diome, *op. cit.*, p. 148.

On est ici confronté à un échec de la volonté de transfert culturel. Makhou et Mémoria, élevés dans la pure tradition de la *teranga* sénégalaise (sens de l'hospitalité), sont déroutés par le comportement de Gertrude qui ne s'attendait pas à les voir loger chez elle.

Le rejet et le manque d'hospitalité prennent parfois un aspect plus collectif et se manifestent par des comportements silencieux mais assez éloquents. Ainsi, dans la rue, la narratrice de *La Préférence nationale* se heurte au regard des autres qui semblent lui reprocher sa présence à Strasbourg : « Dans la rue, je marchais vite, mais j'avais l'impression que les gens me regardaient plus que d'habitude. Soudain, j'eus envie d'être invisible. Je me demandais pourquoi ces regards insistants qui semblaient tout à la fois me bousculer et m'interroger[12] ». Elle décrit dans ce passage une situation qui n'est pas particulière aux rues alsaciennes mais qui semble généralisée un peu partout en France. Elle est épiée à cause de sa différence et des préjugés, elle qui est issue d'une culture où dévisager les inconnus est considéré comme un acte d'impolitesse. Acte qui a surtout, dans le contexte du recueil de nouvelles, une tonalité raciste et xénophobe comme le comportement de ses différents patrons. En effet, son premier rendez-vous avec ses futurs employeurs est un entretien d'embauche particulier qui a accentué le fossé la séparant des membres de cette famille. Chosifiée, elle sera désignée par le pronom démonstratif « ça ». Son identité humaine lui est niée par des gens qui la relèguent déjà dans une altérité radicale, non humaine. Ceci explique le fait que, très lucide, elle remarque très tôt la manière négative dont elle est perçue par ses hôtes : « Je n'étais pas moi avec mon prénom, ni madame, ni mademoiselle, mais *ça*. J'étais donc *ça* et même pas *l'autre*. Peut-être qu'en me désignant

12. *Op. cit.*, p. 63.

comme *ça*, Monsieur éprouvait à mon égard le sentiment que m'inspiraient ces mouches qui s'accouplaient dans sa vaisselle[13] ». Le « ça » désigne toute sa communauté, celle des gens qui ont la même couleur de peau, car madame Dupont ne tarde pas à dire à son mari pour le pousser à accepter qu'elle engage cette nouvelle domestique :

> — Ne me dis pas que…, mais enfin Géraldine, que veux-tu qu'on fasse avec « ça ! »
> — Écoute Jean-Charles, cria-t-elle, demain tu pars toute une semaine pour ton boulot, et moi dans tout ça ? J'ai mon travail aussi. Et puis ces gens-là sont travailleurs et plus obéissants, ça n'a rien à voir avec les chipies de chez nous. Tu te rappelles celle de l'année dernière, elle nous a traînés aux prud'hommes pour nous soutirer du fric ; au moins avec celle-là nous serons tranquilles. Je vais l'embaucher. Ma copine Anita en a une comme ça, et elle obéit au doigt et à l'œil, elle fait tout dans la maison[14].

Ces mots blessants témoignent du mépris du couple envers une personne qui, pour eux, n'en est pas vraiment une : ça, ces gens-là, celle-là, une comme ça. La banalité de ce discours stéréotypé est renforcée par le choix du patronyme de cette famille. Le nom Dupont, l'un des plus répandus en France, symbolise en effet le français ordinaire qui construit tout un imaginaire à base de préjugés sur les personnes d'origine africaine.

Obligée, comme les femmes de sa condition, à accepter l'inacceptable, la narratrice est confrontée à la précarité et au besoin urgent de revenu régulier : « j'avais besoin de garder mon emploi, étant donné que mon visage ne rencontrait souvent que le refus des employeurs[15] ». Elle aura, une fois de plus, l'occasion de mesurer le manque d'hospitalité à l'égard de la personne migrante lorsqu'elle se rend à une boulangerie

13. *Ibid.*, p. 67.
14. *Ibid.*, p. 69-70.
15. *Ibid.*, p. 72.

dans le but de répondre à une annonce cherchant une vendeuse. L'accueil n'a pas été là aussi fameux car, après lui avoir demandé si elle parle alsacien, le boulanger lui lance : « Mais pourquoi fous n'allez pas trafailler chez fous ». Elle interprète malicieusement l'usage du pronom personnel de la deuxième personne qui semble révéler faussement une politesse réelle. Ce vous n'était point celui de la politesse, puisqu'il m'avait précédemment tutoyée. C'était un sac ; oui, un sac poubelle où il mettait tous les étrangers qu'il aurait aimé jeter dans le Rhin[16]».

Elle fait face au même mépris lorsqu'elle va à la rencontre d'une femme qui cherchait un détenteur de la licence pour donner des cours de renforcement à sa fille. Malgré le fait qu'elle remplit la condition principale (diplômé de licence), elle fait face au dédain de la dame qui lui lance à la figure sans ambages : « Je veux une personne de type européen ; et relevant son menton en pointe de truelle, elle ajouta : je ne veux pas qu'on me bousille l'éducation de mon enfant[17] ». Elle se heurte aux préjugés qui sont l'expression du désir inconscient de la voir évoluer aux marges de la société et demeurer dans une situation précaire. Ainsi, dans « Cunégonde à la bibliothèque », elle est congédiée par ses patrons, les Dupire, dès qu'ils ont su qu'elle était étudiante et plus instruite qu'eux.

Chez les personnages migrants de Fatou Diome, toutes les tentatives d'intégration sont vouées à l'échec à cause du comportement hostile de certains locaux. Leur élan vers les autres est toujours brisé, les obligeant parfois à devenir méfiants et à prendre leur distance même devant des personnes plus accueillantes que la majorité des Alsaciens. Agoraphobes, ils deviennent presque des marginaux à l'image de Salie, la narratrice d'*Impossible de grandir*, incapable d'aller chez les autres.

16. *Ibid.*, p. 87.
17. *Ibid.*, p. 91.

Elle montre cette peur au début du roman : « depuis quelques jours, je râle, rouspète, soupire ; une obligation sociale, des plus banales, blanchit mes nuits, creuse mes cernes et noircit mon humeur : une amie m'invite à dîner. Je lui ai pourtant dit que je n'aime pas aller chez les autres, au domicile des autres…[18] ». Les migrantes de Diome, personnages de la précarité sociale, sont au centre de plusieurs discriminations ; ce qui fait d'elles des individus en situation d'intersectionnalité.

III
Des sujets au cœur du triangle discriminant de l'intersectionnalité

L'intersectionnalité, terme forgé par Kimberley Crenshaw en 1989[19] est une théorie scientifique issue du *black feminism* américain devenue aujourd'hui l'un des outils privilégiés pour étudier la situation de certaines catégories sociales. Approfondie dans un autre article de Crenshaw[20], cette pensée a pour but de décortiquer la situation des personnes subissant simultanément plusieurs formes de domination ou de discrimination dans une société et analyse notamment toutes les formes de violence que les femmes subissent. Cette approche prouve que celles-ci sont dues, non seulement à leur féminité mais aussi à d'autres dimensions telles que la race et la classe. Les femmes de couleur sont ainsi ses objets d'études priori-

18. *Op. cit.*, p. 115.
19. Kimberlé Crenshaw, « Demarginalizin the Intersection of Race and Sex : a Black Feminist Critique of Discrimination doctrine, Feminist theory and Antiracist Practice », *University of Chicago Legal Forum*, 1989, p. 139-167.
20. Kimberlé Crenshaw, « Mapping the Margins : Intersectionality, Identity Politics and Violence against Women of Color », *Stanford Law Review*, vol. 43 n° 6, 1991, p. 1241-1299. Cet article a été traduit en français en 2005 sous le titre « Cartographie des marges : Intersectionnalité, politiques de l'identité et violence contre les femmes de couleur », *Cahiers du genre*, n° 39, 2005/2, p. 51-82.

taires puisque l'intersectionnalité trouve son origine d'abord dans la volonté de combler le vide constaté dans les études féministes sur cette catégorie féminine dont la complexité du statut n'était pas considérée par les chercheurs qui ignoraient les relations intrinsèques unissant les différentes formes de discrimination qu'elle subit.

Sur le plan littéraire, l'intersectionnalité peut être appliquée aux récits dits de la migritude mettant en scène des personnages féminins ayant émigré en Europe et qui sont soumis au racisme, à la xénophobie, au sexisme et aux problèmes d'intégration. Leur identité y est souvent plus problématique que celle de leurs compatriotes masculins venus d'Afrique comme eux. Si les difficiles conditions du séjour de Massala-Massala, le héros de *Bleu Blanc Rouge*[21] d'Alain Mabanckou à Paris sont exacerbées indéniablement par la couleur de sa peau et ses origines, l'existence de la narratrice de *La préférence nationale* de Fatou Diome semble plus insupportable à cause de son appartenance sexuelle. En effet, les personnages migrants de Fatou Diome sont le plus souvent en situation d'intersectionnalité. Elles sont victimes de discriminations dues à leur triple condition de femme, de noire et d'immigrée pauvre. Salie, la narratrice du *Ventre de l'Atlantique* et Mémoria, héroïne de *Kétala*, sont ainsi au cœur du triangle discriminant qui désigne

> cette situation singulière mais courante qui place les personnages dans une certaine conjoncture où des circonstances identifiables et quantifiables (2 ou 3 au moins) aggravent leurs conditions d'existence. Les causes de discrimination à leur égard se superposent dès lors pour les enfermer dans une sorte de prison virtuelle à ciel ouvert où ils ne font que tourner en rond. Ne pouvant pas s'épanouir, les personnages des récits vivent alors dans une monotonie inféconde qu'illustre la répétition d'actes et d'idées aussi inefficaces qu'inutiles[22].

21. Alain Mabanckou, *Bleu Blanc Rouge*, Paris, Présence Africaine, 1998.
22. Serigne Seye, « Pour une approche littéraire du récit littéraire africain », *Éthiopiques* n° 99, 2e semestre 2017, p. 34.

Les personnages de femmes africaines émigrées en Europe nous paraissent donc être les prototypes de l'identité intersectionnelle. Souvent, ces femmes ne découvrent leur identité problématique qu'une fois qu'elles arrivent en Occident. « C'est dans le clair-obscur des appartements parisiens que la dimension intersectionnelle se révèle »[23]. Les aventures de la narratrice de *La Préférence nationale* de Fatou Diome nous paraissent, à ce sujet, assez édifiantes. Issue d'un village où elle était regardée comme une intruse pour une double raison (née hors mariage et fille d'un homme étranger au village), elle révèle, dans la nouvelle liminaire, son passage dans la ville de Foundiougne où elle a fait ses études. Les violences physiques et la tentative de viol en font un personnage à l'intersection au moins de trois sources de discrimination : en tant que fille, étrangère, enfant naturel… Elle se trouve en position de faiblesse dans ses rapports de force avec les autres. Cependant, l'aide de la vendeuse Codou lui sera très utile pour surmonter les épreuves qu'elle va affronter. Plus tard, sa vie à Strasbourg révèle une identité plus intersectionnelle et porteuse de difficultés. Victime de racisme au sein de la famille même de son mari, elle va divorcer tout en continuant ses études. Elle postule à plusieurs emplois qui lui seront toujours refusés par la faute de sa mélanine : « À cause de mes lèvres noires, qui du moins psalmodient la langue de Vaugelas mieux que les siennes, elle me refuse le travail[24] » dit-elle à l'intention de la dame qui cherchait un soutien scolaire pour sa fille.

Elle est également soumise au diktat d'une société patriarcale qui se manifeste jusque dans la description qu'elle fait de Strasbourg. Elle décrit ses premières impressions sur la capitale alsacienne : « Je suis donc entrée dans la France que Paris

23. Xavier Garnier, « Propositions pour un usage littéraire de la notion d'intersectionnalité », https :genretautor.hypothèses.org/83, consulté le 24 mai 2019.

24. Fatou Diome, *op. cit.*, p. 91.

ne dévoile pas. Strasbourg, une ville virile qui porte sa cathédrale comme une érection destinée au ciel »[25]. La métaphore de la masculinité la plonge déjà dans un environnement phallocratique rappelant ce qu'elle a vécu dans son propre pays. Son pressentiment est confirmé par le sort que lui réserve son amant, professeur d'université. Dans une nouvelle intitulée « le dîner du professeur », elle subit presqu'un viol de la part de cet enseignant avec lequel elle sort qui la pénètre sans lui demander son avis. Les efforts qu'elle fait pour se concentrer sur l'image d'une jaquette d'un livre (*Le Sexe et l'effroi*[26] de Pascal Quignard) tandis que le professeur assouvissait sa libido, témoignent de toute la violence psychologique que génère cet instant insupportable. Cette scène est assez symptomatique de ses problèmes d'intégration dans la société d'accueil suscité par son identité. À cela s'ajoute le comportement de son amant qui a honte de lui prendre la main quand ils sont dehors à cause de sa couleur de peau. Sa triple condition de femme noire immigrée, qui plus est, pauvre, est à l'origine de ce sort peu enviable que lui réserve son amant.

Aussi ses nombreux rendez-vous manqués avec un emploi décent et les refus successifs qu'elle essuie lui font perdre du temps et empêchent sa réalisation en tant que femme noire immigrée en Alsace. Sa situation, inhérente à son identité complexe, est alors foncièrement différente de celle de ses consœurs blanches européennes :

> Le soir j'appelai une copine de fac, une blonde aux cheveux argentés, une vraie blanche d'appellation et d'origine contrôlées. Elle était en licence et cherchait un petit boulot. Je lui donnai le numéro de téléphone de la caissière. Le lendemain soir, une voix joyeuse s'échappa de mon répondeur :

25. *Ibid.*, p. 62.
26. Pascal Quignard, *Le Sexe et l'effroi*, Paris, Gallimard, 1994.

— ...merci pour le tuyau. J'ai commencé ce matin chez la dame. Mais si ça t'intéresse, elle a une voisine qui cherche une femme de ménage[27].

Si la narratrice et son amie ont en commun le fait d'être sous employées, le sort de la première est beaucoup moins enviable car, malgré un diplôme de troisième cycle, on ne lui fait pas confiance pour enseigner à des enfants français. L'emploi de femme de ménage qu'elle accepte pour ne pas mourir de faim va encore l'installer dans une précarité durable.

Par ailleurs, le quotidien que M. Dupont voudrait imposer à sa femme pourrait être un lien qui aurait pu lier cette dernière à la ménagère, toutes deux souffrant ici d'une discrimination par le genre institué par le patriarcat qui prend, dans ce cas, une forme plus universelle (d'un côté les hommes de tous les pays discriminant les femmes de tous les pays). Toutefois, la narratrice souffre en plus de la dictature phallocratique, des moqueries et d'une exploitation économique ne s'expliquant que par ses origines qui laissent penser à sa patronne qu'elle est ignare et peut être naturellement exploitée sans problèmes. Cela montre le caractère intersectionnel de la situation de femmes comme les narratrices de Diome et Mémoria, l'héroïne de *Kétala*. D'ailleurs chez la niodoroise, il y a toujours un lien entre l'exploitation économique et l'origine des individus. Ce que veut démontrer la jeune étudiante sénégalaise, narratrice de *La Préférence nationale* :

> dans ce pays, même les métiers ont des visages. Surtout les plus durs et les mal payés. Quand vous entendez un marteau piqueur, inutile de vous retourner, c'est à coup sûr un noir, un turc, un arabe, en tout cas un étranger qui tient la manette. Quant au bruit des aspirateurs, il signale presque toujours la présence d'une Africaine, d'une Portugaise ou d'une Asiatique[28].

27. *Op. cit.*, p. 94.
28. *Ibid.*, p. 70.

Le racisme, prend en effet ses origines, dans une volonté de domination économique pouvant être aussi bien individuelle que collective. Analysant le propos et le comportement de madame Dupont, la narratrice note que son « embauche était une double chance pour elle : elle faisait rimer noir avec ignare, ce qui lui permettait d'avoir une employée peu consciente de ses droits, donc facile à manipuler et à exploiter[29] ». La situation des personnages féminins migrants de Fatou Diome est d'autant plus pesante que les inégalités sociales subies par les personnes de couleur, et surtout les femmes, ne sont pas suffisamment prises en compte par les dirigeants alsaciens ou métropolitains en général. Ce qui les place dans une intersectionnalité structurelle car elles ne bénéficient pas des mêmes mesures que leurs congénères blancs pour remédier à leurs difficultés. Certaines lois les retiennent dans la précarité en les empêchant d'accéder, par exemple, à une nationalité française qui les soulagerait de quelques problèmes.

Même les hommes ne sont pas épargnés par cette discrimination à l'embauche. C'est ce qu'on peut déceler dans la trajectoire de Makhou, le mari de Mémoria. Sorti d'une grande école de commerce parisienne, il ne trouve rien de mieux à son retour en France et son arrivée à Strasbourg qu'un poste de manutentionnaire qu'il est obligé d'accepter pour sortir de la précarité dans laquelle les a placés, lui et sa femme, leur séjour alsacien. Ceci est d'autant plus saisissant si l'on sait que les personnages, comme la plupart des héros des récits de Diome, ne sont pas des migrants économiques. En effet, Mémoria et Makhou sont venus en France pour s'éloigner de leur famille respective et donner une chance à leur foyer malmené par l'homosexualité du mari. Les narratrices de *La Préférence nationale*, du *Ventre de l'Atlantique* et *d'impossible*

29. *Ibid.*

de grandir sont arrivées en Alsace pour des raisons familiales, mariées qu'elles sont à des Français.

La fébrilité sociale et économique de Mémoria, due à son statut de femme noire immigrée et divorcée, la conduit à la prostitution et à l'autodestruction. Dans ce métier, son intersectionnalité se révèle également dès qu'on compare l'expérience qu'elle y vit et celle de Marie-Madeleine, la Française. Comparée à cette dernière, Mémoria vit une situation plus discriminante. Si elles ont en commun leur genre et leur situation sociale, la sénégalaise est en plus noire et immigrée. Ce qui la met au centre de plus de discriminations que son amie française.

L'intersectionnalité des personnages migrants est aggravée par l'insécurité linguistique dans laquelle ils se trouvent. La non-maîtrise du dialecte alsacien pouvant être un frein à l'accès à l'emploi comme le montre l'expérience de la narratrice de *La Préférence nationale* avec le boulanger. La narratrice est ainsi au cœur de ce triangle discriminant qu'on retrouve dans les cas de figure où un individu est au confluent de trois discriminations. Si, par exemple, ce dernier subit des mauvais traitements à cause de son sexe, de sa couleur de peau, de sa provenance et/ou de sa situation sociale, il est au cœur de la figure triangulaire (ou même rectangulaire). En plus de son genre ou sexe, d'autres circonstances aggravantes se greffent à la première pour faire de son quotidien un enfer. Ce triangle ne concerne pas uniquement les personnages en situation d'immigration en Europe mais aussi ceux qui évoluent dans un contexte africain. Les itinéraires des femmes migrantes de Fatou Diome dessinent tout un processus de subjectivisation qui fait de l'identité intersectionnelle une donnée non statique se complexifiant au gré des aventures des personnages. L'espace et le déplacement font ainsi partie des préalables qui conditionnent l'identité intersectionnelle qui se complexifient au gré de la mobilité des personnages et de leur changement de lieux ou de milieux.

Se nourrissant fortement de sa propre expérience de femme migrante, Les œuvres de Fatou Diome constituent un véritable témoignage. Les personnages souffrent de solitude et de nostalgie, de rejet et de mépris. Ce qui les place dans une situation intersectionnelle qui les marginalise plus que d'autres catégories féminines. Avec Fatou Diome, le récit est un témoignage individuel sur un état qui peut être collectif. La femme migrante est sujette à une double déception, ce qui fait d'elle l'héroïne par excellence du roman africain de désenchantement : celle de la femme en Afrique et celle de l'immigrée en Europe (en tant que femme en Afrique, en tant que femme noire immigrée en France).

Université Cheikh Anta Diop de Dakar

« Leïla Sebbar, écrire pour trouver sa propre voix »

Anne Aubry

> Ce qui fait que je suis moi-même et pas un autre, c'est que je suis ainsi à la lisière de deux pays, de deux ou trois langues, de plusieurs traditions culturelles. C'est précisément cela qui définit mon identité. Serais-je plus authentique si je m'amputais d'une partie de moi-même ?[1]

Interrogée sur les liens entre la fiction et l'exil dans une émission de France-Culture en septembre 2015, Leïla Sebbar déclare : « Il n'est pas envisageable pour moi d'écrire sur autre chose. Je suis conditionnée dès ma naissance par un double exil : celui de ma mère qui quitte sa Dordogne natale pour suivre par amour mon père sur les hauts-plateaux algériens, et celui de mon père qui abandonne son pays pour aller vivre

1. Amin Maalouf, *Les identités meurtrières*, Paris, Grasset, 1998, p. 9.

en France avec sa femme, « Française de France ». C'est ce double exil qui me fait naître ». Par cette brève réponse sur le rôle de l'exil dans sa biographie et dans son écriture, Leïla Sebbar revendique un des faits fondamentaux et constitutifs de son identité. Mais s'opposant à la notion traditionnelle de l'unification et de l'identité culturelle, elle propose plutôt la vision d'une identité perçue comme une entité fluide et négociable, dans laquelle la langue parlée joue un rôle déterminant.

C'est ce que nous nous proposons d'analyser ici. Pour mener à bien cette recherche, nous observerons d'abord de quelle manière, dans les *Lettres Parisiennes* qu'elle échange avec Nancy Huston, elle cherche à établir un ordre pour comprendre comment s'imbriquent, l'exil, l'écriture et la maternité. Puis, nous observerons dans un deuxième temps comment d'autres œuvres telles que *Je ne parle pas la langue de mon père* ou *Mes Algéries en France* qui se présente comme une déconstruction du récit de voyage orientaliste, approfondissent ces sujets en nommant de manière explicite la douleur de la béance linguistique chez Leïla Sebbar. Elle donne à ces deux œuvres atypiques la fonction de fournir une clé de lecture pour l'ensemble de sa fiction.

A — L'exil dans les *Lettres Parisiennes*

Quand Leïla Sebbar et Nancy Huston décident d'entamer une correspondance littéraire, elles ont déjà l'expérience d'avoir travaillé ensemble, notamment en publiant un numéro de la revue *Les Temps Modernes* sur l'éducation des filles en 1976, puis dans des revues du MLF telles que *Sorcières* et *Histoires d'Elles*, elles ont également produit des émissions sur France Culture. Interrogée par Soheila Kian, Leïla Sebbar explique ainsi :

> Nous avons eu envie de prolonger un travail de réflexion, cette fois sur l'exil, la maternité, l'écriture et les relations entre ces trois concepts. Nous nous sommes engagées dans une correspondance réelle, nous

> habitions toutes les deux Paris et nous nous sommes vraiment écrit des lettres, envoyées par la Poste de 1983 à 1985, je crois, régulièrement. [...] L'ensemble a plu à l'éditeur Bernard Barrault, et les lettres ont été publiées en 1986 puis republiées en livre de poche « J'ai lu » en 1999. Nancy pensait en avoir fini avec l'exil mais ses romans, comme les miens, traitaient des formes différentes de l'exil[2].

Elles ne sont donc ni débutantes de l'écriture, ni inconnues puisqu'elles ont déjà publié. Cet échange épistolaire se situe au confluent de plusieurs désirs plus ou moins explicites. Tout d'abord, il s'agit d'élaborer dans le cadre d'une « écriture de soi » un dialogue grâce à l'échange de lettres : « écrire une lettre, c'est abîmer son moi dans le miroir et y convoquer l'image de l'Autre, la convoquer à nous y rejoindre[3] ». Ce jeu de séduction et en même temps de construction de soi leur permet également à toutes les deux de réfléchir et de visualiser le processus de « venue à l'écriture » selon l'expression d'Hélène Cixous (1977). En écrivant et en décrivant ce processus, elles se présentent également comme des auteures en situation d'égalité par rapport à leur exil. Cependant, Nancy Huston, étant anglophone et choisissant d'écrire malgré tout en français, répond à une problématique bien différente. Au-delà de cette différence linguistique, ces auteures identifient chacune l'exil comme élément déclencheur de leur décision d'écrire. Et « en choisissant une parole épistolaire, ces femmes privilégient une forme mouvante, de dialectique, voire même de maïeutique[4].

Figures de l'exil dans les *Lettres Parisiennes*

L'exil emprunte plusieurs formes et plusieurs thèmes, il relève de ce qu'Édouard Glissant appelle « la pensée d'errance ».

2. Soheila Kian, « Entrevue avec Leïla Sebbar : l'écriture et l'altérité », *The French Review*, vol.78, N° 1, oct. 2004, p. 129.
3. Marie-Claire Grassi, *Lire l'épistolaire*, Paris, Dunod, 1998, p. 172.
4. Béatrice Bouvier-Laffitte, Anne Prouteau, « Le texte épistolaire comme mise en scène de l'exil au féminin », *Intercâmbio*, II série, N° 4, 2011, p. 70.

Glissant envisage ainsi l'errance comme un refus de l'enracinement au profit des « enracinements solidaires et des racines en rhizome. » Empruntant le terme de « rhizome » à Gilles Deleuze et à Félix Guattari, il le considère comme une sorte de tentative de constituer une identité ouverte, non déterminée par les schèmes réducteurs d'une racine unique. La *pensée d'errance* reste donc un moyen de construire son identité en relation. Mais notant, pour revenir à Leïla Sebbar que, dans les *Lettres Parisiennes*, elle élabore un récit extrêmement douloureux de cette expérience de l'errance. Dans un extrait de son journal qu'elle publie avec d'autres auteurs en 2003 pour la commémoration des 40 ans de l'Indépendance de l'Algérie, elle présente un rêve qui nous semble tout à fait éclairant : « Je raconte mes rêves de la nuit à D. ; le même rêve, toujours, avec des variations : je suis dans une ville inconnue ; perdue, je cherche ma maison ou ma chambre d'hôtel, je n'ai ni adresse, ni papiers d'identité, personne ne sait me renseigner[5] ».

Pour Leïla Sebbar, l'exil est à l'origine de son existence : « née dans une Algérie coloniale d'un père algérien et d'une mère française », elle relie l'exil à la séparation qui consiste à errer et à n'être de nulle part : « Je n'ai pas de lieu dans Paris. Je marche beaucoup dans la ville, toujours suivant le même trajet, rarement de l'autre côté de la Seine[6] », ce qu'elle répète plus loin mot à mot : « Pour moi, je n'ai pas de lieu, de terre amicale bienveillante et je ne me sens de place nulle part[7] ». Bachelard décrit la maison natale dans *la poétique de l'espace* comme étant « le lieu crucial de notre vie intime, le refuge où la mémoire et l'imagination servent à intégrer des expériences

5. Leïla Sebbar, *Journal intime et politique, 40 ans après*, M. Bey, M. Kacini, Noureddine Saadi, Boualem Sansal, Leïla Sebbar, Éditions de l'Aube, 2003, p. 203.
6. Leïla Sebbar, *Lettres parisiennes. Autopsie de l'exil*, écrit en collaboration avec Nancy Huston (1986), Paris, J'ai Lu, 1999, Lettre V, p. 26.
7. *Ibid.*, Lettre XIX, p. 130.

de vie. » Et la perte de cet endroit provoque la douleur et le sentiment d'exil. Celui-ci se reflète également dans les circonstances physiques dans lesquelles elle écrit à sa correspondante sont-elles aussi, liées au nomadisme : « c'est dans un café que je t'écris. Pas de la maison. Elle est grande et vide[8] ». C'est en effet une constante, elle préfère toujours écrire dans un lieu anonyme « non chargé de mémoire » comme elle l'écrit elle-même. Enfin, la solitude apparaît comme le corollaire de l'exil et depuis son départ d'Algérie, c'est la sensation qui l'accompagne lors de toutes ses étapes vitales, comme lors de son arrivée à Aix-en-Provence, au début de ses études de Lettres, dans un café fréquenté par les étudiants :

> C'était une belle brasserie comme le Balzar, Lipp, la Closerie des Lilas, le même style cossu et intimidant lorsqu'on est seul, sans groupe, ni réseau, ni bande, ni personne qui vous introduise. Souvent je me suis assise seule sur une banquette d'angle. Personne ne me voyait, ne me regardait, ne faisait attention à moi. Je n'étais pas de leur monde. Je pouvais rester là des heures, je ne les gênais pas. Je les voyais près de moi, autour, plus loin dans l'autre salle grâce aux immenses miroirs sur les murs. Je regardais, j'écoutais[9].

Mais cette solitude qui s'incarne dans la sensation d'être transparente déborde largement du cadre de l'esseulement, il s'agit bien plus que d'une sensation douloureuse, la conviction d'être radicalement différente, de se sentir exclue, rejetée et profondément autre :

> Par ailleurs, puisqu'il est question des pairs, je ne me sens pas non plus d'attaches héréditaires, ni paternelles, ni maternelles. Je peux dire que je n'ai pas de famille littéraire, que je n'ai pas de modèle : père putatif, mère putative… Je ne me rattache à rien en amont, à rien dans le présent, à aucune ligne ni cercle…. Je te l'ai déjà dit,

8. *Ibid.*, lettre VII, p. 37.
9. *Ibid.*, lettre XIX, p. 127.

> mais ce que j'écris là, je l'écris comme la pointe extrême et cruelle de l'exil où je suis, en vérité[10].

Lutter contre l'exil

L'expérience commune de l'exil, qu'il soit d'outre-Atlantique pour Nancy Huston ou d'outre-mer pour Leïla Sebbar provoque des expériences différentes malgré les points communs. Elle évoque la rencontre en France d'une jeune femme berlinoise ayant quitté l'Allemagne définitivement. Elle s'adaptait parfaitement à tous les pays dans lesquels elle avait vécu sans douleur ni traumatisme apparent :

> Elle pouvait apprendre n'importe quelle langue. Elle ne se sentait jamais en exil là où elle décidait de vivre [...] la seule chose à laquelle elle tenait : être Allemande, ne pas perdre sa nationalité. [...] Je l'ai enviée pour sa souplesse, sa tolérance, sa curiosité et son aptitude à apprendre des langues étrangères ; moi, face à elle j'étais raide, bornée, tristement rationaliste [...] J'ai pensé : son exil est un exil heureux. Le mien me donne un air triste[11].

Cette Berlinoise incarne ce qu'Aliteea-Bianca Turtureanu nomme « l'exil *de passage* » : cette jeune femme ne pose jamais la question de l'identité ou de l'origine.

Pourtant ce sentiment d'exil, de béance si profondément ancré chez Leïla Sebbar ne l'empêche pas de s'affranchir de cette douleur à l'occasion des passions partagées. Elle montre ainsi comment la fin momentanée de l'exil ressenti apparaît avec la création d'un ciné-club, c'est-à-dire une passion commune qui rassemble : « Finalement, c'est grâce à la cinémathèque, fondée alors avec une petite bande de cinéphiles fous où j'étais la seule fille que j'ai rencontré mes « pairs » et que j'ai pu avoir l'illusion, un temps, à certains moments, de n'être pas exilée[12] ». À une autre occasion, c'est la participation à

10. *Ibid.*, lettre XIX, p. 132.
11. *Ibid.*, lettre XVII, p. 112.
12. *Ibid.*, lettre XIX, p. 128.

une revue qui lui permet d'oublier la solitude car l'activité intellectuelle est pour elle un gage d'équilibre et de reprise de la conscience de soi.

> Ces trois années de 77 à 80, ou deux et demie, sont je crois les seules où je n'ai pas eu à souffrir de l'exil, parce que *Histoires d'elles* est le seul lien où j'aie trouvé une place où je ne me sois pas sentie à côté, en marge, à l'écart comme je le suis depuis toujours et aujourd'hui. J'étais dedans, au cœur, et cela ne m'est plus arrivé. J'étais moins divisée, moins seule[13].

C'est précisément son usage de la parole et du discours qui lui permet de s'ancrer, de trouver son centre de gravité avec la triade de l'écriture, de la lecture et de l'enseignement :

> Que me reste-t-il ? Aussi, comment, où me situer ? Et toi ? Il me semble parfois que ma seule terre, peut-être aussi pour toi, c'est l'écriture, l'école, le livre. Des lieux à la fois nobles et dérisoires ; une pratique dont on mesure difficilement les effets ; une terre bien abstraite si j'entends par l'école le lieu du savoir. Toute bibliothèque, tout institut universitaire, toute petite classe de la communale.... Toute librairie pour moi fait école[14].

Le savoir constitue donc bien un vecteur d'enracinement pour Leïla Sebbar. En s'appropriant le livre, elle désigne et trace un territoire où commencer à croître, et elle établit au fil de la plume une comparaison avec la maternité.

La posture de Leïla Sebbar apparaît clairement quant aux déterminants de sa « venue à l'écriture ». Il est curieux de souligner combien elle accompagne chaque étape de sa production littéraire d'un abondant corpus de textes donnant des indications et des clés de lecture de son œuvre, comme si celle-ci ne se suffisait pas à elle-même. Lors d'un entretien avec Soheila Kian, elle déclare :

> On pourrait s'amuser à tracer des lignes entre les uns et les autres, comme j'ai pris plaisir à le faire après la publication du récit aux

13. *Ibid.*, lettre XV, p. 96.
14. *Ibid.*, lettre XIX, p. 131.

> éditions Julliard en 2003, avec le carnet de voyages qui sort au mois de mars 2004, aux éditions Bleu Autour, où je mêle textes et images (mélange des genres) à travers des thèmes qui habitent les livres depuis que j'écris. Je livre, d'une certaine manière, des clés de lecture et d'écriture par ce jeu de correspondances, d'échos, d'associations qu'on peut découvrir dans mes livres successifs. Ce serait curieux de relire les textes depuis le début, à la lumière des éléments contenus dans *Mes Algéries en France*[15].

Mes Algéries en France et *Je ne parle pas la langue de mon père* possèdent une importance tout à fait déterminante comme si elles contenaient l'alpha et l'oméga, le sésame permettant d'accéder à la « substantifique moëlle » de ses œuvres de fiction.

B — L'exil dans *Je ne parle pas la langue de mon père* et dans *Mes Algéries en France*

Je ne parle pas la langue de mon père est un texte de facture autobiographique dans lequel Leïla Sebbar mêle certains éléments de fiction. De cette manière, elle cherche à transcender et à dépasser le silence du père et l'absence de transmission de la langue arabe qui constitue, comme le souligne Cecilia Francis : « un gouffre identitaire difficilement réparable[16] ». À cet égard, l'arabe est la langue sacrée, en quelque sorte, il constitue la base de l'univers religieux et spirituel. C'est aussi dans cette mesure qu'il s'agit d'une langue interdite. Et même si elle est coupée de la langue arabe, comme le dit Régine Robin : « L'écrivain est toujours confronté à du pluriel, des voix, des langues, des niveaux, des registres de langue, de l'hétérogénéité, de l'écart, du décentrement alors même qu'il

15. Soheila Kian. *op. cit.*, p. 135.
16. Cecilia W. Francis, « Entre exil et pratiques mémorielles chez Leïla Sebbar. Une étude de *Mes Algéries en France* », in *Migrations, exils, errances et écritures*, Corinne Alexandre-Garner, Isabelle Keller-Privat (dir.), Paris, Presses Universitaires de Paris Ouest, 2012, p. 79.

n'écrit que dans ce qui, sur le plan sociologique se donne comme une langue[17] ».

Je ne parle pas la langue de mon père s'édifie donc sur le silence paternel qui, en n'ayant jamais voulu lui expliquer ou lui traduire ce qu'elle entendait autour d'elle, l'a enfermée *ipso facto* dans un univers incompréhensible parce qu'inaudible : « je lui aurais demandé ce que criaient les hommes de la fantasia[18] ». Le mutisme paternel finit par créer une béance, et ce n'est que peu à peu qu'elle parvient à élaborer un début de réponse : « Je me demande, retardataire, définitivement si mon père, dans le silence de sa langue, obstiné, volontaire, n'a pas cherché, des années durant à résister, à nous résister (protéger), nous, ses enfants et sa femme[19] ».

La rupture de transmission s'inscrit dans le cas du père par une acculturation, à la fois instituteur et directeur d'école : sa situation est d'autant plus douloureuse qu'il n'appartient à aucun camp, ni aux Français ni aux Algériens qui le rejettent de manière identique. Par ailleurs, le deuxième point autour duquel s'aimante tout le récit est la manière dont s'imbriquent l'espace et la langue, selon un principe d'opposition entre le dedans et le dehors :

> Et nous ? Enfermés dans la citadelle de la langue française, de la république coloniale, les murs n'arrêtaient pas l'écho malfaisant des injures proférées par les garçons, la langue roulée, hurlée était violente, obscène. [...] Nous portions mes sœurs et moi, en carapace, la citadelle de la langue de ma mère, la langue unique, la belle langue de la France[20].

Elle imagine peu à peu une histoire de son père qui se serait rendu à La Mecque, qui aurait revu le pays natal, qui

17. Régine Robin, « L'écrivain et ses langues », in *Literarische Mehrspragigkeit. Multilinguisme littéraire*, Kremnitz, Georg, Robert Tanzmeister, 1995, p. 170.
18. Leïla Sebbar, *Je ne parle pas la langue de mon père,* Paris, Julliard, 2003, p. 15.
19. *Ibid.*, p. 31.
20. *Ibid.*, p. 31-39.

aurait parlé avec le fils de Fatima, et qui aurait rencontré un jeune homme à la prison d'Orléans ville, et au vieux Ténès. Ce ne sont que des prétextes pour évoquer des thèmes chers et réparer la rupture de transmission, jusqu'à ce que le principe de réalité ne reprenne ses droits et lui fasse s'exclamer dans le dernier chapitre : « Je n'apprendrai pas la langue de mon père. Je veux l'entendre, au hasard de mes pérégrinations. Entendre la voix de l'étranger bien-aimé, la voix de la terre et du corps de mon père que j'écris dans la langue de ma mère[21] ». Et pourtant, qu'il nous soit permis de douter, ou au moins de nuancer cette expression « dans la langue de ma mère ». Pour Édouard Glissant, « même quand un écrivain ne connaît aucune autre langue, il tient compte, qu'il le sache ou non, de l'existence de ces langues autour de lui dans son processus d'écriture. On ne peut plus écrire une langue de manière monolingue. On est obligé de tenir compte des imaginaires des autres langues[22] ».

La deuxième œuvre à laquelle se réfère Leïla Sebbar pour éclairer les origines de sa création est *Mes Algéries en France.* À propos de cette œuvre très originale, Cecilia W. Francis souligne la facture hétéroclite de cette œuvre de témoignage qui s'inscrit « dans la mémoire des expériences communes, à l'héritage et au savoir partagé, à la manière de l'immense projet de *Lieux de mémoire* de Pierre Nora ». Il s'agit d'une recherche passionnée et émouvante de tout ce qui, dans la terre maternelle, lui rappelle la terre paternelle : des indices douloureux, comme des tombes de Musulmans morts pour la France en Alsace ou dans la Somme, ou aussi des exemples plus quotidiens, comme le papier de soie enveloppant les oranges venant d'Algérie, et les cigognes allant d'Alsace en Algérie et dont elle collectionne les représentations.

21. *Ibid.*, p. 125.
22. Édouard Glissant, *Introduction à une poétique du divers*, Paris, Gallimard, 1996, p. 112.

En effet, dans ce carnet de voyages revisité ou plutôt déconstruit, selon la terminologie derridienne, Leïla Sebbar présente toute une série de documents, de photos d'objets de la vie quotidienne, de lieux, de tableaux qui sont pour elle évocateurs et s'ordonnent presque inconsciemment autour des pôles qui aimantent sa création et sa vie personnelle. Pour expliquer la genèse de ce carnet de voyage excentrique sur les traces de l'Algérie en France, elle a collecté dans un carnet tous ces éléments pensant pouvoir les utiliser dans des romans à venir :

> À mesure que le carnet se construit, je comprends que ce que j'ai accumulé ne constitue pas un matériel romanesque. C'est le contraire. Je retrouve, presque malgré moi, la matière des romans et des nouvelles que j'ai écrits et publiés jusqu'ici. On pourrait lire ce carnet de voyages comme un livre qui donne des secrets de fabrication. Un voyage autobiographique qui délivre l'intimité de sa création romanesque, sous la forme d'un livre publié en mars 2004. [...] *Mes Algéries en France* est un carnet de voyages, élaboré qui trace et retrace mes routes traversières dans une France, la mienne, habitée par une Algérie, la mienne. [...] Je livre ici mon roman familial réel et imaginaire, d'Occident en Orient, d'Orient en Occident[23].

Une fois de plus, Leïla Sebbar ne se trouve pas là où on l'attendait : elle reprend le terme de « roman familial » utilisé par Marthe Robert pour montrer qu'elle est la meilleure exégète de son œuvre. Marthe Robert puise dans la psychanalyse freudienne la notion de “roman familial des névrosés” et elle le relie au besoin pour chaque auteur de reconstruire un récit qui lui permette d'élaborer sa propre fiction des origines. Le roman familial est donc le vecteur de réalisation de l'affabulation romanesque. Mais Leïla Sebbar fait aussi voler en éclats cette perspective et permet de ce fait d'établir un nouveau rapport à l'histoire individuelle et collective et de l'inscrire dans une double lignée, celle de l'Orient

23. « Leïla Sebbar : un carnet de voyages excentrique », in *Harfang*, « Trois questions à Leïla Sebbar », mai 2004, p. 56-59.

et de l'Occident. La réalité observée est, elle aussi, hétéroclite, c'est-à-dire que la nostalgie s'exerce sur des souvenirs heureux, mais elle rend aussi présente la douleur de blessures d'enfance. La figure des harkis est dans ce sens très illustrative car en voyant leurs différents camps disséminés sur le territoire : « elle ressent une alliance avec ces anciens militaires traités en transfuge, statut inséparable de l'ambiguïté entourant son propre père[24] ». Pour l'évocation des harkis, les photos viennent contrer l'amnésie, et c'est un élément qui apparaît à de nombreuses reprises.

En conclusion, Leïla Sebbar résume parfaitement la portée de l'exil dans les *Lettres Parisiennes* en écrivant : « l'exil est ma terre d'inspiration, de lyrisme, d'émotion, d'écriture. » Dans la nébuleuse de cet exil qui semble absorber tout à son passage, l'exil linguistique et son ignorance de l'arabe jouent un rôle tout à fait déterminant. Nous sommes dans une situation atypique dans la mesure où, de manière étrange, c'est la langue du père qui est méprisée et absente, puisque dans l'Algérie coloniale, la langue dominante est la langue de colonisation. Héritière de cette absence de transmission linguistique et culturelle, Leïla Sebbar choisit donc de retourner la situation pour en tirer un avantage et transforme sa faiblesse en force : « Si j'avais parlé la langue de mon père, je n'aurais pas écrit ». Finalement, son faux bilinguisme s'incarne dans le fait de refuser de s'enraciner dans une seule langue.

Au-delà d'un monde bipolaire qui réduit, elle se situe dans une écriture de l'interstice, du fragment et du divers. Le choix d'écrire une correspondance avec Nancy Huston illustre le désir de donner une forme aux émotions vécues et à la fugacité du temps et de l'existence. Par ailleurs, pour dépasser la rigueur de l'exil, Leïla Sebbar recherche des figures tutélaires pour dépasser cette rupture de transmission, telle que Mouloud Feraoun

24. Leïla Sebbar, *Mes Algéries en France. Carnet de voyages,* Saint-Pourçain-sur-Sioule, Bleu autour, 2004, p. 19.

ou Mohammed Dib et des mères symboliques comme Isabelle Eberhardt pour sa vie excentrique au sens réel du terme, Susan Sontag pour sa passion de la photographie et Germaine Tillion pour sa proximité avec les femmes méditerranéennes et plus particulièrement algériennes. À l'aide de ces écrivains, créateurs et intellectuels qui ont dû quitter la terre ancestrale, ou qui en sont devenus des passionnés, ayant choisi l'Algérie comme objet de travail et d'étude, elle peut reconstituer son propre roman des origines et créer des personnages de fiction.

Leïla Sebbar, sans se complaire dans cette exclusion de la terre et de la langue de son père, ne se contente pas de vivre cette situation comme une déchirure, mais elle en fait au contraire un apprentissage permanent qui la rend attentive à tous les signes et à tous les symboles que la vie lui envoie et qu'elle recueille et transforme pour créer son œuvre. Il nous semble enfin particulièrement remarquable de relever au long de sa trajectoire d'écriture qu'elle atteint peu à peu un véritable apaisement. Ainsi, dans le recueil de textes qu'elle publie sur l'enfance des Français d'Algérie avant 1962 et qu'elle publie en 2014, elle déclare :

> Ces récits feront Histoire commune entre l'Algérie et la France. Je crois, par ailleurs, être à bonne distance d'une communauté et de l'autre, pour être née Française en Algérie d'un père « indigène musulman », instituteur, et d'une mère « Française de France », institutrice, et avoir été élevée dans la langue maternelle française avec la musique de la langue paternelle, l'arabe. Je rends ainsi hommage à mes père et mère, forte de la tolérance, de la curiosité du monde et de l'Autre, différent, jamais inférieur, et immunisée contre les passions meurtrières, comme les auteurs avec lesquels j'ai collaboré des années durant[25].

Université Pablo de Olavide de Sevilla — Espagne

25. *L'enfance des Français d'Algérie avant 1962*, textes inédits recueillis par Leïla Sebbar, St Pourçain sur Sioule, Bleu autour éditions, 2014, p. 19.

« *Madre de leche y miel* de Najat El Hachmi, une langue dans la peau des femmes »

Ángela Flores García

Najat El Hachmi est l'une des premières écrivaines filles d'immigrants qui évoquent l'immigration vécue en Espagne en utilisant la langue du pays d'accueil, dans le cas qui nous occupe, le catalan. Elle avait 8 ans quand elle a quitté son village avec sa mère pour rejoindre son père déjà installé à Vic, une petite ville dans l'arrière-pays catalan. À ce sujet, elle considère comme normal d'écrire en catalan, sans que le choix de cette langue ne devienne une question politique. Par ailleurs, ne pas utiliser l'étiquette « catalane » ou « musulmane[1] » permet de parvenir à un concept non exclusif.

Cette écrivaine contribue à élargir et renouveler la littérature contemporaine en Espagne, dans laquelle, comme le prouvent différentes études[2] l'immigrant est pratiquement

1. Najat El Hachmi, entrevista, avec Esteve Plantada. *Nació digital*, 13/08/2015.
2. Irene Andres Suarez, Inés d'Ors, Marco Kunz. *La inmigración en la literatura española contemporánea*, Madrid, Verbum, 2002 ; Ricci, Cristián-H. (2008) « Najat El Hachmi y Laila Karrouch : escritoras marroquíes-imazighen-cata-

absent, alors qu'il est très présent dans la presse. Dans la production littéraire, la problématique la plus souvent considérée (années 90) est liée à la traversée de Gibraltar et au travail dans l'illégalité. Il s'agit d'une littérature de dénonciation des injustices, engagée et régie par la solidarité, mais les immigrés y sont souvent perçus comme des spécimens mal individualisés de groupes marginaux ou de communautés ethniques -lointaines, bien sûr- et souvent réduits au cliché. D'après Marco Kunz, « on trouve rarement l'immigrant comme voisin, ami, collègue, et rares sont les femmes immigrées comme personnages littéraires[3] », reléguées, en fait, à la marginalisation sociale et textuelle. Dans ce sens, il convient toutefois de noter que le prix Planeta 2009 fut décerné à un roman — *Contra el viento,* de Ángeles Caso — qui raconte l'histoire d'amitié née entre une Espagnole et la femme immigrée qui travaille chez elle.

Najat El Hachmi, dont l'écriture émerge de l'intersection de deux cultures, défend son identité complexe et contribue à rénover la littérature sur la migration, elle met sur scène des sujets, des femmes, qui s'affirment et parlent à la première personne. Elle déconstruit la photo stéréotypée[4] de l'immigrant : vide, toujours en train d'arriver, comme s'il n'avait ni passé ni avenir ; elle déjoue également la situation « toujours provisoire[5] » des enfants des immigrés.

L'analyse présentée ici se fonde surtout sur son dernier roman : *Mare de llet i mel*, publié en catalan en 2017 et traduit vers l'espagnol l'année suivante par Rosa Mª Prats sous le

lanas en el marco del fenómeno migratorio moderno », *Marruecos Digital*, 12 février 2008 ; Bronislava Greskovicova, *De la otredad al mestizaje : Representación de la Inmigración Marroquí en la Narrativa Española Contemporánea (1998-2008)*, Madrid, Universidad Autónoma de Madrid, 2016.

3. *Ibid.*, 2002.
4. *El País*, 17/11/2018.
5. Inongo-Vi-Makomé, entretien, par Ilaria Rossini, mayo-junio 2011, *Stori Migranti*, http ://www.storiemigranti.org/spip.php ?article930.

titre de *Madre de leche y miel.* En fait, il faut souligner que cet ouvrage compose un diptyque avec *La filla estrangera* (*La hija extranjera*), publié en 2015 car ces deux romans présentent le vécu immigrant du point de vue d'une mère et de sa fille. Dans toute sa production, El Hachmi adopte toujours la vision d'une femme, mais sous différentes perspectives temporelles ou générationnelles, même si elle privilégie la vision de la jeune fille qui arrive au carrefour de l'âge adulte, moment de transition très important pour les femmes élevées dans la culture du Rif. Elle met alors en scène un processus de négociation pour les filles des familles immigrées, entre leurs origines et ce qu'elles voudraient faire : soit elles suivront l'itinéraire traditionnel prévu pour elles, soit elles décideront de suivre un destin individuel, personnel, aux dépens d'autres choses. C'est cela la liberté — écrira-t-elle dans *L'ultim patriarca* (2008) : « Décider, décider, décider[6] ».

La hija extranjera se construit avec la seule voix intérieure de la fille : Sara Sqali. Son discours mental se déroule dans une boucle de pensées, dans une succession de parties textuelles différentiées par des espaces. Par le biais du monologue intérieur, l'auteure communique les réflexions les plus intimes, accompagnées de multiples sensations de toutes sortes ; ce choix narratif répond à sa nécessité de s'abîmer dans le monde intérieur de la jeune fille et d'en révéler la complexité au lecteur.

La jeune fille a terminé ses études secondaires et doit décider de continuer des études supérieures ou bien accepter de se marier avec un cousin qui réside au Maroc, comme sa mère le souhaite. Le roman s'ouvre sur le jour qui devait changer sa vie, son monde, car elle a décidé de quitter sa mère et de prendre le train pour aller vivre à Barcelone. Mais quelques

6. Najat El Hachmi, *El último patriarca*, Barcelona, Planeta, 2008, p. 330.

pages plus loin, elle décide de descendre du train et de rentrer à la maison : « Volver a casa [...] que en la lengua de mi madre también quiere decir morirte[7] ».

Comment interpréter cette décision qui va tellement à l'encontre de son désir, de sa stabilité, de sa santé même ? Le roman revient sur ces raisons, que Najat El Hachmi résume dans la question suivante : Quel moteur plus puissant que celui de faire plaisir à la personne que vous aimez ?[8]. Si la jeune fille se marie, elle rendra heureuse la mère, qui souffre du fait de voir comment sa fille s'éloigne d'elle à mesure qu'elle s'approche de cet autre monde ; chose importante aussi : la donner à un mari libère la mère de la responsabilité de préserver en elle leur monde d'origine. La fille acceptera le mariage pour que le monde de sa mère et son propre monde soient le même.

Alors que dans le roman de *La fille du patriarche* la transgression, la rupture avec le père se fait plus facilement à cause de la violence subie, *La hija extranjera y Madre de leche y miel* nous font assister à un conflit émotionnel douloureux puisque mère et fille forment une unité très forte, charnelle.

Si l'on considère *La hija extranjera,* on constate que le roman évolue dans ce tiraillement qui se manifeste par l'aller-retour du jeu pronominal : du « moi (yo) » individuel au « nous (nosotras) » : sa mère, les femmes de là-bas ; et opposées à « elles » : les autres filles du lycée, les femmes d'ici, dont elle admire la figure mince, les couleurs neutres de leurs vêtements.

Najat El Hachmi entraîne le lecteur dans la vie intime de cette fille divisée, écartelée entre deux mondes, dans le but de le décentrer pour qu'il comprenne. Cette scission est décrite par Sara Sqali comme une cicatrice qui diviserait son corps en deux : le monde de sa mère, dépeint au jour le jour dans les

7. Najat El Hachmi, *Madre de leche y miel*, Barcelona, Destino, 2018, p. 26.
8. Najat El Hachmi, *La hija extranjera*, Barcelona, Planeta, 2015, p. 113.

routines domestiques, comme moyen de garantir les valeurs traditionnelles, et le monde ouvert, issu de l'éducation et de la lecture. Le choix du mariage entraîne la catastrophe parce qu'elle, à la différence des femmes qui acceptent leur destin et ne protestent pas, si ce n'est à voix basse avec les amies, elle, ne sait pas vivre sans lire (« No sé ser sin leer[9] »).

Certains éléments symboliques définissent ce rapport mère-fille dans ces deux romans, dont le pain et la langue. Le pain tisse des rapports étroits entre les générations des femmes. Depuis l'enfance, Fatima fait le pain pour sa famille. Elle le réussit très bien et son tour de main est reconnu de tous. Pour le voyage, en plus des ustensiles nécessaires à l'élaboration du pain, elle emportera du levain qu'elle avait reçu de sa mère, qui l'avait reçu de la grand-mère, qui à son tour l'avait reçu de l'arrière-grand-mère. Dès qu'elle en a l'âge, Sara Sqali s'occupe chaque jour de faire cuire le pain à la maison. C'est ainsi que le pain, la farine, sa cuisson, ses parfums, deviennent un motif central dans ces deux romans. El Hachmi se complaît à décrire le rituel de l'élaboration du pain, et immerge le lecteur dans un univers nuancé de gestes et de sensations. Elle avoue que cette évocation du monde de la cuisine, cercle exclusif des femmes dans la culture de sa mère, l'aide à creuser dans sa mémoire affective.

Plus importante encore est la place de la langue. L'écrivaine ne parlera jamais de la langue amazighe, que parlent les habitants du Rif, ni du catalan ; pour Sara Sqali il n'est jamais question que de « la langue de ma mère » pour la première et de « la langue dans laquelle je pense », pour le catalan. Constamment, elle passe de l'une à l'autre, d'un monde à l'autre, aussi parce que sa mère ne parle ni le français — faute d'avoir été scolarisée —, ni l'arabe. Et même si les déséqui-

9. *Ibid.*, p. 179.

libres sont fréquents parce que la correspondance s'avère difficile, la traduction fonctionne toujours comme un moyen de rapprocher les deux mondes. El Hachmi véhicule le conflit à travers ces affrontements linguistiques. Quant au cours d'un voyage avec son mari (« mari-cousin-inconnu »), Sara Squali décide — une décision qui se joue symboliquement à la frontière — de quitter sa mère pour « n'être ni de sa mère ni de quelqu'un d'autre », elle décide en même temps de ne pas parler leur langue pour ne pas revenir à sa mère. C'est l'aboutissement d'un cheminement de séparation : la fille ne voudra plus dormir avec sa mère, elle ne voudra plus frotter le dos de sa mère quand elle se baigne… et tant d'autres gestes qui reliaient la mère à la fille et les femmes entre elles dans le monde de la mère.

Dans le bus, quelque temps après son départ, Sara entend un groupe de femmes parler la langue du Rift. Et c'est alors qu'elle décide d'écrire l'histoire de sa mère pour la récupérer, pour revenir à elle. Écrire l'histoire de sa mère, distincte de sa propre histoire. Le livre se referme sur ce désir : « Ser yo sin ser para ella […] pero también yo sin ser contra ella[10] ». Voici une décision difficile dans une culture où le poids de la famille écrase souvent toute possibilité de liberté. L'univers fictionnel et l'idéologie de cette écrivaine engagée se recoupent dans l'exergue, vaillant dans une société où personne n'a la possibilité de s'appartenir : « No seré más para vosotros. Desde ahora seré para mí o para quien quiera, pero no para ninguno de los que me queréis sesgada, escindida ».

Madre de leche y miel est né du désir d'El Hachmi de rendre justice à sa mère et à la toute première génération de femmes qui, comme sa mère, sont arrivées en Catalogne il y a trente ans. Son Maroc, selon ses mots lors d'une conférence

10. *Ibid.*, p. 235.

à Casablanca, « est un espace réduit, délimité aussi dans le temps. Une zone rurale, un paysage profondément marqué par l'émigration », et surtout « essentiellement domestique et féminin[11] ». La langue amazighe est pour elle une langue d'intériorité et d'affectivité.

Le monde de ces femmes était à l'écart de la littérature : elles appartiennent à une culture orale, « su lengua solo vuela por el aire y ha quedado fijada únicamente en la piel de las mujeres[12] ». Pourtant, ces femmes, quand elles se réunissent, elles racontent. Les récits des femmes et l'écriture d'El Hachmi ont la même source : la mémoire des conversations écoutées. Sans doute peut-on parler d'une « écriture écouteuse », à la manière d'Assia Djébar, construite dans la nostalgie de la langue perdue, dans le désir de rendre sensible la langue orale de sa mère dans la langue d'écriture : dans les mots en langue amazighe qui ne sont pas traduits, bien sûr, mais aussi dans la sonorité, dans le rythme de la phrase, le calque de métaphores, comme quand elle met dans l'esprit de Sara les propos suivants, en référence aux divergences entre sa mère et elle : « Ella me quería rellena, gorda, con la cara redonda como la luna, para mí, como un pan payés[13] ». *Madre de leche y miel* se construit à partir de deux voix. D'une part, celle de Fatima, revenue pour quelques jours dans la maison de son père et qui, dans la chambre des femmes, raconte à sa mère, ses sœurs et sa belle-sœur son expérience à l'étranger. Dans cet espace intime, réservé, la voix en liberté s'établit comme une forme de résistance : « Hablaré para vosotras [...] Dadme té para calentar mi lengua y cerrad la puerta, porque estas palabras

11. Conférence, 17/02/2016. https ://casablanca.cervantes.es/FichasCultura/Ficha104886_12_1.htm
12. *Op. cit.,* 2018, p. 97.
13. *Ibid.*, p. 81.

mías no pueden salir de aquí[14] ». D'autre part, les chapitres composés à partir de la voix d'un narrateur externe, qui parlera de la vie de Fatima avant le voyage, de ce dont Fatima ne peut pas parler elle-même, même pas à ses sœurs, notamment de sa sexualité. La voix et l'écoute, ainsi que toute sorte de sensations prennent le dessus sur l'action dans l'espace intime de cette chambre réservée aux femmes, que la mère de Fatima avait construite de ses propres mains.

Le titre *Madre de leche y miel* renvoie à *L'Art d'aimer* d'Erich From. Comme exergue à son œuvre, El Hachmi écrit : « La mayoría de las madres son capaces de dar leche, pero solo unas pocas saben además dar miel ». Toutes les mères peuvent donner du lait à leurs enfants (le lait est la conservation de la vie), mais toutes ne peuvent pas leur donner du miel. D'après l'auteure, le miel signifie la jouissance des choses bonnes de la vie, que ces femmes transmettent aussi, malgré le conflit et la détresse. Najat El Hachmi évoque dans le roman, comme une litanie, les gestes tendres et joyeux qui transforment la mère de Fatima en miel :

> Fatima pensaba mentalmente todos aquellos momentos del día en que su madre era el refugio al que regresar, era la tibieza reconfortante, era miel que se desliza garganta abajo. Lo era siempre que decía Fatima inu o hija mía, cuando la peinaba con paciencia [...]. Era miel los días de diario cuando, de buena mañana, repartía los trozos de pan para mojar en aceite de oliva [...]. Su madre era miel cuando cogía las primeras cebolletas y se las daba a probar [...]. [...] era dulzura cuando Fatima volvía exhausta de trabajar [...] era miel sobre todo cuando había fiestas y conversaba alegremente con el resto de mujeres, cogía el pandero y lo tocaba [...] era todavía más miel cuando comenzaba a bailar y le parecía la mujer más espléndida que había visto nunca[15].

Les histoires que racontent la mère de Fatima et Fatima elle-même, conteuse extraordinaire, semblent être le miel le

14. *Ibid.*, p. 15.
15. *Ibid.*, p. 126-128.

plus prisé. Nous y trouvons le souvenir de Najat El Hachmi envers sa mère qui, sans connaître les techniques, produit de la littérature ; elle arrive à créer de la tension narrative, cherche des images pour décrire admirablement, en mettant des odeurs, des couleurs et du mouvement pour créer une atmosphère[16]. L'amazigh est ainsi la langue de la tendresse, de l'amour.

Nous pouvons imaginer le désarroi de ces premières femmes quand elles se voyaient dans le nouveau pays, dépossédées de la compagnie d'autres femmes. Donc, condamnées au silence. La traversée entraîne sans doute ce dépaysement et beaucoup de pertes qui les fragilisent et dont on ne parle pas. Une perte essentielle — celle de la voix, du parler — dont les hommes ne se soucieront pas et qu'ils n'exprimeront jamais, parce que leur expérience n'est pas la même. La communication entre Fatima et sa famille restée au Maroc commence avec les lettres qu'une amie écrira en arabe, mais prendra une autre tournure avec les échanges des voix enregistrées sur des cassettes. La parole, le visage le plus humain de la voix[17], la rend plus proche des siens.

La hija extranjera et *Madre de leche y miel* retracent un voyage à travers les voix intimes d'une génération de femmes qui sont nées étrangères, parce que le monde où elles arrivent ne leur appartiendra jamais. Les femmes du Rif sont étrangères depuis leur naissance. Elles ne sont pas les maîtresses de leurs vies. Dans la maison du père, chaque fils a une chambre à lui, où il vivra avec sa femme quand il se mariera, alors que les filles, elles, ne sont que des invitées de longue durée. Quand elles se marient, elles vont vivre dans la chambre du mari.

16. Najat El Hachmi, entretien avec Idoia Jauregi, 08/02/2018, https ://www.youtube.com/watch ?v=Fzd9tT2UJXA&t=1592s

17. Walter Ong, *Oralidad y escritura : tecnologías de la palabra*, traducción de Angélica Scherp, México, Fondo de Cultura Económica, 1987 (imp. 2001).

Souvent, elles aident de leurs propres mains à la construction de la maison, mais peu importe : elles peuvent toujours être chassées de la maison par leur mari.

Le motif de la « casa » est déterminant dans la composition de *Madre de leche y miel*. Trouver un logement est l'un des problèmes les plus importants pour l'immigrant, pour Fatima aussi. Cependant, même si elle occupe un appartement froid, sans eau… elle en arrive à dire : « Me di cuenta de que tenía un lugar mío por primera vez en la vida, un lugar que no era la casa de mi padre, ni la casa de Mohamed Squali[18] ». C'est pourquoi Najat El Hachmi déclare : « Nos mères se sont enracinées ici plus que nous le croyons ».

Contrairement aux hommes, les femmes n'ont pas une terre vers laquelle se tourner. Fatima sent que la patrie qu'elle regrette est plus un sentiment qu'une réalité palpable. La nostalgie dont elle parlera est celle de ses sœurs et de leur mère, leur peau et leurs odeurs, les voix l'enveloppant[19].

Malgré le sentiment de désarroi, migrer est un salut pour les femmes. Fatima avoue à ses sœurs que ce pays-là est bon pour les femmes, là elle se sent homme, c'est-à-dire : elle peut aller et venir comme les hommes, travailler et être rémunérée, différence essentielle pour ces femmes qui accomplissent dans le monde rural un travail acharné, de bête.

L'épilogue de *Madre de leche y miel* porte le sous-titre : « Lettre sonore d'une mère ». C'est la transcription de la voix de Fatima qui appelle au téléphone sa fille partie et lui laisse huit messages qui condensent une série de questions décisives, à l'origine d'une rencontre nouvelle. Il faut noter que les voix de la fille et de la mère se déroulaient chacune de son côté, chacune dans un ouvrage, comme deux fils parallèles. Cet épilogue c'est le seul moment textuel où la voix, dans ce cas

18. *Op. cit.*, 2018, p. 107.
19. *Ibid.*, p. 251.

celle de la mère, va à la rencontre de l'autre. Ce qui est révélateur, c'est que c'est la mère qui acceptera de changer, ce qui ne manque pas d'audace. D'ailleurs, le fait de partir, de ne pas rester à attendre un mari qui ne revient jamais avait déjà été une révolution. El Hachmi nous livre une image dynamique et vaillante des femmes, assez inusuelle et éloignée des stéréotypes européens sur les migrantes marocaines.

Dans *Le dérèglement du monde*, Amin Maalouf observe la lente dégradation de la coexistence dans de nombreux pays en Europe, et souligne que c'est d'abord auprès des immigrés que la grande bataille de notre époque devra être menée[20]. D'après cet auteur, nul ne serait plus apte à briser le cloisonnement générateur d'affrontements que des migrants qui assumeraient pleinement leur double appartenance. Dans ce même ordre d'idées, Najat El Hachmi déclare que vivre entre deux mondes oblige à changer continuellement de perspective, permet de comparer les systèmes de valeur et encourage à la compréhension des positionnements contraires[21]. Elle veut avoir (et que tout le monde ait) la liberté de ne renoncer à rien, de conjuguer « les petits morceaux qui construisent son identité au long de sa vie, sans avoir à lutter pour que tous l'identifient avec toutes les nuances qu'implique sa personne », tel qu'elle l'énonçait dans *Lettres à un jeune marocain*[22], un ouvrage collectif qui poursuit le désir d'aider les jeunes Marocains dans le chemin du changement et de la réinvention.

Les changements arrivent : les filles accèdent de plus en plus à des études secondaires et supérieures ; elles arrivent à détrôner le « patriarche intérieur » reçu à travers l'éducation et à critiquer les traditions asphyxiantes, les valeurs qu'on

20. Amin Maalouf, *Le dérèglement du monde*, Paris, Grasset, 2009, p. 243-248.
21. *El Mundo*, Marcos Torío, 25/05/2016
22. *Lettres à un jeune Marocain*, choisies et présentées par Abdellah Taïa, Paris, Le Seuil, 2009, p. 136-143.

leur inculque de force. En somme, elles se décident à décider puisque « Cada uno tiene derecho a inventarse algo único en esta tierra, crear un enlace nuevo con el cielo », tel que l'affirmait Abdellah Taïa[23], auteur marocain de la même génération que Najat El Hachmi. Mais les filles n'auraient pas eu cette opportunité si cette génération antérieure n'avait pas fait le saut puisque le voyage comporte un déplacement géographique et symbolique : aller ailleurs c'est se faire autre[24].

El Hachmi soutient cependant que les changements doivent avoir lieu sur les deux rives et que la diversité est difficile à accepter en Espagne. Elle considère que la littérature est un pont tendu vers l'autre[25] et qu'elle aide à créer une sensibilité et une conscience nouvelle, plus ouverte ou cosmopolite, dans le sens préconisé par Ulrich Bech : plus que d'accepter la diversité, qui ne serait qu'une forme de tolérance, il s'agit plutôt de reconsidérer notre pensée à la lumière des autres[26]. Cette écrivaine mise sur la littérature pour bouleverser, pour contrebalancer les discours hégémoniques et polarisants, parce que donner à lire, donne aussi à voir. Elle aime se rappeler que quand elle était petite elle n'entrait pas dans les maisons des Catalans, et qu'elle ne savait pas comment ils vivaient, s'ils étaient très différents des familles des immigrants ou non. La littérature lui permettait de se faire une idée. Mais le plus important, dira-t-elle, n'était pas de voir ce

23. Abdellah Taïa, « Entretien », 30 octobre 2012, https ://baxtalo.wordpress.com/2012/10/30/abdellah-taia-entrevista-en-el-magazin-gay-marroqui-aswat/
24. Catherine Mazauric et Alice Sow, « Littératures et migrations transafricaines », *Études littéraires africaines*, (36), 2013, p. 7-16.
25. *El Mundo*, *op. cit.*
26. Esperanza Bielsa, « Apertura cosmopolita al otro. Una aproximación al papel de la traducción en la teoría social del cosmopolitismo », *Papers*, 100/3, 2015.

qui était différent, mais de voir justement ce que nous avions en commun[27].

Tout cela, bien que très remarquable, ne nous empêche pas de souligner un grand atout des œuvres analysées et qui, à notre avis, revient à être l'apport le plus personnel de Najat El Hachmi. Elle écrit sur ces femmes parce qu'elle ne les a vues reflétées nulle part[28] : sa mémoire affective les préserve de l'oubli parce que ces figures féminines méritent aussi leur place. L'écrivaine évoque les injustices subies par les femmes, mais elle fait aussi justice aux choses positives qu'elles lui ont transmises et qu'elle veut surtout mettre en valeur et garder : leur miel.

Université de Salamanque — Espagne

27. *Nación digital*, 13/09/2015, https ://www.naciodigital.cat/noticia/147667/najat/hachmi/dones/no/son/estrangeres/fet/migrar/sino/fet/ser/dones
28. *El Periódico*, 16/06/2015.

« La plume subversive de Fawzia Zouari : la femme immigrée face au miroir de sa complexité idéologique »

Claudia Mansueto

Habitante d'une frontière mouvante, créature transfrontalière par excellence, la femme immigrée appartient à une patrie liquide indéfinie. À l'intérieur du panorama littéraire maghrébin, le *topos* de la femme apatride est l'un des plus abordés. Perdue dans un dédale d'émotions et de réactions contrastantes, la femme immigrée manifeste sa fracture intérieure en suivant des parcours identitaires antithétiques : désespérée parce qu'elle n'a plus une stabilité géographique et idéologique ou anticonformiste têtue qui revendique sa pluralité. Dans cette contribution, nous voudrions montrer le dualisme littéraire et identitaire qui anime les plumes féminines du Maghreb contemporain. Fawzia Zouari est sans aucun doute l'une des intellectuelles les plus représentatives de cette dichotomie idéologique : ses romans montrent, en effet, la double réaction de la femme immigrée face au défi de l'inconnu. Soumise ou rebelle, la Maghrébine interprète la frontière géographique ou identitaire comme un rebus à résoudre, une énigme indéchiffrable.

Ce pays dont je meurs (1999) conte l'histoire de deux sœurs : Nacéra, héroïne solitaire et déçue et Amira, déracinée et en révolte. Étrangère en Maghreb et ignorée en France, Amira choisit le jeûne pour exprimer sa souffrance. Déterminée à suivre son projet de déconstruction, elle refuse la vie et se laisse mourir jour après jour. *La Retournée* (2002) est un hymne au courage féminin : le retour de l'immigrée Rym montre le courage des Maghrébines qui osent, qui dénoncent et qui s'interrogent pour renverser siècles d'obscurantisme et de mutisme. Rym, à la fin du roman, gagne sa bataille et démontre que l'obstination féminine peut contribuer à l'évolution d'une société aveugle et machiste.

Ce Pays dont je meurs L'exil qui tue l'espoir

Ce pays dont je meurs est le deuxième roman de la journaliste et écrivaine francophone Fawzia Zouari. Exilée à Paris avec sa famille, Nacéra vit le drame de l'indifférence et de l'abandon dans une terre étrangère et brutale. Héroïne solitaire, Nacéra conte la triste histoire de sa famille : le père de la jeune fille meurt à cause d'un grave accident, la mère doit travailler pour survivre à la misère de la Ville Lumière et Amira, la sœur de Nacéra, symbolise le drame d'une identité apatride et brisée. Perdue dans le labyrinthe parisien, Nacéra établit un rapport symbiotique avec sa sœur cadette Amira. Rebelle, en révolte comme les personnages sartriens, Amira refuse sa condition de déracinée : née à Paris, elle nie son identité maghrébine et invente d'autres identités fictionnelles pour occulter ses origines nord-africaines :

> Gracieuse, menue, vive, elle séduisait facilement. J'appris qu'elle se faisait appeler Marie et qu'elle s'était inventé des origines italiennes. Ceux de ses camarades qui n'avaient jamais vu nos parents ne pouvaient en douter[1].

Cachée derrière des existences imaginaires, Amira est la victime exemplaire d'un processus de dépersonnalisation qui caractérise toutes les identités interstitielles privées de points de repères idéologiques :

> S'approprier le nom de quelqu'un d'autre, c'est procéder à la fois à une dépersonnalisation (perte du nom primaire) et à un transfert (gain du nom secondaire). Mais plutôt que de remplacement (d'un nom par l'autre), le processus est d'accumulation sous le nom d'emprunt, il y a la multiplicité de la personne dans un seul être. Le jeu de la substitution nominale est ainsi caractérisé par le déguisement[2].

Étrangère en Maghreb et ignorée en France, Amira choisit le jeûne pour exprimer sa souffrance. Déterminée à suivre son projet de déconstruction identitaire et physique, Amira refuse la vie, se laisse mourir jour après jour sans combattre. Vivre l'entre-deux, admettre d'être de nulle part est inconcevable pour la jeune Amira : sans idiome et sans nation, elle est perdue dans un dédale de non-sens et contradictions. Impuissante devant les souffrances de sa sœur, Nacéra assiste à la déflagration de sa famille : privée de son père et de sa mère, elle partage le calvaire d'Amira avec résignation et soumission. Les mots prononcés par Nacéra expriment toute sa douleur :

> Peut-on s'attarder sur ses propres blessures lorsque vos proches en exhibent de plus profondes ? Peut-on raconter sa propre vie lorsqu'elle ne tient que par celle des autres ? Ai-je eu une vie, privée de parole, de choix, coincée entre vous tous, à vous regarder vous perdre, l'un après l'autre[3] ?

1. Fawzia Zouari, *Ce pays dont je meurs,* Paris, Ramsay, 1999, p. 89.
2. Michel Laronde, *Autour du roman beur,* Paris, L'Harmattan, 1993, p. 99.
3. Fawzia Zouari, *op. cit.*, p. 179.

Impuissante devant l'inexorable décadence familiale, Nacéra réfléchit souvent sur les motivations qui déterminent la mort de ses parents et de sa sœur : infectés par une sorte de virus inconnu, les membres de la famille de Nacéra souffrent d'une maladie obscure et mortelle qui détériore, jour après jour, leurs corps. Amel Fenniche-Fakhfakh explique dans son essai *Fawzia Zouari. L'écriture de l'exil* l'origine d'un tel malheur existentiel. Dans *Ce pays dont je meurs*, l'exil est présenté comme une fêlure qui affecte l'individu dans les zones les plus intimes de son être : il est vécu comme une distorsion entre un ici avilissant et un ailleurs que la nostalgie du passé couvre d'un revêtement mirifique. Le mal du pays taraude l'esprit des protagonistes, se transmue en maladie incurable et finit par décimer les personnages qui peuplent le roman[4].

Liés au souvenir de l'Algérie natale, les parents de Nacéra refusent la condition de solitude et misère qui caractérise leur existence parisienne : rejetés et humiliés, les parents de Nacéra témoignent de toute l'indifférence et l'hypocrisie française. Exilés en banlieue, Djamila et Ahmed, comme *Les Boucs* (1989) de Chraïbi, perdent, jour après jour, l'espoir dans un avenir meilleur. Si Djamila et Ahmed, les parents de Nacéra, deviennent les victimes exemplaires de l'exil parisien, Amira vit le drame de l'incohérence identitaire : la jeune sœur de Nacéra est née en France, mais elle incorpore les conséquences néfastes de l'exil parisien. Ni maghrébine, ni française, Amira est la fracture qui témoigne ce qu'Amel Fenniche-Fakhfakh définit comme « l'impossibilité de tout métissage[5] ». L'anorexie d'Amira est une réaction à l'hostilité française, un symbole qui occulte la complexité de l'*iter* dramatique que les apatrides francophones parcourent courageusement.

4. Amel Fenniche-Fakhfakh, *Fawzia Zouari. L'écriture de l'exil,* Paris, L'Harmattan, 2010, p. 9.
5. *Ibid.*, p. 44.

Perdue à l'intérieur de la déflagration familière qui surmonte son propre destin, Nacéra crie son désespoir, mais elle est bloquée, impuissante face à la destruction de son cocon familial. Sans ses parents, la narratrice de *Ce pays dont je meurs*, représente l'inaction, le calvaire silencieux et muet de toutes ces créatures invisibles qui côtoient nos existences sans émettre le moindre bruit : les femmes comme Nacéra et Amira disparaissent, englouties dans le gouffre du vide.

La Retournée, genèse d'une victoire sexuelle

Publié en 2002, le roman *La Retournée* conte l'histoire de Rym et de sa complexe quête identitaire. Exilée à Paris dès l'âge de seize ans, l'héroïne littéraire revient à Ebba, le village natal tunisien où elle avait vécu son enfance, pour les funérailles de sa mère Aziza :

> Je suis ici pour ma mère. Elle est morte hier. J'ai reçu le télégramme de mon beau-frère Toufik à Paris, quelques heures après le décès. Deux phrases incisives et nettes, comme une claque destinée à faire reprendre conscience. Un point d'exclamation exagérément long et éliminé terminait le message, telle une épée plantée dans le dos d'un ennemi[6].

Entourée par les membres de sa famille, Rym retrouve la même Tunisie hypocrite et machiste qu'elle avait quittée il y a vingt ans : la soumission féminine et l'indéniable hégémonie masculine, représentée symboliquement par l'arrogance de son beau-frère Toufik, sont les deux pôles identitaires qui résument la complexité existentielle nord-africaine. Les paroles de la narratrice dévoilent la décadence matérielle et l'obscurantisme idéologique qui suffoquent le progrès national :

> Sous mon voile, j'observe avec stupeur le délabrement du village. Depuis le départ des Français, rien n'a été entrepris. Bien au contraire. Les jolies villas aux tuiles rouges de mon enfance ont été défigurées

6. Fawzia Zouari, *La Retournée*, Paris, Ramsay, 2002, p. 19.

> par de grands murs érigés pour mieux cacher les femmes, car les maris sont restés jaloux malgré les recommandations des nouveaux codes de la Tunisie moderne. On veut bien regarder ce qui se passe ailleurs, mais l'on n'accepte pas que d'autres mettent le nez chez soi. On élève les enceintes des maisons et l'on rallonge les jupes des petites filles face à la rumeur du monde qui s'approche[7].

Prisonnière d'une réalité domestique étouffante, Rym décide, paradoxalement, de rester en Tunisie pour s'interroger sur la multitude de problématiques identitaires qui hantent son quotidien en Occident. À Paris, Rym n'avait jamais eu le temps nécessaire pour réfléchir sur ses inquiétudes, pour analyser ses rêves, pour vaincre ses peurs. En compagnie de Moncef, le fils de sa bonne, et de Lila, sa fillette de cinq ans, Rym commence un long voyage à la recherche de son identité : hors définition et hors contexte, l'héroïne littéraire est une créature morcelée, orientée vers un non-lieu indéfini où se réfugient toutes les victimes de l'« ethnidentité[8] ». Ni occidentale ni orientale, Rym, porteuse d'une identité de fracture, est une femme de nulle part qui travaille pour l'émancipation féminine : réduites au silence, les Tunisiennes sont les prisonnières d'une suprématie masculine qui efface, jour après jour, l'autonomie idéologique des femmes. À bâtons rompus contre l'hégémonie machiste et intégriste, Rym gagne sa bataille quand elle rêve une nuit d'amour avec son beau-frère Toufik : symbole de l'arrogance masculine, Toufik devient un jouet immobile et terrorisé sous les coups violents de Rym. Amazone redoutable, la jeune héroïne littéraire chevauche sa victime à sa guise, humilie le corps de son ennemi avec la puissance d'un Dieu vengeur.

> Que les étoiles soient mes témoins ! J'ai l'impression d'être la maîtresse de la nuit, la patronne du village, l'amante de Sidi Misouni, regardant le monde avec les yeux d'une fée innocente, le sexe empalé

7. *Ibid.*, p. 65.
8. Michel Le Bris, Jean Rouaud, *Je est un autre*, Paris, Gallimard, 2010, p. 5.

> sur le membre d'un homme soumis. Toufik se laisse faire. Je ne vois pas les traits de son visage, cachés sous ses mains qu'il a réussi à dégager de mon emprise. Je n'entends que ses râles qu'il ne dissimule plus. Je le chevauche à ma guise. Le corps dressé comme un éclair dans l'obscurité, les cheveux ruisselants de pluie et de sueur, j'en fais ma couche. Je mesure la fureur de mes mouvements qui le collent contre l'herbe mouillée, produisant le même bruit de bulles crevées que les baskets de Baya. [...] J'ai l'étrange sentiment, en labourant cet homme sous moi, de me réconcilier avec cette terre. [...] Il me faut, ce soir, le corps de mon ennemi, pour me réconcilier avec le mien[9] !

Le renversement onirique des rôles traditionnels aide Rym à vaincre ses inquiétudes : finalement libérée « de cette masse masculine compacte et déterminée[10]» qui barrait son horizon identitaire et existentiel, la narratrice retrouve sa sérénité. Assise entre deux chaises, Rym est une nomade, une fugueuse qui dépasse les frontières pour affirmer son identité apatride. La conclusion du roman oriente Rym vers une dimension identitaire et territoriale indéfinie : où vivra-t-elle ? Les derniers mots de la narratrice révèlent ses intentions :

> — Où dois-je vous déposer ?
> — À la station de Bab Saadoune
> — Vous repartez en France ?
> — Nous ne savons pas encore, répond Lila[11].

Roman complexe et ambigu, *La Retournée* de Fawzia Zouari concentre son attention sur la topique de l'exil féminin : étrangère en Tunisie et invisible en France, Rym cherche son itinéraire identitaire, elle est en marche pour construire un horizon existentiel capable de représenter sa diffraction idéologique. Hantée par ses interrogatifs, Rym se réfugie dans l'activité créative : l'écriture ou la peinture sont des « moyens

9. Fawzia Zouari, *op. cit.*, p. 312.
10. *Ibid.*, p. 60.
11. *Ibid.*, p. 32.

de connaissance et de découverte de soi[12] ». Albert Camus nous donne à réfléchir sur ce point :

> Une œuvre d'homme n'est rien d'autre que ce long cheminement pour retrouver par les détours de l'art les deux ou trois images simples et grandes sur lesquelles le cœur une première fois, s'est ouvert[13].

Plongée dans l'activité artistique, Rym s'abandonne aux souvenirs d'enfance : récupérer les images de cette Tunisie fuie mais jamais oubliée signifie retrouver ce passé maghrébin auquel elle avait choisi de renoncer. Le séjour à Ebba réveille tous ces doutes que Rym avait ensevelis sous son masque parisien. Ni Maghrébine ni Française, la narratrice s'interroge, pour la première fois, sur son identité pulvérisée, « ballottée entre deux pôles géographiques[14] » antithétiques qui la poussent vers «la réadaptation à un monde ancien/nouveau[15] ». Réconciliée avec sa diffraction identitaire, Rym gagne sa bataille contre les stéréotypes idéologiques, les frontières et les diktats à travers l'acte sexuel : la nuit d'amour avec Toufik symbolise la libération féminine, la conquête de la dignité perdue. Insoumise et finalement protagoniste de sa vie, Rym est, donc, une « femme [qui] tente l'expérience de se penser sans l'homme, indépendamment de l'homme[16] ». La chercheuse Amel Fenniche-Fakhfakh souligne le triomphe de l'héroïne littéraire : symbole d'une plus vaste communauté féminine, la narratrice de *La Retournée* revendique l'intégrité du sujet-femme. Plurielle, la Maghrébine exilée prend conscience de ses ruptures identitaires :

> L'exil place la femme face à elle-même et la convie à prendre conscience de toutes les ruptures qu'elle doit assumer — car l'exil

12. Amel Fenniche-Fakhfakh, *op. cit.*, p. 18.
13. Albert Camus, *L'Envers et l'endroit*, Paris, Gallimard, « Folio », 1937, p. 33.
14. Amel Fenniche-Fakhfakh, *op. cit.*, p. 39.
15. *Ibid.*, p. 39.
16. *Ibid.*, p. 115.

> de la femme est pluriel — et de la singularité du combat qu'elle est appelée à mener : elle doit livrer bataille contre une image sclérosée d'elle-même, régler ses comptes avec un passé lourd de compromissions, de trahisons et de plaies, repenser ses rapports avec l'Autre, donner un sens à sa présence en territoire étranger, justifier sa prédilection pour une langue qui est celle de la mère de l'Autre[17].

Finalement dévoilée, Rym est désormais nue : en chevauchant violemment Toufik, la narratrice du roman de Zouari dénonce des siècles de soumission et silence. Théâtre sans paroles, selon l'expression de Musset, le mouvement du corps féminin révèle la présence d'une « symphonie intérieure[18] » d'un cri souterrain qui alimente la révolte. L'exaltation de l'expérience sexuelle, la victoire érotique de la victime millénaire sur l'ennemi masculin souligne le succès de la femme Démiurge, du *deus ex machina* qui condamne et venge. Conquérante neutre (du latin *Ne-uter* c'est-à-dire ni l'un ni l'autre), Rym devient le symbole littéraire qui renvoie à la divinité romaine *Janus* :

> Janus est également le dieu de l'inauguration de l'année nouvelle et celui qui veille à l'ouverture des portes du temple ; celles-ci présentent comme particularité de rester ouvertes en période de guerre et de se fermer en période de paix. Le dédoublement n'est pas générateur de blocage ; bien au contraire il a pour corrélat l'ouverture[19].

Porte-parole idéale de la révolution de l'Altérité, Rym véhicule son pluralisme identitaire, sa pensée-autre : migrante et protéiforme, la pensée-autre « voue à la caducité toute tentation de s'agripper au mythe illusoire de la pureté des origines[20] » témoigne l'impossibilité d'une idéologie identitaire ethnocentrique et logocentrique. Se situant aux limites de ses possibilités, Rym est à la fois une et multiple, elle est d'ici et

17. *Ibid.*, p. 116.
18. *Ibid.*, p. 127.
19. *Ibid.*, p. 162.
20. *Ibid.*, p. 172.

d'ailleurs : décentrée par rapport à l'Orient et à l'Occident, la narratrice se ré-territorialise après la nuit d'amour avec Toufik. Hybride, Rym appartient à un *third space* identitaire métisse où le culte du dialogue remplace le dogme de la soumission féminine. La victoire sexuelle de l'héroïne littéraire signe le commencement d'une ère nouvelle, une époque de coopération caractérisée par l'interpénétration glissantienne de systèmes idéologiques antithétiques.

Réinventée, métamorphosée, Rym est l'exemple de toute une génération de femmes arabes qui lutte pour exister, pour sortir définitivement de la tour d'ivoire du machisme intégriste qui a étouffé et mortifié l'expression féminine. Artiste et intellectuelle, la Maghrébine contemporaine est la pionnière d'une « évolution globale de l'humanité vers la libération progressive des femmes et vers la libération partagée, c'est-à-dire par contamination de proche en proche[21] ». Les vers de Rimbaud résonnent particulièrement dans cette perspective :

> Quand sera brisé l'infini servage de la femme,
> Quand elle vivra par elle et pour elle,
>
> L'homme
> — Jusqu'ici abominable -
> Lui ayant donné son renvoi,
> Elle sera poète, elle aussi !
> La femme trouvera des choses étranges,
> Insondables
> Repoussantes
> Délicieuses[22].

En conclusion, le roman de Fawzia Zouari *La Retournée* est un hymne au courage féminin : les Maghrébines qui osent, qui dénoncent et qui s'interrogent ont l'opportunité de

21. Rita El. Khayat, *La femme artiste dans le monde arabe*, Paris, éditions De Broca, 2011, p. 172.

22. Arthur Rimbaud, *Seconde lettre du Voyant (à Paul Demeny, 15 mai 1871)*. Significativement ces vers sont cités dans l'essai *La femme artiste dans le monde arabe* (2011) de la psychothérapeute et chercheuse marocaine Rita El Khayat.

renverser des siècles d'obscurantisme et de mutisme. Rym a gagné sa bataille, a démontré que l'obstination féminine peut contribuer à l'évolution d'une société aveugle et machiste : en chevauchant le corps de son ennemi, elle a franchi la frontière millénaire qui séparait l'univers masculin et la prison existentielle féminine. Victorieuse sur les stéréotypes sexistes nord-africains, Rym est, donc, la pionnière de toute une communauté maghrébine qui lutte pour défendre ses droits et pour aider l'Humanité à faire « le saut dont elle a besoin pour aller vers la paix et la tranquillité[23] ».

L'exemple de Rym est donc la réponse littéraire au silence de Nacéra : ce seront les femmes anticonformistes et libres comme l'héroïne de *La Retournée* à venger les Maghrébines humiliées, trahies ou écrasées par les idéologies et les slogans. Ni occidental ni Nord-Africain, le deuxième sexe du XXIe siècle est un témoin authentique, une voix rebelle qui dénonce des siècles d'obscurantisme pour récupérer son identité ensevelie. Alimentée par les multitudes de Nacéra qui n'ont pas eu le courage et la force de communiquer leur propre désespoir, l'outrance de Rym représente, donc, la victoire, la conquête de ce qu'on croyait un faible mirage : le respect.

Université de Trieste

23. Rita El. Khayat, *op. cit.*, p. 177.

Table des matières

« Ce que les migrations féminines nous disent de l'avenir de l'Europe »
Introduction générale
FRÉDÉRIQUE TOUDOIRE-SURLAPIERRE ET SILVIA HEGELE 9

Première partie
La parole des femmes migrantes et des responsables d'association 37

Chapitre 1
Une voix au chapitre ? Traversées, parcours, défis.... 39

Chapitre 2
Place, fonction et enjeux des associations 57

Deuxième partie
Commentaires et Analyses 87

Chapitre 1
Histoire des migrations féminines

Maria Maïlat 89

« Quitter “les lares de la maison ancestrale”. Isabelle Rimbault ou l'exode au prisme du genre (août-septembre 1914) »

Ronan Richard 99

« Composer avec le ‘silence profond des archives’ : le cas des migrantes dans le Sud-Ouest pendant l'entre-deux-guerres »

Mathilde Bélaval 117

« Culture française, exil et émancipation de femmes juives d'Afrique du Nord à travers l'œuvre de Marlène Amar et Paule Darmon »

Élisabeth Schulz 131

« La représentation de la Femme Africaine migrante dans l'histoire et par l'Histoire : Reconstruction identitaire et fabrique d'une mémoire »

Lila Sari Mohammed 145

Chapitre 2
Approches contemporaines des migrations féminines

Noura Raad 159

« Les voix féminines et féministes dans les narrations post-migratoires en Belgique francophone »

Przemysław Szczur 171

« L'impossible parole de la femme subsaharienne immigrée en France dans *Maman a un amant* de Calixthe Beyala »

Marion Coste 185

« Femme Migrante : Hospitalité, traumatisme et filiation »

Alba Polo, Ph.D. 201

Chapitre 3
Écriture et migration

Jaouad Boumaajoune 213

« La patrie n'est qu'un campement dans le désert »
Quand la femme immigrée fuit la violence faite aux femmes

Alexandra Masini-Beausire 223

« Récit littéraire féminin et témoignage
sur la condition migrante en Alsace :
le cas Fatou Diome »

SERIGNE SEYE 237

« Leïla Sebbar, écrire
pour trouver sa propre voix »

ANNE AUBRY 255

« *Madre de leche y miel* de Najat El Hachmi,
une langue dans la peau des femmes »

ÁNGELA FLORES GARCÍA 269

« La plume subversive de Fawzia Zouari :
la femme immigrée face au miroir
de sa complexité idéologique » 283

CLAUDIA MANSUETO 283

www.ingramcontent.com/pod-product-compliance
Lightning Source LLC
LaVergne TN
LVHW020802061026
849530LV00029B/423